LA
PROCÉDURE MILITAIRE
EN CAMPAGNE

PAR

A. CHAMPOUDRY

OFFICIER D'ADMINISTRATION DE 1re CLASSE DE LA JUSTICE MILITAIRE

PARIS

LIBRAIRIE
DU RECUEIL GÉNÉRAL DES LOIS ET DES ARRÊTS
ET DU JOURNAL DU PALAIS

L. LAROSE, ÉDITEUR
22, RUE SOUFFLOT, 22

1893

LA

PROCÉDURE MILITAIRE

EN CAMPAGNE

LA
PROCÉDURE MILITAIRE
EN CAMPAGNE

PAR

A. CHAMPOUDRY

OFFICIER D'ADMINISTRATION DE 1ʳᵉ CLASSE DE LA JUSTICE MILITAIRE

PARIS

LIBRAIRIE

DU RECUEIL GÉNÉRAL DES LOIS ET DES ARRÊTS

ET DU JOURNAL DU PALAIS

L. LAROSE, ÉDITEUR

22, RUE SOUFFLOT, 22

1893

IMPRIMERIE
CONTANT - LAGUERRE
LVX VITA
BAR-LE-DUC

INTRODUCTION.

Dans un précédent ouvrage, le « Manuel de l'officier de police judiciaire militaire, » nous avons retracé les diverses phases de l'instruction écrite, embrassant en entier l'action de la police judiciaire constatant le fait, saisissant le coupable et réunissant tous les indices de sa culpabilité, nous avons donné successivement les formules légales nécessaires, d'abord le premier acte, le rapport du commandant de la compagnie tendant à traduire l'homme en conseil de guerre, et nous avons poursuivi l'établissement du dossier de procédure jusqu'aux limites extrêmes de l'instruction préliminaire.

Nous nous occuperons ici spécialement de la procédure en campagne, en reprenant les opérations judiciaires à partir de la réception du dossier par le général commandant.

Suivant les termes de l'instruction ministérielle du 23 juin 1875, la loi du 18 mai précédent a eu principalement pour objet de donner aux conseils de guerre des armées en campagne une organisation plus simple, des moyens d'action plus prompts, et de rendre aussi rapide que possible, dans certains cas très graves, l'exécution des peines.

En apportant des modifications à quelques articles du Code de justice militaire, notamment aux articles 33 et 156, et tout en ne changeant rien à l'économie générale de la loi militaire, le législateur s'est efforcé de faire disparaître la justice trop expéditive des cours martiales. Il a entendu aussi donner au commandement l'autorité suffisante pour détruire, par une répression vigoureuse et surtout prompte, tout germe d'insubordination ou d'indiscipline, véritables fléaux des armées en campagne.

La procédure en campagne a donc été débarrassée des complications inutiles, afin d'obéir à cette obligation de rendre plus brèves les formes juridiques : le coupable sera frappé quand la faute est encore vivante devant les yeux et l'on obtiendra ainsi un exemple salutaire. Cependant, la célérité dans la répression ne doit pas exclure les formes protectrices, les garanties légales qui appartiennent à l'accusé, aussi bien sous le drapeau que dans l'état civil.

Pénétrés de l'importance des sages modifications introduites dans la loi militaire, nous avons essayé de composer pour les officiers et les sous-officiers appelés à coopérer à un titre quelconque à l'œuvre de la justice aux armées, un commentaire abrégé qui pût les guider dans l'accomplissement de leurs délicates fonctions.

ABRÉVIATIONS.

C. M .... Code de justice militaire.
I. C .... Code d'instruction criminelle.
C. P .... Code pénal.
D .... Décret.
C. minist .... Circulaire ministérielle.
D. minist .... Dépêche ministérielle.
I. minist .... Instruction ministérielle.
L. minist .... Lettre ministérielle.
N. minist .... Note ministérielle.
C. minist. j .... Circulaire du ministre de la Justice.
Cass .... Arrêt de la Cour de cassation.
Révision .... Décision du Conseil de révision.
Exposé .... Exposé des motifs du projet de Code militaire.
Rapport .... Rapport au Corps législatif.
Comm .... Commentaire.
Art .... Article.
P .... Page.
V .... Voyez.
21-s .... Nº 21 et suivants.

PROCÉDURE MILITAIRE EN CAMPAGNE.

FORMATION

ET COMPOSITION DES CONSEILS DE GUERRE AUX ARMÉES.

1. — Suivant les prescriptions de l'article 33 du Code militaire, lorsqu'un corps d'armée est appelé, ou que plusieurs corps d'armée réunis en armée sont appelés à opérer, soit sur le territoire, soit au dehors, un ou deux conseils de guerre sont établis, sur l'ordre du ministre de la guerre, dans chaque division active, ainsi qu'au quartier général de l'armée, et, s'il y a lieu, au quartier général de chaque corps d'armée.

Si une division active ou un détachement de la force d'un bataillon au moins, sont appelés à opérer isolément, un ou deux conseils de guerre peuvent également être formés dans la division ou le détachement.

Ces conseils de guerre sont composés de cinq juges seulement, conformément au tableau donné par l'article précité, suivant le grade de l'accusé, jusqu'à celui de lieutenant-colonel inclusivement.

Il y a près de chaque conseil un commissaire du gouvernement rapporteur, remplissant à la fois les fonctions de magistrat instructeur et celles du ministère public, et un greffier.

Il peut être nommé un ou plusieurs substituts du commissaire du gouvernement rapporteur et un ou plusieurs commis-greffiers.

2. — Pour qu'il y ait lieu de former des conseils de guerre aux armées, il faut nécessairement que les troupes, dont il est question dans cet article, soient appelées à opérer militairement contre l'ennemi, soit sur le territoire, soit au dehors, et ces conseils ne peuvent être créés que sur l'ordre du ministre. Les tribunaux ainsi institués ne sont que temporaires; ils sont supprimés de droit dès que les causes qui ont motivé leur création viennent à cesser.

3. — Par modification au texte de l'ancien article 33, le législateur s'est servi dans la nouvelle rédaction des mots *un ou deux* conseils, afin de prévoir le cas où le général commandant jugerait suffisant d'avoir un seul conseil de guerre dans la division ou le détachement.

4. — Le rapport a ainsi expliqué la nouvelle disposition d'après laquelle le nombre des juges ne serait que de cinq, y compris le président, au lieu de sept, pour le jugement des accusés d'un grade inférieur à celui de colonel : « Nous pensons que cette simplification se justifie tout à fait par la nécessité où l'on se trouve la plupart du temps en campagne d'activer, autant qu'on peut le faire, la réunion des conseils et le fonctionnement du ministère public. Il est plus facile de réunir cinq juges que sept, et l'on risque moins, avec cette réduction de nombre, d'avoir à changer trop fréquemment le personnel des juges. Tant que l'accusé n'est point d'un grade supérieur à celui de lieutenant-colonel, le nombre des juges est de cinq, y compris le président, mais lorsqu'il s'agit d'un officier du grade de colonel, chargé du commandement d'un régiment ou d'autres fonctions équivalentes, ou bien des officiers généraux des divers grades et des diverses armes, les accusations se produiront toujours dans des circonstances où l'action très rapide de la justice n'est pas nécessaire et peut même être nuisible, car alors les questions sont très complexes, les instructions laborieuses, les témoignages et pièces à conviction difficiles à recueillir, et le temps ne manque jamais, dans ces cas là, pour trouver le nombre des juges pendant le travail de l'information, et pour les réunir dans l'intervalle de temps qui s'écoule entre la mise en jugement et la réunion du conseil. »

5. — D'après l'article 14, s'il y a plusieurs accusés de grades ou rangs différents, la composition du conseil est déterminée par le grade ou le rang le plus élevé.

6. — L'article 17 dispose que les conseils appelés à juger les prisonniers de guerre sont composés suivant les distinctions établies pour le jugement des militaires français, d'après l'assimilation de grade.

7. — Enfin, aux termes de l'article 18, quand un individu, étranger à l'armée, est traduit en conseil, ce tribunal est composé comme il est dit pour le jugement des sous-officiers et soldats.

8. — L'article 34 prescrit de prendre les membres des conseils de guerre, ainsi que les commissaires du gouvernement rapporteurs, les substituts, les greffiers et les commis-greffiers, parmi les officiers et les sous-officiers employés dans l'armée, le corps d'armée, la division ou le détachement près desquels ces conseils sont établis.

9. — C'est-à-dire que pour la formation du conseil de guerre établi au quartier général de l'armée, les officiers et les sous-officiers pourront être pris dans l'armée entière; pour celui qui serait formé dans la division, ils devront être choisis parmi les officiers et sous-officiers appartenant à cette division, et ainsi successivement, en prenant les membres du conseil dans la fraction de troupe près de laquelle est institué ce conseil. — Ce que nous avançons là est incontestable, car le général commandant une division, par exemple, n'a pas qualité pour nommer régulièrement et valablement à des fonctions judiciaires quelconques, un militaire appartenant à une autre division et, conséquemment, placé en dehors de son commandement.

10. — L'instruction ministérielle du 18 juillet 1870, s'exprime ainsi à ce sujet : « Les membres des parquets militaires et les greffiers des conseils de guerre sont choisis, comme le président et les juges, parmi les officiers et les sous-officiers des régiments faisant partie de la division. Ceux des conseils de guerre qui peuvent être formés aux quartiers généraux des corps d'armée, sont pris parmi tous les militaires de chaque corps d'armée, et ceux des juridictions existant au quartier général de l'armée, peuvent l'être parmi les militaires appartenant aux divers corps de l'armée. En résumé, il ressort de l'ensemble des dispositions des articles 35, 37 et 39 du Code de justice militaire qu'aux armées, la nomination des membres des parquets militaires est, aussi bien que celle des présidents et des juges, laissée d'une manière absolue aux soins des officiers généraux qui ont à pourvoir à l'organisation des tribunaux militaires. »

11. — Ce n'est qu'en cas d'impossibilité absolue et dûment constatée de composer le conseil de guerre avec les éléments existants dans la fraction de troupe près de laquelle est établi ce tribunal, qu'il est permis d'y pourvoir en dehors de cette fraction ; mais, dans ce cas, il doit en être référé au général en chef, auquel appartient alors le droit de nomination.

12. — Tous les membres sont pris parmi les militaires en activité dans l'armée, le corps d'armée, les divisions ou le détachement où il est établi des conseils de guerre ; ils sont nommés directement par les commandants respectifs de ces corps, sans qu'il soit dressé de tableaux d'aptitude comme pour les divisions territoriales (art. 9 et 19) (*Foucher*).

13. — Quoique les prescriptions relatives à l'établissement d'un tableau d'aptitude n'aient pas été rappelées pour les conseils de guerre aux armées, les dispositions des articles 6, 9, 19 et 20 n'en doivent pas moins être scrupuleusement observées, et le remplacement des juges ne peut avoir lieu que pour cause d'empêchement légitime, soit que le juge se trouve empêché accidentellement ou qu'il quitte la garnison, soit qu'il ait été appelé à d'autres fonctions; soit qu'il ait siégé pendant une période de six mois, ou se trouve dans l'un des cas d'incompatibilité énumérés en l'article 24; soit, enfin, que la composition du conseil subisse une modification nécessitée par le grade ou le rang de l'accusé. Alors, comme dans d'autres cas analogues, le remplacement, dicté par le bien du service, ne pourra jamais être considéré comme une violation de la loi; mais, d'après la Cour de cassation — arrêt du 25 novembre 1847 — cette violation existera et opérera nullité de la sentence lorsque le manquement ne sera pas justifié par des motifs d'intérêt général de service; car, en ce cas, l'absence de cause légitime de changement dans le personnel des juges pour le jugement déjà arrêté et soumis à une information, peut faire supposer que ce changement n'a eu lieu que dans le but direct, ou indirect de faire plus sûrement condamner ou plus sûrement absoudre l'accusé. Le législateur, en effet, n'a eu pour but que d'établir une garantie contre la partialité, et d'assurer, dans tous les cas, la bonne administration de la justice. Afin de conserver aux accusés l'intégralité des garanties que la loi a entendu leur accorder et, en même temps, pour éviter les critiques qui pourraient être plus ou moins justement produites devant le Conseil de révision, nous pensons qu'il serait bon de motiver l'ordre de nomination.

14. — Ordre de nomination.

e CORPS D'ARMÉE.

° DIVISION.

° Bureau.

JUSTICE MILITAIRE
N° . . .

Nomination d'un Juge au Conseil de guerre.

Art. 33, 34, 35, 37, 45 du Code militaire.

ORDRE.

Le capitaine N. . . . . ., (corps), est nommé juge au conseil de guerre, en remplacement du capitaine X. . . . . ., (corps) qui a accompli ses six mois de fonctions.

Ou . . . . . qui a quitté la garnison ; — qui se trouve dans l'un des cas d'incompatibilité prévus en l'article 24 ; — empêché pour cause de maladie, etc.

Au quartier général, à . . . . ., le . . . .

Le général commandant la division,

---

e CORPS D'ARMÉE.

e DIVISION.

e Bureau.

JUSTICE MILITAIRE

Avis de nomination d'un Juge au Conseil de guerre.

Le général N. . . . ., commandant la division, a l'honneur d'informer M. . . . . ., que par ordre en date du. . . . . . ., il a été nommé aux fonctions de juge près le conseil de guerre de la division, en remplacement de M. . . . .

M. . . . . devra se mettre immédiatement à la disposition du président dudit conseil et donner son adresse au greffe.

A. . . . ., le . . . . .

P. O. *Le Chef d'état-major,*

OBSERVATIONS. — D'après les ordres du ministre, l'obligation de siéger prime tout autre service. Les circonstances exceptionnelles entraînant impossibilité de siéger, devront toujours être portées d'urgence à la connaissance du président pour le mettre à même de demander le remplacement en temps utile. Aucun juge ne peut se croire dispenser de siéger tant qu'il n'a pas reçu notification de son remplacement.

NOTA. — Le récépissé ci-dessous, après avoir été daté et signé, sera renvoyé sans aucun délai et directement à M. le Général commandant la division.

<table>
<tr><td>

ᵉ CORPS D'ARMÉE.

ᵉ DIVISION.

État-major.

JUSTICE MILITAIRE.

</td><td>

15.   Récépissé.

Le soussigné N. . ., capitaine au . . ., reconnaît avoir reçu le . . ., à . . . heures, de M. le Général commandant la division, l'avis à lui adressé le . . . . ., de l'ordre d. . . . ., qui le nomme juge au conseil de guerre de la division.

A . . . ., le . . . . .

</td></tr>
</table>

<table>
<tr><td>

ᵉ CORPS D'ARMÉE.

ᵉ DIVISION.

ÉTAT-MAJOR.

ᵉ Bureau.

JUSTICE MILITAIRE

Avis de remplacement d'un Juge au Conseil de guerre.

</td><td>

16. — Le général N. . . . . ., commandant la division, a l'honneur d'informer M. . . . ., que par ordre . . . en date du. . . . ., il a été remplacé dans ses fonctions de juge près le conseil de guerre de la division, par M. . . . .

A . . . ., le . . . . .

P. O. *Le Chef d'état-major,*

</td></tr>
</table>

Nota. — Le récépissé ci-dessous, après avoir été daté et signé, sera renvoyé sans aucun délai et directement à M. le Général commandant la division.

° CORPS D'ARMÉE.

° DIVISION.

ÉTAT-MAJOR.

° Bureau.

JUSTICE MILITAIRE.

17.   Récépissé.

Le soussigné N. . ., capitaine au. . ., reconnaît avoir reçu le . . ., à . . . heures, de M. le Général commandant la division, l'avis à lui adressé le . . . . ., de l'ordre de son remplacement dans ses fonctions de juge au conseil de guerre de la division.

A. . . . . ., le . . . . .

Les modèles qui précèdent ont été donnés sous les numéros 14, 14 *bis* et 14 *ter* dans l'instruction ministérielle du 26 juillet 1880.

18. — Les articles 15, 22, 23 et 24 du présent Code sont applicables aux conseils de guerre siégeant aux armées (*art. 37, C. M.*).

19. — L'article 15 spécifie que lorsqu'à raison du grade ou rang de l'accusé, un ou plusieurs juges sont remplacés, les autres membres du conseil, commissaire rapporteur et greffier, continuent de droit leurs fonctions, pourvu toutefois que le commissaire-rapporteur soit d'un grade au moins égal à celui de l'accusé, selon les exigences de l'article 16, dont les dispositions doivent être combinées avec celles de l'article 15. La composition normale du conseil ne peut donc être modifiée qu'accidentellement en raison du grade de l'accusé et seulement pour le jugement de l'affaire concernant cet accusé.

20. — Aux termes des articles 22, 23 et 24, nul ne peut faire partie d'un conseil de guerre, à un titre quelconque, s'il n'est français ou naturalisé français et âgé de 25 ans accomplis. L'article 22 n'a fait que consacrer et la jurisprudence et les principes du droit public en France, qui interdisent les fonctions judiciaires aux citoyens français âgés de moins de 25 ans, et n'admettent à rendre la justice dans notre pays que ceux qui y jouissent des droits du citoyen.

Ainsi, dans un corps d'armée opérant à l'intérieur ou à l'extérieur et comprenant des officiers et des soldats étrangers, le conseil de guerre ne peut légalement comprendre que des juges appartenant à la nationalité française (*Cass.*, 2 *février* 1871).

Les parents et alliés, jusqu'au degré d'oncle et de neveu inclusivement, ne peuvent être membres du même conseil de guerre, ni remplir près de ce conseil les fonctions de commissaire-rapporteur ou de greffier.

Enfin, nul ne peut siéger comme président ou juge, ni remplir les fonctions de rapporteur :

1° S'il est parent ou allié de l'accusé jusqu'au degré de cousin issu de germain inclusivement ;

2° S'il a porté la plainte, donné l'ordre d'informer ou déposé comme témoin ;

3° Si, dans les cinq ans qui ont précédé la mise en jugement, il a été engagé comme plaignant, partie civile ou prévenu, dans un procès criminel contre l'accusé ;

4° S'il a précédemment connu de l'affaire comme administrateur ou comme membre d'un tribunal militaire.

21. — Par celui qui a porté la plainte, il faut entendre le signataire même de la plainte et le chef de corps ou de détachement qui la transmet en formulant son avis.

22. — Par l'expression *comme administrateur* le législateur fait allusion au général commandant qui a donné l'ordre d'informer, ainsi qu'au chef d'état-major, que la loi du 27 fructidor an VI excluait formellement; selon Foucher, par celui qui a connu de l'affaire, comme administrateur, il faut entendre celui qui a été appelé par ses fonctions à en faire l'examen et à donner son avis sur les faits qui sont l'objet de la poursuite; aussi pensons-nous que, moralement, l'officier chargé du service de la justice auprès du commandement, lequel, en raison de ses fonctions, a été appelé à examiner le dossier, doit s'abstenir de siéger comme juge.

23. — L'officier qui a procédé à l'instruction préliminaire au corps, en qualité d'officier de police judiciaire, ne peut siéger comme juge (*L. minist.* 30 *mai* 1859). L'officier qui a été délégué par son chef de corps, aux termes des articles 85 et 86 du Code militaire, à l'effet d'interroger l'accusé ou d'entendre les témoins, est réputé avoir connu de l'affaire, et ne peut, à peine de nullité, siéger au conseil de guerre en qualité de juge (*Révision,* 10 *août* 1882).

24. — Le chef de corps qui, en exécution des articles 85 et 86, a délégué un officier de police judiciaire, est réputé avoir connu de l'affaire et ne peut, sous peine de nullité, siéger au conseil de guerre en qualité de président ou de juge (*Révision,* 13 *août* 1880).

25. — Est nul le verdict de condamnation auquel a pris part un juge du conseil de guerre qui, dans la même affaire, avait assisté, en qualité de greffier, l'officier de police judiciaire (*Révision*, 27 *juillet* 1882). Les juges qui ont fait partie du conseil, statuant par contumace ou par défaut, ne peuvent siéger dans le jugement contradictoire, comme ayant connu de l'affaire (*Révision*, 11 *juin* 1889, 19 *décembre* 1892).

26. — Le président d'un conseil de guerre qui a reçu et fait consigner dans les procès-verbaux établis en exécution des dispositions de l'article 127, une déclaration suspectée de faux témoignage, ou qui a désigné un juge pour suivre l'instruction et a ordonné l'arrestation, ne peut prendre part au jugement du faux témoin, à peine de nullité, car il se trouve dans l'un des cas d'incompatibilité prévus par l'article 24 (*Révision*, 24 *avril* 1884). Le juge qui a été désigné par le président pour procéder à l'information sur un faux témoignage, se trouve également dans le cas d'exclusion prononcée par le n° 4 dudit article 24 et ne peut, sous la même peine de nullité, siéger pour le jugement du faux témoin.

27. — Doit également être exclu des fonctions de juge, l'officier qui, en qualité de commandant de compagnie, a dénoncé les faits délictueux au chef de corps, car le rapport qu'il a adressé à cet effet, en qualité d'intermédiaire entre la victime et le colonel, constitue la véritable plainte dont il est question dans le § 2° de l'article précité.

28. Cependant, et conformément aux prescriptions de l'article 122, l'accusé ne peut soulever aucune exception, devant le conseil de guerre, de la violation des articles **23** et **24**. Cette cause ne peut jamais motiver une récusation de la part du prévenu, mais seulement un moyen de nullité qu'il n'est en droit d'invoquer que devant le conseil de révision. Cette disposition, fondée sur l'intérêt de la discipline et sur le respect dû par l'inférieur à son supérieur, a pour objet d'éviter le scandale d'un inférieur venant contester publiquement, avec plus ou moins de bonne foi, les titres de son chef à le juger.

COMPÉTENCE

DES CONSEILS DE GUERRE AUX ARMÉES
ET DANS LES CIRCONSCRIPTIONS TERRITORIALES
EN ÉTAT DE GUERRE.

---

29. — La compétence des conseils de guerre reçoit naturellement aux armées, dans les circonscriptions territoriales en état de guerre, dans les communes et les places de guerre en état de siège, une extension en rapport avec ces situations exceptionnelles.

30. — L'article 62 place sous la juridiction des conseils de guerre aux armées pour tout crime ou délit :

1° Les justiciables des conseils de guerre dans les circonscriptions territoriales en état de paix [1];

2° Les individus employés, à quelque titre que ce soit, dans les états-majors et dans les administrations et services qui dépendent de l'armée;

---

(1) L'article 108 du Code maritime rend justiciables des conseils de guerre, les individus appartenant au service de la marine, détachés comme auxiliaires de l'armée de terre. De même qu'il place sous la juridiction des tribunaux de la marine, les militaires et assimilés de l'armée de terre, mis à la disposition de la marine.

3° Les vivandiers et vivandières, cantiniers et cantinières, les blanchisseuses, les marchands, les domestiques et autres individus à la suite de l'armée, en vertu de permissions.

31. — Le but et la portée de cet article sont clairement déterminés par l'Exposé des motifs, qui s'exprime ainsi : « Une armée en campagne, placée sous le feu de l'ennemi et exposée à des dangers de toutes sortes, exige pour sa sûreté les précautions les plus énergiques et les plus minutieuses. Les principes du droit commun doivent fléchir devant une situation aussi éminemment exceptionnelle ; le succès d'un plan de campagne, le salut du pays, qui souvent en dépend, dominent toutes les autres considérations. Il est donc indispensable que tous ceux qui se trouvent avec l'armée ou sur le théâtre de ses opérations soient soumis au même régime et aux mêmes obligations. De là ia nécessité de rendre justiciables des conseils de guerre non seulement les militaires et les assimilés, mais encore ceux qui sont attachés à l'armée à un titre quelconque, que ce titre dérive d'un ordre ou d'une permission, tels que les employés des services financiers, les interprètes, les secrétaires ou commis, les vivandiers, cantiniers, marchands, domestiques, tous ceux enfin qui, sous quelque dénomination que ce soit, sont à la suite de l'armée ou sont compris dans les services administratifs et autres qui en dépendent. Ceci est conforme à la législation la plus ancienne, et notamment à la loi du 13 brumaire an V. »

32. — Avec une énergie non moins grande, le rapport

rend ainsi la même pensée : « Les justiciables naturels et nécessaires des tribunaux militaires pour tous les crimes et délits, et dans l'état de guerre, sont d'abord tous ceux sur lesquels s'étend la juridiction des mêmes tribunaux dans l'état de paix; mais la raison indique que le pouvoir de ces tribunaux doit s'agrandir avec les nécessités de cette situation, violente de sa nature, qu'on appelle la guerre, et qui isole, en quelque sorte, l'armée du pays. Il faut que la justice militaire s'accroisse des facultés que la justice ordinaire se trouve impuissante à exercer; car l'armée emporte tout avec elle : c'est comme un État qui voyage. »

33. — L'article 62 a pris sa source dans une compétence admise de tout temps pour les armées en campagne ou agissant en état de guerre; compétence qui recevra une extension encore plus grande lorsque l'armée se trouvera sur le territoire ennemi, ou sur le territoire français en présence de l'ennemi.

34. — La compétence attribuée à la juridiction militaire se trouve donc étendue, pour les conseils de guerre aux armées, c'est-à-dire créés en conformité des dispositions de l'article 33, à tous les individus qui se rattachent à l'armée par un lien quelconque et que l'article **62** classe en trois catégories distinctes.

La première comprend tous les justiciables des conseils de guerre permanents; c'est-à-dire ceux qui font l'objet des articles 55, 56, 57, 58 et 59;

La deuxième vise les individus employés, *à quelque titre que ce soit,* dans les états-majors, administrations et services dépendant de l'armée; ceux qui sont employés, même temporairement, en qualité de dessinateurs, écrivains, secrétaires, interprètes auxiliaires, commis, plantons, cavaliers guides, etc., ou par réquisition, ainsi que le sont ordinairement les charretiers, muletiers, chameliers, conducteurs de charrois, etc. ;

Enfin, dans la troisième catégorie sont classés tous les individus autorisés par l'autorité militaire à suivre l'armée et à y exercer une industrie ou un commerce, et qui doivent être munis de pièces établissant leur situation et émanant du service prévôtal, ainsi qu'il est dit au chapitre 5 du décret du 1er mars 1854, et plus spécialement dans l'instruction du 18 avril 1890, sur le service de la prévôté aux armées.

35. — L'article 63 rend justiciables des conseils de guerre, lorsque l'armée est sur le territoire ennemi, tous individus prévenus, soit comme auteurs, soit comme complices, d'un des crimes ou délits prévus par le titre II du livre IV du Code militaire.

36. — Cet article prévoit la situation d'une armée opérant sur le territoire ennemi, mais hors du sol français, où la compétence juridictionnelle des conseils de guerre est réglée par les dispositions spéciales suivantes : pendant l'état de paix, par les articles 55 et suivants ; — aux armées en campagne, par l'article 62 ; — sur le sol français en présence de l'ennemi, par les articles 64 et 77, § 4° ; — dans les communes et les départements en état de siège et dans les places de guerre assiégées ou investies, par l'article 70.

37. — Voici les explications fournies par le rapport

présenté au Corps législatif, relativement aux dispositions de l'article 63 : « L'état d'une armée à l'étranger, sur le territoire ennemi, commande impérieusement un sacrifice plus étendu du droit commun. La raison politique, la sûreté de l'armée, le salut de l'État dominent dans ces circonstances suprêmes, sur toute autre considération. »

38. — Un point fort délicat restait obscur dans la rédaction de l'article 63 ; les dispositions qu'il contient concernaient-elles seulement le cas où l'armée se trouve sur un territoire ennemi pendant ou à la suite de la guerre? Ou étaient-elles pareillement applicables au cas d'une occupation ayant un caractère purement protecteur? Consultée à maintes reprises au cours de l'occupation romaine, la Cour de cassation a constamment tranché la question dans le sens de l'affirmative.

39. — Dans des arrêts nombreux, notamment ceux des 19 janvier, — 23 juin, — 14 et 28 décembre 1865, la Cour suprême a décidé que par les mots *territoire ennemi* dont se sert l'article 63, il faut entendre le territoire étranger occupé par les troupes françaises, même à la suite de la guerre, lorsque cette occupation se continue pour la défense des mêmes intérêts publics qui l'ont commandée, et que le principe de compétence extraordinaire ainsi créé pour la protection de l'armée contre tous individus habitant ce territoire ne cesse pas, alors, de produire ses effets.

40. — Un principe se dégage donc nettement de cette jurisprudence : dans le cas d'une occupation convenue, consentie, telle que le serait, par exemple, l'occupation à la suite d'une intervention armée basée sur un protectorat ou un traité d'alliance défensive, il y a lieu d'appliquer les mêmes règles de droit pénal qu'en cas d'occupation résultant d'une guerre internationale.

41. — Par les arrêts rendus les 14 et 28 décembre 1865 la Cour, usant du droit d'interpréter les lois, d'en expliquer les textes et, au besoin, de les étendre, a déclaré que les termes : *crimes ou délits prévus par le titre II du livre IV,* employés dans l'article 63, comprennent tous les crimes ou délits de nature à porter atteinte à la sûreté de l'armée; ajoutant qu'il convient de ranger dans cette catégorie tous les faits de violences et d'outrages dirigés contre des militaires , — les associations de malfaiteurs envers les personnes et les propriétés , lesquelles sont essentiellement attentatoires à la sûreté de l'armée.

42. — Enfin, d'après l'arrêt du 28 décembre 1865, le conseil de guerre peut rechercher si l'individu sur lequel il a juridiction en vertu de l'article 63, est coupable de tout crime ou délit qui, ne se trouvant pas compris parmi ceux ressortissant à la compétence juridictionnelle militaire, se rattacherait cependant d'une façon intime à l'un d'eux. Tel serait le crime de vol qualifié au préjudice de l'habitant, lié au crime d'association de malfaiteurs.

43. — Dans le cas où le principe de compétence, résultant de l'article 63, serait attaqué, le conseil de guerre aurait à rendre un jugement avant faire-droit, qui pourrait être ainsi formulé :

44. — **Au nom du peuple français,**

Le conseil délibérant à huis-clos, statuant sur les conclusions écrites ci-jointes de la défense, tendant à ce que le conseil se déclare incompétent;

Ouï le commissaire-rapporteur en ses réquisitions, demandant le rejet pur et simple et le défenseur en ses observations;

Attendu que l'article 63 du Code militaire porte pour dispositious expresses : « sont justiciables des conseils de guerre si l'armée est sur le territoire ennemi, tous individus prévenus, soit comme auteurs, soit comme complices, d'un des crimes ou délits prévus par le titre II du livre IV du présent Code; »

Attendu qu'il est de jurisprudence constante, affirmée par la Cour de cassation, que par les mots « territoire ennemi, » il faut entendre le territoire étranger occupé par l'armée française, même à la suite de la guerre et lorsque cette occupation se continue pour la protection des mêmes intérêts qui l'ont commandée;

Qu'il résulte également de la jurisprudence que les termes « crimes ou délits prévus par le titre II du livre IV » employés dans le susdit article, comprennent tous les crimes et délits de nature à porter atteinte à l'armée;

Attendu que les attaques, violences ou voies de fait dirigées contre des militaires français, sont attentatoires au premier chef à la sûreté de l'armée, et que c'est incontestablement dans ces espèces que doit surtout recevoir son application, le principe de compétence extraordinaire créée par l'article sus visé, envers et contre tous individus habitant le territoire occupé, à quelque nationalité qu'ils appartiennent;

Par ces motifs :

Le conseil rejette, à l'unanimité, les conclusions de la défense et passe outre au jugement sur le fond; conformément à l'article 123 du Code militaire, ainsi conçu :

45. — Ce jugement doit être porté dans le corps de la minute — formule 16 — qui doit mentionner, avant « par ces motifs, » la rentrée du conseil en séance publique et la lecture faite par le président. Les conclusions écrites sont jointes au jugement.

46. — Si l'exception d'incompétence était inopinément soulevée en raison de la qualité de non militaire et de la nationalité étrangère de l'accusé, le premier considérant suffirait pour motiver le jugement de rejet. En un mot, on ne devra prendre dans le jugement ci-dessus que les motifs qui répondront exactement aux prétentions produites dans les conclusions, en supprimant tout ce qui dépasserait l'objet de la demande.

47. — L'article 64 place sous la juridiction des conseils de guerre, lorsque l'armée se trouve sur le territoire français, en présence de l'ennemi, pour crimes et délits commis dans l'arrondissement de cette armée :

1° Les étrangers prévenus de crimes et délits prévus par l'article précédent;

2° Tous individus prévenus comme auteurs ou complices des crimes prévus par les articles 204, 205, 206.

207, 208, 249, 250, 251, 252, 253 et 254 du Code militaire.

48. — La situation dont il est question dans l'article 64 est celle d'une armée française opérant sur le sol national envahi et il semble nécessaire, pour bien saisir la portée des dispositions qu'il édicte, de se reporter aux développements donnés dans l'Exposé des motifs. « Si l'armée est sur le territoire français, en présence de l'ennemi, les nécessités sont les mêmes, en ce qui regarde les étrangers qui se trouveraient dans l'arrondissement de cette armée, et elles s'étendent, sans distinction, pour certains crimes et délits, à tous les nationaux eux-mêmes compris dans le cercle d'action des opérations militaires. Les crimes et délits dont il s'agit dans ce cas sont ceux qui ont une influence directe sur la sûreté de l'armée, et sur l'accomplissement de sa mission dans ces moments critiques où l'honneur et l'indépendance du pays sont en jeu : tels sont, en première ligne, la trahison, l'espionnage, l'embauchage, l'incendie ou la destruction des ouvrages ou magasins militaires, des moyens de défense, munitions, approvisionnements, vivres, etc., etc. De tels crimes sont de véritables attentats contre la nation; ils révoltent la conscience et la raison, et il est juste que les coupables reçoivent un châtiment prompt et exemplaire au milieu même de cette armée qu'ils ont outragée, et dont ils ont trahi les généreux efforts. Cette règle est proclamée par les lois des 12 mai 1793 et 21 brumaire an V, et elle n'existerait pas déjà, qu'il faudrait s'empresser de l'établir pour l'honneur des nations civilisées. Il était nécessaire d'être clair et très précis sur ce point, afin d'éviter toute équivoque, toute ambiguïté : la rédaction de l'article 64 semble, à cet égard, ne rien laisser à désirer. Inutile d'a jouter que pour tous les crimes ou délits autres que ceux qui viennent d'être énumérés, les nationaux non militaires restent justiciables des tribunaux ordinaires. »

49. — Cette même question est présentée par le rapporteur dans les termes suivants : « L'état d'une armée opérant sur le territoire français, mais en présence de l'ennemi, commande encore, pour la compétence, des dérogations au droit commun. On a considéré cependant que, sur le territoire, les moyens de répression sont plus nombreux ; dans tous les lieux que parcourt l'armée existent des tribunaux réguliers, à la différence du territoire ennemi, où la seule justice qui soit présente est la justice militaire. Le tribunal saisit donc tous les individus prévenus, comme auteurs ou complices, de certains crimes déterminés d'une manière expresse, quand ces faits se sont produits dans l'arrondissement de l'armée. Le règlement sur l'état des armées en campagne, et la loi du 29 floréal an II (art. 3), ont donné à cette expression sa signification légale. Les faits qui attribuent ainsi juridiction aux conseils de guerre sont tous ceux qui intéressent le salut de l'Etat, la conservation de l'armée, dans sa puissance matérielle comme dans sa force morale. »

50. — L'article 64 limitant la compétence des conseils de guerre aux crimes et délits commis dans l'arrondissement de l'armée. Il importe de définir exactement ce que signifient ces mots. — L'article 3 de la loi du 29 floréal an II, cité dans la partie du rapport rappelé plus haut, en donne la définition suivante : « L'arrondissement d'une armée comprend tout le territoire dans lequel s'étend le commandement militaire du général qui la commande en chef. »

51. — Cette explication est assurément fort vague. Elle laisse planer le doute sur la question, en quelque sorte capitale, de savoir jusqu'où s'étend le commandement militaire du général en chef d'une armée active, opérant avec une mobilité subordonnée à ses nécessités et aux exigences de la guerre. Ce qui est sans difficulté en temps de paix pour un corps d'armée de l'intérieur, parfaitement délimité dans une circonscription territoriale géographique, devient un problème insoluble, lorsqu'il s'agit d'une armée nécessairement mobile. Pensant qu'il faut entendre cette disposition dans son sens le plus large, nous n'hésitons pas à adopter la définition donnée par M. Foucher : cet arrondissement doit embrasser non-seulement le territoire occupé militairement, les cantonnements divers, les bivouacs, les flancs, les derrières de l'armée, ses magasins de toute espèce, ses réserves et tout le service nécessaire pour les garder, mais aussi le terrain qui environne les opérations de l'armée, aussi loin que la sûreté exigera que ces opérations soient sauvegardées.

52. — Il appartient donc au général en chef — au commandant de la troupe en campagne — de fixer les limites de la zone qu'il y a lieu de considérer comme l'arrondissement de l'armée. L'ordre d'envoi en conseil de guerre qu'il décernera, indiquera surabondamment que le crime a été commis dans le rayon d'opérations ou arrondissement de l'armée; cet ordre suffira pour déterminer légalement la compétence du tribunal militaire saisi.

53. — Tout ce qui a été dit précédemment, s'applique aux individus de l'ordre civil, complices de crimes et délits commis par des militaires, les articles 63, 64 et 77, nos 3° et 4° les soumettant à la juridiction des conseils de guerre.

54. — L'article 196 dispose que, dans les cas prévus par les articles 76, 77, 78 et 79, — articles réglant la compétence en cas de complicité, — le tribunal applique aux militaires et aux individus assimilés aux militaires les peines portées par les lois militaires; aux individus appartenant à l'armée de mer, les peines prononcées par les lois maritimes, et à tous autres individus les peines portées par les lois ordinaires, à moins qu'il n'en soit autrement ordonné par une disposition expresse de la loi.

55. — Dans cet article, le législateur définit avec la plus grande précision, la situation pénale faite aux complices non militaires jugés par les tribunaux de l'armée. Une disposition catégorique était d'autant plus nécessaire à ce sujet, qu'un article de la loi commune, — l'article 59 du Code pénal, — rend le complice d'un crime ou d'un délit passible de la *même* peine que l'auteur. Appliquée indistinctement à des individus d'ordre absolument différent, cette unité de peine a semblé à bon droit excessive, car, si la nature et la rigueur des peines, édictées par notre Code, s'expliquent pour le militaire, soumis à des obligations d'un caractère tout spécial, elles resteraient certainement sans explication plausible pour le complice non militaire.

56. — En ce qui concerne les individus de l'ordre civil exceptionnellement justiciables des conseils de guerre comme auteurs, le pouvoir juridictionnel seul est déplacé et, sauf les cas expressément indiqués par le législateur, ils restent soumis aux pénalités prononcées par les lois répressives ordinaires; aussi, pour eux, n'a-t-il pas été nécessaire de recourir à un texte qui, ne pouvant que consacrer ce qui existe naturellement, eût été au moins superflu.

57. — Le principe général qui domine la législation, c'est que le coupable, devant quelque juridiction qu'il comparaisse, doit recevoir l'application de ses lois pénales particulières, à moins d'une disposition expresse et formelle de la loi qui le soustrait à ses juges naturels. C'est ce principe que la Cour de cassation a rappelé dans un arrêt du 22 août 1872, rendu sur un fait de complicité de vol d'objets appartenant à l'État. Des considérants de cet arrêt on est en droit de déduire que la qualité de militaire du coupable aggrave la faute, mais que cette aggravation lui est toute personnelle et découle des obligations d'un ordre spécial conctractées envers le pays, par l'homme qui est sous les drapeaux. Ainsi, par exemple, le vol au préjudice de l'État, qui constitue un crime pour le militaire, n'est qu'un simple délit, passible de la peine édictée par l'article 401 du Code pénal, pour le non militaire, lorsqu'il est dépouillé des circonstances propres à lui imprimer le caractère de crime d'après la loi commune.

58. — Le principe énoncé dans le premier paragraphe de l'article 196, n'est que la consécration de la jurisprudence suivie déjà avant la promulgation du Code de 1857, et établissant que chaque individu, compris soit comme auteur, soit comme complice dans une même poursuite devait néanmoins, en cas de culpabilité, être condamné aux peines portées par la loi qui le régissait particulièrement.

59. — Le conseil de révision d'Alger, appelé à se prononcer sur le point de droit, a commenté ainsi l'article 196, 22 février 1883 : Les individus non militaires qui se sont rendus complices par recel d'un vol commis par un militaire au préjudice d'un autre militaire, ne sont point passibles de la même nature de peine que l'auteur de ce vol; ils ne peuvent être atteints que par les dispositions pénales de droit commun. — Il convient d'ajouter, cependant, que si le vol a été accompagné de deux des circonstances énumérées en l'article 386 du Code pénal, le jugement doit nécessairement les constater, afin de permettre l'application au complice civil de la pénalité édictée par ledit article, tout en n'appliquant à l'auteur principal que les dispositions de l'article 248 de notre Code. De même, si le fait de complicité se rapporte à un vol militaire comptable, le complice non militaire sera passible des peines prononcées par les articles 169 et suivants du Code pénal, contre les dépositaires ou comptables publics coupables de détournements.

60. — Le même article 196 admet, comme exception au principe qu'il consacre, toute disposition expresse de la loi qui en ordonnerait autrement. C'est ainsi que l'article 268 prescrit l'unité des peines contre les complices, même non militaires, dans les cas prévus par les articles 251 à 255, qui ont trait à l'incendie ou à la destruction des édifices, bâtiments, ouvrages militaires, magasins, chantiers, vaisseaux, matériel de guerre ou approvisionnements quelconques, etc., à l'usage de l'armée.

61. — L'article 269 contient également une disposition conduisant à l'unité des peines : aux armées, dans les circonscriptions territoriales en état de guerre, dans les communes, les départements et les places de guerre en état de siège, tout justiciable des tribunaux militaires, coupable ou complice d'un des crimes prévus par le chapitre 1er du livre II du Code militaire, est punie de la peine qui y est portée.

62. — Les principes qui ont amené le législateur à formuler l'article 269 et ordonner, en réparation des crimes prévus par les articles 204 à 208, l'application de la peine édictée par ces articles aux coupables ou complices de l'ordre civil, sont évidemment les mêmes que ceux invoqués pour expliquer et justifier l'attribution de compétence aux tribunaux militaires des armées en campagne. Ces crimes, alors qu'ils sont commis aux armées, dans l'état de guerre ou dans l'état de siège, ont trop de gravité pour que la loi militaire ne leur inflige pas le châtiment le plus rigoureux. La rédaction de cet article ne saurait soulever aucune difficulté d'application, puisque, dans ces divers cas, tous les prévenus, quels qu'ils soient, sont justiciables des conseils de guerre, en vertu des articles 62, 63, 64 et 70.

63. — Enfin, nous trouvons une dernière dérogation dans cette disposition de l'article 197 : Si les individus non militaires et non assimilés aux militaires sont déclarés coupables d'un crime ou d'un délit non prévu par les lois pénales ordinaires, ils sont condamnés aux peines portées par le Code militaire contre ce crime ou ce délit.

64. — Le meilleur commentaire de cet article, qui a pour objet de ne pas laisser sans répression des faits délictueux ou criminels commis par des individus non militaires, pour ce seul motif que le Code pénal ordinaire ne les atteint pas, est la partie du rapport qui le concerne. Le projet prévoit le cas où un individu non militaire serait déclaré coupable d'un crime ou d'un délit non prévu par les lois pénales ordinaires. Le tribunal lui appliquera la peine du Code pénal militaire. La dégradation civique sera substituée à la dégradation militaire, et l'emprisonnement à la destitution et aux travaux publics. Les peines remplacées sont, en effet, des peines militaires, qui seraient inapplicables dans l'ordre civil. La portée de cette disposition a besoin d'être bien précisée. Elle se réfère d'abord aux cas de complicité, prévus par les trois premiers articles du titre IV, au livre II de la compétence (art. 76, 77, 78). Voilà une restriction. L'article 268 montre, en outre, quels sont, en général, les délits qui ne sont pas prévus par la loi ordinaire; ce sont les délits énumérés depuis l'article 249 jusques et y compris l'article 253; ces dispositions protègent la propriété de l'armée et les éléments de sa force matérielle. Les délits qui pourraient encore motiver l'application de l'article 197, après cette catégorie, seraient bien peu nombreux; car c'est l'esprit de l'article que la qualité de militaire ne peut jamais être considérée, pour le complice civil, comme une circonstance qui aggrave le délit. C'est encore l'esprit de l'article que le délit, qui appelle la peine militaire, n'ait pas son similaire dans la loi générale; car si le délit est prévu par la loi commune, c'est la peine commune qui doit être appliquée au complice civil. La voie de fait, par exemple, d'inférieur à supérieur, peut être un fait de la plus haute gravité pour le militaire; mais on devrait prononcer la peine du Code pénal pour le complice civil.

65. — Les faits délictueux non prévus par le Code pénal et pour la répression desquels il y a lieu de recourir à la loi militaire, sont, abstraction faite des crimes et délits spécialement indiqués dans les articles 268 et 269 : la violation de consigne (art. 219); la provocation à la désertion (art. 242); l'achat, le recel ou la réception en gage d'armes, munitions, effets ou objets militaires (art. 247); le vol sur un blessé (art. 249).

66. — De l'examen succinct que nous venons de faire, il ressort que la loi pénale ordinaire doit être appliquée à tout individu de l'ordre civil, jugé par un conseil de guerre, soit comme auteur, soit comme complice; que les peines portées par le Code militaire ne sont applicables qu'aux crimes et délits prévus et punis par les articles 204, 205, 206, 207, 208, 219, 242, 247, 249, 251, 252, 253, 254 et 255 dudit Code. Dans ces divers cas, si la loi prononce une peine militaire non applicable à un civil, il convient de recourir aux dispositions de l'article 197, qui détermine les peines de droit commun à y substituer.

67. — Suivant les prescriptions de l'article 198, lorsque des individus non militaires ou non assimilés aux militaires sont traduits devant un conseil de guerre, ce conseil peut leur faire application de l'article 463 du Code pénal ordinaire.

68. — Si, en principe, a-t-il été dit dans le rapport, le justiciable peut être distrait de sa juridiction propre, il n'est jamais privé du bénéfice de ses lois particulières, si ce n'est en cas de prescription expresse de la loi, il est donc rationnel et juste de déclarer que, dans tous les cas, le bénéfice des circonstances atténuantes sera ouvert, pour l'individu de l'ordre civil, devant la juridiction militaire, comme il l'est devant le tribunal de droit commun.

69. — Le Code maritime, élaboré et promulgué alors que le Code militaire était déjà appliqué, peut être considéré à bon escient comme le commentaire naturel et légal des dispositions similaires contenues dans les deux recueils. Voici la rédaction donnée à l'article 256, correspondant à notre article 198 : Lorsque des individus n'appartenant ni à l'armée de mer ni à l'armée de terre sont traduits, soit devant un tribunal de la marine, soit devant les tribunaux ordinaires pour des faits prévus par le présent Code, il peut leur être fait application de l'article 463 du Code pénal ordinaire.

70. — Le 10 avril 1862, la Cour de cassation a annulé un jugement condamnant un individu de l'ordre civil à une année d'emprisonnement, pour achat d'objets militaires (art. 247), et lui refusant le bénéfice des circonstances atténuantes, en s'appuyant à tort sur ce que le Code militaire s'opposait à leur admission.

71. — L'article 158 dispose que les conseils de guerre aux armées, dans les divisions territoriales en état de guerre, dans les communes et les départements en état de siège et les places de guerre assiégées ou investies, statuent, séance tenante, sur tous les crimes et délits commis à l'audience, alors même que le coupable ne serait pas leur justiciable,

72. — Dans les circonstances énumérées par cet article, les conseils de guerre aux armées procèdent et statuent directement vis-à-vis de tous les assistants indistinctement, quelle que soit la nature du fait répréhensible commis à l'audience. Cette extension de compétence constitue une dérogation aux règles tracées par les articles 115 et 116 à l'égard des assistants et des témoins, qui commettent des crimes et des délits dans l'enceinte du tribunal.

73. — Cette exception a été ainsi expliquée et justifiée dans le rapport : Les conseils de guerre aux armées, dans l'état de guerre et dans l'état de siège, statuent, séance tenante, sur tous les crimes et délits commis à l'audience, alors même que le coupable ne serait pas leur justiciable. Le conseil de guerre, dans ces circonstances de force majeure, devient le conseil suprême ; le troubler dans l'accomplissement de ses devoirs, c'est dire ce qu'on est, pourquoi on a voulu assister à l'audience ; c'est se constituer en état de rébellion (V. chapitre *Contraventions, délits et crimes commis à l'audience*).

ATTRIBUTIONS JUDICIAIRES

DU GÉNÉRAL EN CHEF.

74. — Ainsi que le dit l'article 157, le général en chef a, dans l'étendue de son commandement, toutes les attributions dévolues au ministre de la guerre dans les circonscriptions territoriales, par les articles 99, 106, 108 et 150 du Code militaire, sauf les cas prévus par les articles 209 et 210. Les mêmes pouvoirs sont accordés au gouverneur et au commandant supérieur dans les places de guerre assiégées ou investies.

75. — Cet article confère au général en chef, ou à l'officier général qui en exerce les fonctions, à défaut du titulaire, dans l'étendue de son commandement, le droit :

De décerner l'ordre d'informer à l'égard des officiers du grade de colonel et au-dessus, ou des assimilés de rang correspondant; droit réservé au ministre par l'article 99, dans les circonscriptions en état de paix ;

De donner l'ordre d'informer contre les complices justiciables des conseils de guerre, lorsqu'ils sont du grade de colonel et au-dessus, ou des assimilés de rang correspondant ; droit accordé au ministre par l'article 106, pendant l'état de paix ;

De statuer directement sur la mise en jugement des militaires ou assimilés à l'égard desquels il a délivré l'ordre d'informer ; dans ce cas, les pièces de la procédure lui sont adressées par le général commandant la division — art. 108 ;

Enfin, de suspendre l'exécution des jugements, à la charge d'en informer sur-le-champ le ministre de la guerre — art. 150.

76. — Toutes les fois que le général en chef juge opportun de suspendre l'exécution d'un jugement, soit qu'il y ait recours en grâce formulé par les membres du conseil, soit que la peine lui semble disproportionnée à la gravité de la faute commise, etc., il doit immédiatement en informer le ministre, en lui adressant un rapport circonstancié des motifs qui le déterminent à surseoir, terminé par son avis sur la mesure qu'il propose ; à ce rapport doivent être jointes les pièces de la procédure, ainsi qu'une expédition du jugement, formule 16 *bis*, afin que le ministre puisse prendre, au besoin, les ordres du chef de l'État, après l'avoir éclairé sur les motifs qui ont déterminé le sursis.

77. — En ce qui concerne les capitulations (art. 209 et 210), l'article 157 réserve le droit de poursuites au ministre de la guerre seul : Les attributions spécifiées en l'article 157, dit V. Foucher, sont donc les seules que la loi ait autorisé à déléguer aux généraux en chef, et seulement aux militaires revêtus de ce titre ou qui en exercent les fonctions, à défaut du titulaire; mais on ne saurait trop répéter que cette disposition de la loi n'apporte aucune restriction aux pouvoirs que le chef de l'État et le ministre de la guerre ont sur les armées et sur tous ceux qui sont revêtus d'un commandement, et que ces commandants trouvent, dans les ordres et les instructions qui leur sont hiérarchiquement donnés, l'interprétation des pouvoirs de délégation qui leur sont conférés dans l'intérêt de la sûreté de l'armée et pour assurer la bonne et prompte administration de la justice.

ORDRE D'INFORMER.

---

78. — *Art.* 154. — L'ordre d'informer est donné :

Par le général en chef à l'égard des inculpés justiciables du conseil de guerre du quartier général de l'armée ;

Par le général commandant le corps d'armée à l'égard des inculpés justiciables du conseil de guerre du corps d'armée ;

Par le général commandant la division à l'égard des inculpés justiciables du conseil de guerre de la division ;

Par le commandant du détachement de troupes à l'égard des inculpés justiciables du conseil de guerre formé dans le détachement ;

Par le gouverneur ou commandant supérieur dans les places de guerre assiégées ou investies.

79. **Ordre d'informer.**

Division de ....   (*Formule imprimée n° 1.*)

Le général commandant la division ;

Vu l'article 154 du Code de justice militaire ;

Attendu qu'il résulte de la plainte formée par M. le colonel commandant le   ᵉ régiment d'infanterie ;

Que le nommé (*noms, prénoms*), soldat audit régiment se serait rendu coupable, à..... :

1° Le 25 juin 18....., de soustraction frauduleuse

d'une paire de brodequins appartenant à un militaire, le nommé.....;

2° Le même jour, de soustraction frauduleuse d'une somme de 10 francs environ et de divers objets appartenant à un militaire, le nommé.....;

3° Le 26 juin 18....., de soustraction frauduleuse d'une somme de 52 francs environ appartenant à un habitant, le sieur......; avec les circonstances aggravantes de nuit, et d'effraction dans une maison :

Crimes prévus et punis par les articles 248, 267 du Code militaire, 384 du Code pénal.

Ordonne qu'il soit informé contre ledit....., par le commissaire-rapporteur du conseil de guerre de la division.

Fait au quartier général, à....., le.....

80. — En suivant exactement les formules données au chapitre « Conclusions du commissaire-rapporteur, » les ordres d'informer seront libellés selon le vœu de la loi.

81. — L'article 154 doit être combiné avec les articles 33, 35, 65, 66, 67 et 99, auxquels il correspond et qui doivent servir à l'interpréter.

82. — L'ordre d'informer est adressé directement au rapporteur, accompagné des pièces et procès-verbaux qui ont servi de base à son établissement et qui sont, généralement, le résultat de l'instruction préliminaire à laquelle il a été procédé au corps.

83. — De la combinaison des articles 154, 157 et 99, il résulte que la poursuite devant le conseil de guerre,

— lorsque la traduction directe n'a pas été ordonnée, — ne peut avoir lieu, à peine de nullité, que sur un ordre d'informer émané soit de l'officier commandant la fraction de troupe près de laquelle est établi le conseil compétent pour en connaître, soit du général en chef lorsque l'inculpé est colonel ou revêtu d'un grade supérieur. Par cela même la loi accorde à ces fonctionnaires le droit d'apprécier et de décider, sous leur responsabilité et dans la plénitude de leur conscience, s'il y a lieu de donner suite ou non aux plaintes et procès-verbaux qui leur sont transmis.

84. — Lorsque l'information est ordonnée, le général en avise le chef de corps ou de détachement de l'inculpé, par un récépissé accompagné d'un billet d'écrou, dont les modèles ont été donnés par la circulaire ministérielle du 26 juillet 1880.

ᵉ CORPS D'ARMÉE.

° DIVISION.

ÉTAT-MAJOR.

ᵉ Bureau.

JUSTICE MILITAIRE.

85. Récépissé de plainte
AVEC ORDRE D'ÉCROU.

Le général N....., commandant le....., reconnaît avoir reçu la plainte portée par M. le....., contre le nommé....., prévenu de.....

Cet homme devra, s'il ne s'y trouve déjà, être transféré à la prison militaire de......

L'ordre d'écrou ci-dessous sera, à cet effet, détaché du récépissé et remis au chef de l'escorte chargé de la conduite du prévenu.

A....., le.....

P. O. *Le Chef d'état-major,*

Ordre d'écrou.

<table>
<tr><td>

ᵉ CORPS D'ARMÉE.

ᵉ DIVISION.

ÉTAT-MAJOR.

ᵉ Bureau.

JUSTICE MILITAIRE.

</td><td>

Le nommé....., prévenu de....., sera écroué à la prison militaire de....., pour être mis à la disposition du commissaire-rapporteur du ᵉ conseil de guerre de la division,

A....., le.....

P. O. *Le Chef d'état-major,*

</td></tr>
</table>

---

86.   Récépissé de plainte
AVEC ORDRE DE MISE EN LIBERTÉ PROVISOIRE.

<table>
<tr><td>

ᵉ CORPS D'ARMÉE.

ᵉ DIVISION.

ÉTAT-MAJOR.

ᵉ Bureau.

JUSTICE MILITAIRE.

Circ. min. du 22 mai
1878.

</td><td>

Le général N....., commandant le ....., reconnaît avoir reçu la plainte portée par Monsieur le ....., contre le nommé ....., prévenu de.....

Cet homme sera laissé en liberté jusqu'à décision à intervenir.

A cet effet, l'ordre ci-dessous sera, s'il y a lieu, détaché et remis à qui de droit.

A ....., le .....

P. O. *Le Chef d'état-major,*

</td></tr>
</table>

---

87.   Ordre de mise en liberté provisoire.

<table>
<tr><td>

ᵉ CORPS D'ARMÉE.

ᵉ DIVISION.

ÉTAT-MAJOR.

ᵉ Bureau.

JUSTICE MILITAIRE.

Circ. min. du 22 mai
1878.

</td><td>

Par ordre du général commandant le....., le nommé....., né le....., à ....., fils de....., et de ....., demeurant à ....., de la classe 18..., inculpé de ....., a été laissé en liberté jusqu'à décision à intervenir.

A ....., le .....

P. O. *Le Chef d'état-major,*

</td></tr>
</table>

88. — Lorsque la plainte est rejetée il y a lieu de se conformer aux indications suivantes, données par l'instruction du 28 juillet 1857. Dans le cas où vous jugerez qu'il n'y a pas lieu de donner suite à la plainte, vous aurez à motiver votre décision en faisant connaître si c'est faute de gravité, de précision des faits articulés, ou parce que ces faits ne constitueraient ni crime, ni délit; enfin vous remarquerez que, dans le modèle de formule qui vous est envoyé, on se sert de ces mots : *en l'état,* parce que s'il survenait de nouveaux renseignements de nature à modifier votre première opinion, vous auriez le droit et le devoir de reprendre les poursuites. Vous aurez, en outre, dans le cas où vous ne donneriez pas suite à la plainte, à me rendre compte de vos décisions. Les états mensuels et nominatifs des refus d'informer qui sont adressés au ministère de la guerre devront comprendre les refus d'informer que le général commandant aura cru devoir prononcer pour quelque fait que ce soit (*n°* 3 *du formulaire*).

89. — La déclaration qu'il n'y a pas lieu d'informer (*n°* 18 *du formulaire*) doit être jointe à la plainte et demeurer aux archives de la division ou du corps d'armée, suivant le cas. Le général fait notifier sa décision au signataire de la plainte en lui rappelant les dispositions de la circulaire ministérielle du 5 avril 1873, défendant de mentionner les refus d'informer sur les états signalétiques et de services des militaires.

90. — La faculté d'accorder ou de refuser l'ordre d'informer est l'exercice d'un pouvoir personnel à l'autorité supérieure expressément désignée, selon le cas, par l'article 154 ; ce pouvoir ne peut être délégué ni abandonné par le général commandant à aucun de ses subordonnés.

91. — La décision ci-après, rendue par le conseil de révision le 13 septembre 1883, confirme pleinement cette appréciation d'une façon remarquablement claire et précise : aux termes de l'article 99 du Code militaire — 154 en temps de guerre — la juridiction militaire, en Algérie, ne peut être saisie que par un ordre d'informer émanant directement et personnel du général commandant la division. En conséquence, est radicalement nul l'ordre d'informer délivré par le général de brigade chargé de l'expédition des affaires de la division. — Attendu, en droit, que d'après cet article la poursuite des crimes et délits ne peut avoir lieu, à peine de nullité, que sur un ordre d'informer délivré par le général commandant la circonscription ; — attendu que ce pouvoir est essentiellement inhérent à l'action du commandement supérieur ; — qu'il ne peut être délégué par celui à qui la loi a confié cette responsabilité, ni abandonné par lui à aucun de ses subordonnés.

92. — Cette décision, éclairant le point de doctrine à propos de la délivrance des ordres d'informer dans les circonscriptions territoriales en état de paix et dans les divisions militaires en Algérie, le tranche avec une égale autorité, relativement à la délivrance de ces mêmes ordres, lorsqu'ils sont destinés à saisir les conseils de guerre aux armées, car l'article 154 correspond exactement

à l'article 99, qui en est le commentaire le plus autorisé.

93. — L'ordre d'informer peut être collectif, c'est-à-
dire que lorsqu'il y a plusieurs prévenus dans une même
affaire, un seul ordre doit être décerné.

94. — Aux termes de l'article 99 et d'après une circulaire ministérielle du 24 avril 1865, l'ordre d'informer
détermine *la nature* du fait qui doit être l'objet de l'information. Si, par suite de l'instruction, le fait changeait de
nature et de caractère, ce qui entraînerait aussi un changement de qualification, ou encore, si un nouveau crime
ou délit était découvert, il faudrait demander un nouvel
ordre d'informer pour le crime ou le délit ainsi modifié,
l'accusation primitive étant écartée par une ordonnance de
non-lieu, ou pour le fait nouvellement découvert.

95. — Une autre circulaire, en date du 19 décembre
1880, s'exprime ainsi à cet égard : l'ordre d'informer,
qui constitue le point de départ de la procédure, doit
toujours mentionner *exactement* et *successivement* les faits
de nature à motiver les poursuites. C'est seulement sur les
faits délictueux indiqués dans l'ordre d'informer que le
rapporteur doit diriger son instruction, et, lorsque, au
cours de ladite instruction, des charges nouvelles viennent à se produire contre l'inculpé, il y a, pour ce magistrat militaire, obligation, à peine de nullité, de provoquer
un supplément d'ordre d'informer.

96. — Un nouvel ordre d'informer n'est nécessaire que
dans le cas où l'instruction a révélé un nouveau fait; mais
il ne saurait en être ainsi lorsque l'ordre de mise en juge-

ment relève simplement des circonstances aggravantes du fait mentionné dans l'ordre d'informer. Le général commandant est, en vertu de l'article 108, investi d'un pouvoir absolu pour apprécier et comprendre, dans l'ordre de mise en jugement, toutes les circonstances aggravantes résultant de l'information, bien qu'elles n'aient pas été relevées dans l'ordre introductif de poursuites (*Révision,* 6 *juillet* 1882).

97. — Il y a motif à cassation lorsque, à la suite d'une première instruction suivie sur un ordre d'informer régulier, il est procédé à une instruction nouvelle sur des faits qui n'auraient pas été relevés dans ledit ordre d'informer (*Cass.,* 15 *mars* 1872). Il y a nullité lorsqu'une instruction a été ouverte sur un nouveau fait non relevé par l'ordre d'informer, ou par un ordre d'informer supplémentaire (*Révision,* 13 *août* 1880).

98. — Si de nouveaux faits sont révélés au cours d'une instruction, il ne peut être instruit, relativement à ces faits, que sur un nouvel ordre d'informer délivré par le général. A défaut de cette formalité substantielle, l'instruction, dépourvue de toute force légale, ne saurait justifier un ordre de mise en jugement formulant une accusation nouvelle (*Révision,* 6 *mai* 1881, 13 *décembre* 1883). V. chapitre : *Nouveaux faits.*

99. — Le supplément d'ordre d'informer est demandé par le commissaire rapporteur, au moyen d'un *référé,* qui peut être établi sur la formule imprimée n° 8, et doit rester joint à la procédure. Toutes les pièces du dossier sont envoyées au général avec la demande en référé.

100. — **Rapport** sur l'affaire du nommé (*nom, prénoms, grade, corps*), laquelle a fait l'objet de l'ordre d'informer donné par monsieur le Général commandant l...., le.....

Référé.

Au cours de l'information suivie contre le nommé N..., en exécution de l'ordre d'informer précité, relevant à sa charge une soustraction frauduleuse de denrées commise au préjudice d'un habitant, les témoignages recueillis ont révélé l'existence d'autres faits délictueux non compris dans ledit ordre.

De l'audition des témoins il semble résulter que le sus-nommé N... aurait :

1° Le....., à....., soustrait frauduleusement un porte-monnaie contenant des deniers et appartenant à un militaire, le nommé..... ;

2° Le....., à....., soustrait frauduleusement une paire de souliers d'ordonnance appartenant à un militaire, le nommé..... ;

Crimes prévus et réprimés par l'article 248 du Code militaire.

En conséquence, et conformément aux articles 99 et 154 du Code militaire, le commissaire-rapporteur a l'honneur de prier Monsieur le général commandant l..... de vouloir bien délivrer un ordre d'informer supplémentaire contre le sus-nommé, pour les faits relatés dans le présent.

A......, le.....

Le Commissaire-rapporteur,

101. — S'il résulte de l'instruction que le prévenu a des complices justiciables des conseils de guerre, l'article 106 prescrit au rapporteur d'en référer au général commandant, afin qu'il soit procédé à leur égard conformément aux articles 99 et 154.

102. — **Rapport** sur l'affaire du nommé (*nom, prénoms, grade, corps*), laquelle a fait l'objet de l'ordre d'informer donné par Monsieur le général commandant l....., le.....

Référé.

L'instruction suivie contre le nommé N....., en vertu de l'ordre d'informer précité, relevant à sa charge une soustraction frauduleuse de deniers, commise la nuit, dans une maison habitée à l'aide d'effraction, au préjudice d'un habitant, a fait connaître que cet homme aurait un complice.

Des témoignages recueillis, il appert que le prévenu N....., aurait été aidé et assisté dans la préparation ou la perpétration du fait qui lui est imputé, par un nommé (*nom, prénoms, grade, corps*).

En conséquence, et conformément aux articles 99, 154 et 106 du Code militaire, le commissaire-rapporteur a l'honneur de prier Monsieur le général commandant la division, de décerner contre ledit....., sus-prénommé et qualifié, un ordre d'informer sous prévention :

De complicité de soustraction frauduleuse de deniers appartenant à un habitant, le....., à.....; pour avoir aidé et assisté avec connaissance l'auteur de ladite action, dans les faits qui l'ont préparée ou facilitée, ou dans ceux qui l'ont consommée.

Crime prévu et puni par les articles 202, 267 du Code militaire, 59, 60 et 384 du Code pénal.

A....., le.....

Le Commissaire-rapporteur.

103. — Le commissaire-rapporteur n'a pas le droit de faire mettre le complice *en état d'arrestation,* mais il peut, en s'adressant au commandement, obtenir que le coupable soit provisoirement, et par mesure disciplinaire, mis à la prison du corps ou, si l'homme n'appartient pas à la garnison, à la prison militaire, jusqu'à ce qu'il ait été statué sur la demande de poursuites.

104. — Si, au lieu d'un complice, l'instruction révélait l'existence d'un coauteur, la demande d'un ordre d'informer serait également faite au moyen d'un référé, mais il y aurait lieu, dans ce cas, de relever la circonstance aggravante de pluralité d'agents. La jurisprudence répute coauteurs tous ceux qui, par suite d'un concert arrêté à l'avance, participent par un fait immédiat et direct à la perpétration d'un crime ou d'un délit. Par exemple, celui qui fait le guet devant la porte d'une maison pendant qu'un autre y commet un vol, n'est pas seulement complice, mais bien coauteur, quoiqu'il ne participe pas matériellement à toutes les circonstances du fait principal.

RAPPORT ET CONCLUSIONS

DU COMMISSAIRE-RAPPORTEUR.

105. — Si les sages prescriptions de la circulaire ministérielle du 23 juin 1875, relative à l'exécution de la loi du 18 mai précédent, ont été strictement observées, c'est-à-dire si l'information préliminaire au corps est complète et a été établie avec le soin nécessaire, — et c'est ce que doit rigoureusement exiger l'autorité militaire supérieure, — le commissaire-rapporteur n'aura, pour la parachever, qu'à interroger le prévenu aussitôt qu'il aura été écroué.

106. — L'instruction terminée, est-il dit en l'article 108, le commissaire-rapporteur adressera le dossier de procédure, accompagné de son rapport et de ses conclusions, au général commandant le..., qui prononcera sur la mise en jugement.

⚬ DIVISION.

Art. 108 du Code militaire.

(Formule imprimée nº 8.)

107. — Rapport sur l'affaire du nommé (*nom, prénoms, grade, corps*), laquelle a fait l'objet de l'ordre d'informer donné par M. le général commandant l....., le ..... [1].

Le ....., le soldat ..... rendit compte au sergent de semaine que, pendant la nuit, son porte-monnaie contenant une somme de...., lui avait été dérobé dans la poche de son pantalon suspendu à la tête de son lit.

Le soldat..., dont le lit est placé vis-à-vis celui du plaignant, vint déclarer que la veille, vers 11 heures du soir, il avait vu le nommé N..., étranger à la chambre, venir à petit bruit à la tête du lit de..., et se retirer avec les mêmes précautions après y avoir séjourné pendant quelques instants.

Interrogé immédiatement, N..., commença par nier, mais dans l'impossibilité d'expliquer sa visite nocturne dans une chambre autre que la sienne, et de justifier la possession d'une somme d'argent assez forte, il se décida à faire l'aveu de son crime.

Cet homme, dont les antécédents ne sont pas mauvais, a renouvelé ses aveux devant nous et a manifesté un certain repentir.

En conséquence, notre avis est qu'il y a lieu de demander la mise en jugement du nommé N..., sus-prénommé et qualifié, pour avoir, le..., à..., soustrait frauduleusement

---

[1] V. les diverses formules de rapports dans le *Manuel de l'officier de police judiciaire militaire,* par Champoudry et Daniel. Paris, Larose et Forcel, 1891.

un porte-monnaie contenant une somme de... francs environ, appartenant à un militaire, le nommé...

Crime prévu et puni par l'article 243 du Code militaire.

A....., le....,

Le Commissaire-rapporteur,

108. — Le commissaire-rapporteur doit apporter le plus grand soin dans l'établissement du rapport, qui tient lieu d'acte d'accusation et est lu à l'audience. — C'est une pièce judiciaire qui doit être rédigée d'après les exigences légales, porter le lieu et la date de sa rédaction, ainsi que la signature du magistrat instructeur. Dans plusieurs décisions, qui n'ont pas été insérées à l'*Officiel*, le conseil de révision a prononcé l'annulation de jugements, sur ce seul motif que le rapport ne mentionnait pas le lieu où il avait été fait, — ou la date de son établissement, ou, enfin, la signature du rapporteur, quoique la loi n'ait pas attaché une nullité expresse à l'omission de ces diverses formalités.

DIVISION de.....

Conseil de guerre.

Art. 108 du Code militaire.

109. **Conclusions.**

(Formule imprimée n° 9.)

A ....., le .....

Le commissaire-rapporteur près le conseil de guerre de la division,

A Monsieur le Général commandant la division.

Mon Général,

J'ai l'honneur de vous transmettre, avec le rapport prescrit par l'article 108 du Code militaire, les pièces de l'instruction à laquelle il a été procédé contre le nommé (*nom, prénoms, grade, corps*).

Mes conclusions tendent à ce que cet homme soit mis en jugement pour avoir, à..., le..., soustrait frauduleusement :

1° Une paire de bottes appartenant à un militaire, le nommé...;

2° Une somme de 10 francs environ et divers objets appartenant à un militaire, le nommé...;

3° Une somme de 52 francs environ appartenant à un habitant, le sieur...; ledit vol ayant été commis la nuit dans une maison habitée, à l'aide d'effraction dans une maison.

Crimes prévus et réprimés par les articles **248**, **267** du Code militaire, 379, 384 du Code pénal ordinaire.

J'ai l'honneur de vous prier de vouloir bien prononcer sur la mise en jugement.

110. — Le commissaire-rapporteur, dans ses conclusions, est tenu de préciser les crimes et les délits pour lesquels la mise en jugement est demandée, avec toutes les circonstances constitutives ou aggravantes du fait principal et les articles de la loi pénale applicables. — Si des faits de même nature ont été commis à diverses dates ou au préjudice de personnes différentes, il est indispensable de relever ces chefs d'accusation d'une manière distincte et précise (*C. minist.*, 19 *décembre* 1880).

111. — Il est très important que le commissaire du

gouvernement rapporteur distingue avec le plus grand soin, dans ses conclusions, le fait principal des circonstances aggravantes qui peuvent l'accompagner, et relève séparément chacun des chefs d'accusation ; car ce document doit servir de base à l'établissement de l'ordre de mise en jugement, dont les spécifications indiquent les seules questions qu'il y a lieu légalement de soumettre aux juges. — Nous allons donner les diverses formules de conclusions, motivées par les crimes et délits énumérés dans le Code militaire et le Code pénal ordinaire.

Code militaire.

112. — *Art.* 204. Mes conclusions tendent à ce que cet homme soit mis en jugement pour avoir, le..., à..., porté les armes contre la France.

Crime prévu et réprimé par l'article 204 du Code militaire.

Art. 206....., pour s'être introduit le..., dans *telle* place de guerre — *ou* poste, etc. — dans le but de s'y procurer des documents et renseignements destinés à l'ennemi.

Art. 207....., pour s'être introduit déguisé, le..., dans telle place de guerre.

Art. 208....., pour avoir, le..., à..., provoqué des militaires à passer à l'ennemi — *ou* sciemment facilité à des militaires, les moyens de passer à l'ennemi.

Art. 211....., étant en faction, abandonné son poste sans avoir rempli sa consigne, avec la circonstance aggravante que ledit abandon a eu lieu en présence de l'ennemi — *ou* sur un territoire en état de guerre.

Art. 212....., été trouvé endormi étant en faction — *ou* en vedette — en présence de l'ennemi — *ou* sur un territoire en état de guerre.

Art. 213....., abandonné son poste étant de garde; alors qu'il était chef de poste; ledit abandon ayant eu lieu en présence de l'ennemi — *ou* sur un territoire en état de guerre.

Art. 215....., pour ne s'être pas rendu, le..., à..., hors le cas d'excuse légitime, au conseil de guerre où il était appelé à siéger, *ou*... refusé de se rendre au conseil de guerre où il était appelé à siéger.

Art. 217....., refusé d'obéir, à la première sommation, à l'ordre de son chef, le capitaine...; cette désobéissance ayant été commise sous les armes, — par des militaires réunis au nombre de quatre au moins et agissant de concert.

Art. 218....., refusé d'obéir à un ordre de service à lui donné par son chef, le sergent...; — ledit refus ayant eu lieu en présence de l'ennemi — *ou* sur un territoire en état de guerre.

Art. 219....., le..., à..., violé — *ou* forcé — la consigne du factionnaire placé devant les armes; — ladite violation de consigne ayant eu lieu en présence de l'ennemi — *ou* sur un territoire en état de guerre.

Art. 220....., le..., à..., exercé des violences envers une sentinelle; — lesdites violences ayant eu lieu à main armée, — l'accusé étant assisté de une ou plusieurs personnes.

4e §..., le ..., à..., insulté une sentinelle par paroles —
ou gestes *ou* menaces.

Art. **221**..., le..., à..., exercé des voies de fait envers
son supérieur, le sergent... ; — lesdites voies de fait ayant
été commises avec préméditation — *ou* de guet-apens.

Art. **222**..., le..., à..., exercé des voies de fait envers
son supérieur , le sergent...; lesdites voies de fait ayant
eu lieu sous les armes.

Art. **223**..., le..., à..., exercé des voies de fait envers
son supérieur, le sergent...; lesdites voies de fait ayant eu
lieu pendant le service — *ou* à l'occasion du service.

Art. **224**..., le..., à..., outragé par paroles — gestes *ou*
menaces — le sergent..., son supérieur ; — lesdits outrages ayant eu lieu pendant le service — *ou* à l'occasion
du service.

Art. **225**..., le..., à..., commis une rébellion envers la
force armée ; — ladite rébellion commise avec armes , —
par plus de deux militaires, — etc.

Art. **229**..., le ..., à ...., frappé son inférieur, le soldat..., hors les cas d'excuse absolutoire prévus par la loi.

Art. **231-232**..., 1° pour désertion à l'intérieur en temps
de paix, pour s'être absenté sans autorisation de son corps,
à..., du..., jour de l'absence constatée, au..., jour de son
arrestation à... — *ou* de sa présentation volontaire à...;
— avec les circonstances aggravantes d'emport d'effets
militaires non représentés et de désertion antérieure ;

2° pour désertion à l'intérieur en temps de paix, pour
ne s'être pas présenté à son corps, en garnison à..., le...,

jour de l'expiration de sa permission, ni dans les quinze jours qui ont suivi celui fixé pour son retour.

Art. 233..., pour s'être absenté sans autorisation de son corps, en garnison à..., du..., jour de l'absence constatée, au..., jour de sa présentation volontaire à....

ou — pour ne s'être pas présenté à son corps, en garnison à..., le..., jour de l'expiration de sa permission, ni dans les quinze jours qui ont suivi celui fixé pour son retour.

ou — pour désertion sur un territoire en état de guerre — *ou* de siège — pour avoir abandonné son corps, à..., du..., jour de l'absence constatée, au..., jour de son arrestation. — *ou* de sa présentation volontaire à...

Art. 235-236..., pour désertion à l'étranger, pour avoir franchi sans autorisation, les limites du territoire français, pour se rendre à..., et s'être absenté illégalement de son corps, en garnison à..., du..., jour de l'absence constatée, au..., jour de son arrestation, *ou* de sa représentation volontaire — à...; — ladite désertion ayant eu lieu en temps de guerre — *ou* d'un territoire en état de guerre, — avec emport d'effets militaires non représentés.

ou — pour désertion à l'étranger, pour avoir abandonné son corps, hors de France, à..., du..., jour de l'absence constatée, au..., jour de son arrestation — *ou* de présentation volontaire — à...; — ladite désertion ayant eu lieu en temps de guerre, — avec emport d'effets militaires non représentés.

Art. 237..., mêmes formules qu'à l'article précédent.

Art. 238..., pour avoir, le..., à..., déserté à l'ennemi.

Art. 239..., pour avoir, le..., à..., déserté en présence de l'ennemi.

Art. 240-241..., pour avoir, le..., à..., déserté en présence de l'ennemi ; — ladite désertion ayant été effectuée par plus de deux militaires.

Art. 242..., pour avoir, le..., à..., provoqué — *ou* favorisé — la désertion du nommé (*nom, prénoms, grade, corps*).

Art. 244, § 1er..., pour avoir, le..., à..., vendu un pantalon d'ordonnance, effet d'habillement à lui confié pour le service.

§ 2..., pour avoir, le..., à..., acheté sciemment au soldat..., un pantalon d'ordonnance confié à ce dernier pour le service.

Art. 245..., pour avoir, le..., à..., dissipé un effet d'habillement à lui remis pour le service.

Art. 246..., pour avoir, le..., à..., mis en gage une tunique à lui remise pour le service.

Art. 247..., pour avoir, le..., à..., sciemment acheté, hors les cas prévus par les règlements, *tel* effet militaire au soldat...

Art. 248..., pour avoir, le..., à..., soustrait frauduleusement une somme de... environ appartenant à un militaire, le nommé...

(Quand les deniers ou effets ont été remis au militaire en raison de ses fonctions) volé une somme de... environ appartenant à l'État — *ou* à un militaire, le nommé...; — deniers dont il était comptable.

§ 5..., pour avoir, le..., à..., soustrait frauduleusement

une somme d'environ..., appartenant à un habitant, le sieur...; avec la circonstance aggravante qu'il était logé chez le sieur..., en vertu d'un billet de logement.

Art. 249..., pour avoir, le....., à....., dépouillé un blessé; — avec la circonstance aggravante qu'il lui a fait de nouvelles blessures pour le dépouiller.

Art. 250..., pour avoir, le....., à....., pillé des denrées appartenant à l'État; — ledit pillage ayant été commis par des militaires en bande — *ou* avec armes, etc.

Art. 251..., pour avoir, le....., à....., volontairement incendié — *ou* détruit par l'explosion d'une mine — *tel* édifice à l'usage de l'armée.

Art. 252..., pour avoir, le....., à....., volontairement détruit *tel* édifice à l'usage de l'armée.

Art. 254..., pour avoir, le....., à....., volontairement détruit une arme appartenant à l'État et à lui confiée pour le service — *ou* à l'usage du militaire...

Art. 255..., pour avoir, le....., à....., volontairement détruit *tel* registre de l'autorité militaire.

Art. 256..., pour avoir, le....., à....., commis volontairement un homicide sur la personne du sieur.....; avec la circonstance aggravante qu'il était logé chez le sieur....., en vertu d'un billet de logement.

Art. 257..., pour avoir, le....., à....., commis un faux en matière d'administration militaire, en exagérant sciemment le montant des consommations et en contrefaisant la signature du commandant de la compagnie, sur le bon de viande du.....; dans le but de s'approprier frauduleusement une somme de....., au préjudice de l'ordinaire.

Ou en exagérant sciemment le montant des consommations sur le livret d'ordinaire de sa compagnie, dans le prêt du..... au....., d'une somme de....., afin de dissimuler frauduleusement le vol d'une somme égale appartenant à l'ordinaire [1].

Art. 258..., pour avoir, le..., à..., sciemment fait usage de faux poids dans son service.

Art. 265..., pour avoir, le..., à..., falsifié — *ou* fait falsifier — *telles* denrées confiées à sa garde — *ou* placées sous sa surveillance.

Ou... sciemment distribué ou fait distribuer *telles* denrées falsifiées.

Art. 266..., pour avoir, le..., à..., porté publiquement *telle* décoration française — *ou tels* insignes — sans en avoir le droit.

Ou... porté publiquement la décoration de *tel* ordre étranger sans y avoir été préalablement autorisé.

113. — Code pénal.

Art. 2..., pour avoir, le..., à..., tenté de commettre un homicide volontaire sur la personne du sieur...; laquelle tentative, manifestée par un commencement d'exécution, n'a manqué son effet — *ou* n'a été suspendue — que par des circonstances indépendantes de la volonté de son auteur.

Art. 59, 60..., pour avoir provoqué à l'action ci-dessus

---

(1) V. *Formulaire de questions*, par A. Champoudry. Paris, Larose et Forcel, 1891.

spécifiée par dons ou promesses — *ou* en donnant des instructions pour la commettre.

Ou... pour avoir procuré des armes — des instruments *ou* tel objet — ayant servi à l'action ci-dessus spécifiée, sachant qu'elle devait y servir.

Ou... pour avoir aidé ou assisté avec connaissance l'auteur de l'action ci-dessus spécifiée, dans les faits qui l'ont préparée ou facilitée, ou dans ceux qui l'ont consommée.

Art. 62..., pour avoir, le..., à..., sciemment recélé tout ou partie des objets provenant du vol ci-dessus spécifié.

Art. 132..., pour avoir, le..., à..., frauduleusement contrefait *telle* monnaie ayant cours légal en France.

Art. 133..., pour avoir, le..., à..., sur le territoire français, frauduleusement contrefait — *ou* altéré — une monnaie étrangère ayant cours légal en *tel* pays.

Ou... participé à l'émission — *ou* à l'exposition, *ou* à l'introduction — en France, de monnaies étrangères contrefaites, ayant cours légal en *tel* pays, sachant qu'elles étaient contrefaites.

Art. 134..., pour avoir, le..., à..., coloré *telle monnaie* ayant cours légal en France, dans le but de tromper sur la nature du métal.

Ou... coloré *telle monnaie* étrangère, ayant cours légal en..., dans le but de tromper sur la nature du métal.

Ou... émis — *ou* introduit — sur le territoire français,

telle monnaie — ayant cours légal en France, colorée dans le but de tromper sur la nature du métal.

§ 2°..., pour avoir, le..., à..., participé à l'émission — *ou* à l'introduction — en France, de *telle monnaie* ayant cours légal en France, colorée dans le but de tromper sur la nature du métal.

Art. 135..., pour avoir, le..., à..., fait usage, après en avoir fait vérifier les vices, de *telle* pièce fausse qu'il avait reçue pour bonne.

Art. 139..., pour avoir, le..., à..., frauduleusement contrefait le sceau de l'État.

Ou... fait sciemment usage du sceau contrefait de l'État.

§ 2°..., pour avoir, le..., à..., frauduleusement contrefait — *ou* falsifié — *tels effets* émis par le Trésor public, avec son timbre.

Art. 140..., pour avoir, le..., à..., frauduleusement contrefait — *ou* falsifié — un timbre national.

Ou... un marteau de l'État servant aux marques forestières.

Ou... un poinçon de l'État servant à marquer les matières d'or et d'argent. ... pour avoir, le..., à..., sciemment fait usage d'un timbre national contrefait.

Art. 141..., pour avoir, le..., à..., après s'être indûment procuré le vrai timbre national, fait dudit, une application ou un usage préjudiciable aux droits ou intérêts de l'État.

Ou... pour avoir, le..., à..., fait une application ou un usage préjudiciable aux droits ou intérêts de l'État, du vrai marteau de l'État qu'il s'était indûment procuré.

Ou... pour avoir, le..., à..., après s'être indûment procuré le vrai poinçon de l'État servant à marquer les matières d'or et argent, fait dudit poinçon une application ou un usage préjudiciable aux droits ou intérêts de l'État.

Art. 142. § 1er..., pour avoir, le..., à..., frauduleusement contrefait une marque destinée à être apposée au nom du gouvernement sur *telles denrées* — *ou* marchandises.

Ou... fait usage d'une marque destinée à être apposée, au nom du gouvernement, sur *telles denrées* — *ou* mardises — sachant qu'elle était contrefaite.

§ 2..., pour avoir, le..., à..., frauduleusement contrefait ou fait contrefaire le sceau de *telle autorité.*

Ou... sciemment fait usage du sceau contrefait de *telle autorité.*

Art. 143..., pour avoir, le..., à..., fait une application — ou un usage — préjudiciable aux intérêts de l'État, d'une marque destinée à être apposée au nom du gouvernement, sur *telles denrées* — *ou* marchandises — laquelle marque il s'était indûment procurée.

Art. 147..., pour avoir, le..., à..., commis un faux en écriture authentique et publique, en contrefaisant sur un mandat de solde délivré par M. le sous-intendant militaire, la signature N..., à qui ce mandat était destiné, dans le but de s'en approprier frauduleusement le montant, 350 francs.

Art. 148..., pour avoir, le..., à..., fait sciemment usage de la pièce fausse ci-dessus spécifiée.

Ou... pour avoir, le..., à..., fait sciemment usage d'un billet faux de la somme de..., daté du..., à l'ordre de..., au bas duquel est apposée la fausse signature N..., lequel est commerçant.

Art. 150..., pour avoir, le..., à..., commis un faux en écriture privée, en apposant ou faisant apposer sur le livret d'ordinaire de sa compagnie, la fausse signature N..., en regard et pour acquit de la somme de..., montant des fournitures de..., effectuées pendant le prêt du... au..., dans le but de dissimuler frauduleusement le vol d'une somme égale appartenant à l'ordinaire.

Art. 151..., pour avoir, le..., à..., fait sciemment usage de la pièce fausse ci-dessus spécifiée.

Art. 153..., pour avoir, le..., à..., fabriqué ou fait fabriquer un passe-port sous le faux nom de N...

Ou... fait sciemment usage d'un passe-port faux.

Art. 154..., pour avoir, en..., à..., dans un passe-port — *ou* dans un permis de chasse —, pris le nom supposé de....

Ou... pour avoir, le..., à..., concouru comme témoin à faire délivrer un passe-port à N..., sous le nom supposé de....

Ou... pour avoir, le..., à..., fait usage d'un passe-port — *ou* d'un permis de chasse — délivré sous le nom de..., autre que le sien.

Art. 156..., pour avoir, le..., à... fabriqué ou fait fabriquer une fausse feuille de route, datée de..., sous le nom de...

Ou... pour avoir falsifié une feuille de route originairement véritable, datée de..., le..., établie au nom de...

Ou... pour avoir, le..., à..., fait sciemment usage d'une feuille de route fabriquée ou falsifiée.

Art. 169, 170, 172..., pour avoir, le..., à..., étant officier payeur au ... régiment de..., détourné — ou soustrait — au préjudice de l'État, des deniers qui étaient entre ses mains en vertu de ses fonctions ; avec cette circonstance aggravante que la somme détournée est supérieure à 3,000 francs.

Art. 174..., pour avoir, le..., à..., exigé — *ou* reçu — en sa qualité de sergent-major, de N..., soldat à sa compagnie, des sommes qu'il savait ne pas lui être dues — *ou* excéder ce qui était dû — pour salaire ou traitement ; — les sommes indûment exigées — *ou* reçues — étant supérieures à 300 francs.

Art. 175..., pour avoir, le..., à..., par acte simulé, pris — *ou* reçu — un intérêt dans *telle* adjudication — dont il avait en tout ou partie l'administration — *ou* la surveillance — au temps dudit acte.

Art. 177..., pour avoir, le..., à..., étant (*indiquer la fonction*), agréé des offres ou promesses — *ou* reçu des dons ou présents — pour faire un acte de son emploi — *ou* de sa fonction — non sujet à salaire.

Ou... pour s'abstenir de faire un acte qui rentrait dans l'ordre de ses devoirs.

Art. 179, 180..., pour avoir, le..., à..., contraint par voies de fait ou menaces, le sieur N... (*indiquer a fonction*), pour obtenir de lui qu'il fît un acte de sa fonction.

Ou... qu'il s'abstînt de faire un acte qui rentrait dans l'ordre de ses devoirs.

..., pour avoir, le..., à..., corrompu par promesses, dons ou présents, le sieur N... (*indiquer la fonction*), pour obtenir de lui qu'il fît un acte de sa fonction.

Ou... qu'il s'abstînt de faire un acte qui rentrait dans l'ordre de ses devoirs.

Art. 184..., pour s'être, le..., à..., agissant en sa qualité de (*indiquer la fonction*), introduit dans le domicile du sieur N..., contre son gré et hors les cas prévus par la loi, sans avoir accompli les formalités qu'elle a prescrites.

Ou... pour s'être, le..., à..., introduit, à l'aide de menaces et violences, dans le domicile du sieur N...

Art. 186..., pour avoir, le..., à..., volontairement exercé des violences sur la personne de N...; — lesdites violences ayant causé une incapacité de travail personnel de plus de vingt jours, — l'accusé se trouvant dans l'exercice de ses fonctions.

Art. 209 à 221..., pour avoir, le..., à..., commis une attaque — *ou* fait résistance — avec violences et voies de fait envers le gardien de la paix N..., agent de l'autorité, agissant pour l'exécution des ordres ou ordonnances de l'autorité publique ; — ladite attaque ayant été commise par plus de vingt personnes — *ou* par plus de trois — ; — plus de deux personnes portant des armes ostensibles ; — l'accusé étant muni d'armes cachées ; — l'accusé étant le chef de la rébellion ; l'accusé ayant provoqué cette rébellion.

Art. 222..., pour avoir, le..., à..., outragé par paroles

N... (*indiquer la qualité*), ledit outrage tendant à inculper l'honneur ou la délicatesse de ce dernier ; — ledit outrage ayant été proféré contre N... pendant l'exercice — *ou* à l'occasion de l'exercice de ses fonctions de...

Ou... ledit outrage ayant été commis à l'audience du conseil de guerre.

Art. 223..., pour avoir, le..., à..., outragé par geste — *ou* menace — N... (*indiquer la qualité*); — ledit outrage dirigé contre ledit N... dans l'exercice — *ou* à l'occasion de l'exercice de ses fonctions de...

Ou... ledit outrage ayant été commis à l'audience du conseil de guerre.

Art. 224..., pour avoir, le..., à..., outragé par paroles — *ou* gestes, *ou* menaces — le sieur N... (*indiquer la qualité*); — lesdits outrages ayant été dirigés contre N... alors qu'il était dans l'exercice de ses fonctions d'agent dépositaire de la force publique.

Art. 225..., pour avoir, le..., à..., outragé par paroles — *ou* gestes, *ou* menaces — le lieutenant N... ; lesdits outrages ayant été dirigés contre cet officier alors qu'il était dans l'exercice de ses fonctions de commandant de la force publique.

Art. 228 à 233..., pour avoir, le..., à..., volontairement porté des coups — *ou* commis une violence, *ou* voie de fait — sur la personne du sieur N...; — lesdites violences ayant été dirigées contre lui dans l'exercice — *ou* à l'occasion de l'exercice — de ses fonctions d'agent de la force publique ; — lesdites violences ayant eu lieu à l'audience du conseil de guerre (*art.* 228) ; — lesdites violences ayant été cause d'effusion de sang — blessures , *ou* maladies (*art.* 231) ; — la mort s'en étant suivie dans les quarante jours (*art.* 231) ; — les coups ayant été portés avec préméditation — *ou* — de guet-apens (*art.* 232) ; — les coups ayant été portés — *ou* les blessures faites — avec intention de donner la mort (*art.* 233).

Art. 234..., pour avoir, le..., à..., étant commandant de poste, refusé de faire agir la force sous ses ordres, après en avoir été légalement requis par l'autorité civile.

Art. 237 à 240..., pour avoir, le..., à..., étant préposé à la garde du détenu N..., en sa qualité de sergent surveillant à la prison militaire de..., par négligence, — *ou* par connivence — facilité l'évasion dudit détenu, prévenu d'un délit — *ou* d'un crime — de nature à entraîner *telle* peine.

Ou... dudit détenu condamné pour un crime infamant.

..., pour avoir, le..., à..., procuré ou facilité l'évasion du détenu N..., prévenu d'un délit — *ou* d'un crime simplement infamant — *ou* condamné pour un crime simplement infamant.

Art. 241..., pour avoir, le..., à..., favorisé l'évasion exécutée — *ou* tentée — avec violence ou bris de prison de N..., détenu légalement sous prévention de... — *ou* condamné à... — en lui fournissant des instruments propres à l'opérer.

Art. 242..., pour avoir, le..., à..., en corrompant les conducteurs — *ou* gardiens — procuré ou facilité l'éva-

sion de N..., détenu légalement sous prévention de..., —
ou condamné à....

Art. 243..., pour avoir, le..., à..., favorisé l'évasion
— *ou* la tentative d'évasion — avec bris de prison de N...,
détenu légalement sous prévention de..., en lui faisant
tenir des armes ; — l'accusé étant, en qualité de... (*fonction*), préposé à la garde ou à la conduite dudit détenu.

Art. 245..., pour s'être, le..., à..., étant détenu, évadé
par bris de prison — *ou* violence.

Art. 251, 252, 256..., pour avoir, le..., à..., brisé
des scellés apposés au domicile de..., par suite d'une
ordonnance de justice — *ou* par ordre du gouvernement.
— Ce bris de scellés ayant été commis avec violences
envers les personnes.

Art. 253, 256..., pour avoir, le..., à..., soustrait
frauduleusement *tel* objet appartenant à un habitant, le
sieur... — *ou* à la succession du sieur..., — ledit vol
ayant été commis à l'aide d'un bris de scellés.

Art. 254..., pour avoir, le..., à..., étant dépositaire
public, par négligence, favorisé la soustraction frauduleuse de *telle* pièce de procédure criminelle inventoriée
au dossier du nommé...; lequel dossier contenu dans les
archives du conseil de guerre de..., — *ou telle* somme
d'argent déposée au greffe du conseil de guerre de...,
comme pièce de conviction.

Art. 255, 256..., pour avoir, le..., à..., soustrait frauduleusement *telle* pièce de procédure inventoriée..., etc.
(comme ci-dessus) ; — ladite soustraction ayant été com-

mise avec violences envers les personnes; — l'accusé
étant dépositaire public de l'objet soustrait.

Art. 257..., pour avoir, le..., à..., volontairement
détruit — *ou* abattu, *ou* mutilé, *ou* dégradé — *tel* monu-
ment public — *ou* destiné à la décoration, *ou* à l'utilité
publique — élevé par l'autorité ou avec son autorisation.

Art. 258..., pour s'être, le..., à..., immiscé sans titre
dans des fonctions publiques — *ou* civiles, *ou* militaires
— celles de...

..., pour avoir, le..., à..., sans titre, fait des actes
d'une fonction civile — *ou* militaire — celle de...

Art. 259..., pour avoir, le..., à..., publiquement porté
tel costume — *ou* uniforme — qui ne lui appartient pas.

..., pour avoir, le..., à..., publiquement pris un titre,
sans droit et en vue de s'attribuer une distinction hono-
rifique.

Ou... publiquement changé — *ou* altéré, *ou* modifié
— le nom que lui assignent les actes de l'état civil.

Art. 261..., pour avoir, le..., à..., interrompu les
exercices du culte, par des clameurs — *ou* désordres —
commis dans le temple affecté à ces exercices.

Art. 262, 263..., pour avoir, le..., à..., par paroles —
ou gestes — outragé les objets d'un culte reconnu par
l'État, dans un lieu destiné à son exercice.

..., pour avoir, le..., à..., outragé M..., curé; — alors
qu'il était dans l'exercice de ses fonctions de ministre
d'un culte légalement reconnu.

..., pour avoir, le..., à..., frappé M...; lesdits coups

ayant été portés envers M..., pendant qu'il exerçait ses fonctions de ministre d'un culte légalement reconnu.

Art. 265 à 268..., pour avoir, en..., à..., été chargé d'un service quelconque dans une association de malfaiteurs organisée en bande contre les personnes — *ou* les propriétés; — l'accusé étant directeur de l'association (267).

..., pour avoir, en..., à..., sciemment et volontairement fourni à une association de malfaiteurs, organisée contre les personnes — *ou* les propriétés — des armes — *ou* des munitions, etc...

Art. 295 *et suivants*..., pour avoir, le..., à..., commis volontairement un homicide sur la personne de...

... avec préméditation — *ou* de guet-apens (**296, 297, 298, 302**).

Cet homicide volontaire ayant précédé — accompagné ou suivi — le crime de... ci-dessus spécifié (**295, 304**).

Cet homicide volontaire ayant eu pour objet de préparer — faciliter *ou* exécuter — le délit ci-dessus spécifié (**295, 304**).

Ou... de favoriser la fuite — ou d'assurer l'impunité — de l'auteur du délit ci-dessus spécifié.

..., pour avoir, le..., à..., commis volontairement un homicide sur la personne de..., son père légitime — *ou* naturel — *ou* adoptif (**200, 302**).

..., pour avoir, le..., à..., volontairement donné la mort à son enfant nouveau-né — *ou* à un enfant nouveau-né (**300, 302**).

..., pour avoir, le..., à..., attenté à la vie de..., par l'effet de substances pouvant donner la mort.

Ou... attenté à la vie de..., son père légitime — *ou* naturel, *ou* adoptif — par l'effet de substances pouvant donner la mort (301, 302).

Art. 305, 306..., pour avoir..., à..., par écrit anonyme *ou* signé — daté du..., menacé d'assassiner N... (306); ladite menace d'assassinat étant conditionnelle de faire *telle* chose — *ou...*, ayant été faite avec ordre de déposer une somme d'argent en *tel* lieu (305).

Art. 307, 308..., pour avoir, le..., à..., menacé verbalement N..., d'assassinat, s'il ne lui remettait pas une somme d'argent (307).

Ou... menacé verbalement — *ou* par écrit — N..., de violences, s'il ne lui remettait pas une somme d'argent (308).

Art. 309 à 312..., pour avoir, le..., à..., volontairement porté des coups, sur la personne de... (311).

..., lesdits coups ayant occasionné une incapacité de travail personnel pendant plus de vingt jours (309, § 1er).

..., lesdits coups ayant été suivis de mutilation — *ou* amputation, etc. (309, § 3e).

..., les blessures faites volontairement, mais sans intention de donner la mort, l'ayant cependant occasionnée (309, § 4e).

L'accusé ayant agi avec préméditation — *ou* de guetapens (310, 311).

L'accusé étant le fils légitime — *ou* naturel, etc. — de la victime (312.)

Art. 317..., pour avoir, le..., à..., par aliments — *ou* breuvage, etc. — procuré l'avortement de la femme N..., alors enceinte; — l'accusé étant médecin — *ou* chirurgien, etc.

..., pour avoir, le..., à..., volontairement occasionné une maladie — *ou* une incapacité de travail personnel — à N..., en lui administrant des substances nuisibles à la santé; — la maladie — *ou* incapacité de travail personnel — ayant duré plus de vingt jours; — l'accusé étant le fils — *ou* petit-fils — légitime — *ou* naturel, *ou* adoptif.

Art. 319, 320..., pour avoir, le..., à..., par maladresse — *ou* défaut de précautions, etc. — causé involontairement des blessures au nommé...

Ou... un homicide sur la personne de...

Art. 330..., pour avoir, le..., à..., commis un outrage public à la pudeur, en exerçant un acte contraire à la pudeur sur la voie publique.

Ou... dans un champ accessible aux regards du public — dans une chambre dont la fenêtre ouverte permettait de voir de l'extérieur — ... dans une boutique dont les fenêtres ouvertes donnaient sur la rue — ... dans une voiture ouverte dans laquelle les personnes fréquentant la voie publique pouvaient voir — ... etc.

Art. 331, 333..., pour avoir, le..., à..., commis un attentat à la pudeur, consommé ou tenté sans violence, sur la personne de N..., âgée de moins de 13 ans.

L'accusé ayant été aidé dans son crime par une ou plusieurs personnes (333).

..., pour avoir, le..., à..., commis un attentat à la

pudeur, consommé ou tenté sans violence sur la personne de N..., sa fille mineure de 21 ans, non émancipée par le mariage.

Art. 332, 333..., pour avoir, le..., à..., — *ou* à diverses reprises en *telle* année — commis un viol sur la personne de la fille N...

..., pour avoir, le..., à..., commis un attentat à la pudeur, consommé ou tenté avec violence sur la personne de la fille N...

La victime ayant alors moins de 15 ans accomplis.

L'accusé étant ascendant de la victime (333).

L'accusé ayant été aidé dans son crime par une ou plusieurs personnes (333).

Art. 360..., pour avoir, le..., à...., commis une violation de tombeau — *ou* de sépulture.

Art. 361 à 364..., pour avoir, le..., à..., à l'audience du conseil de guerre, porté un faux témoignage en matière criminelle — *ou* correctionnelle — contre — *ou* en faveur de N..., accusé; ledit N..., contre lequel ce faux témoignage a été porté ayant été condamné à *telle* peine plus forte que la réclusion; — l'accusé ayant reçu de l'argent pour commettre cette action.

Art. 365..., pour avoir, le..., à...., suborné le témoin..., lequel, à l'audience du conseil de guerre, a fait un faux témoignage en matière correctionnelle contre — *ou* en faveur de N...., accusé; ledit N..., contre lequel le faux témoignage a été porté, ayant été condamné à *telle* peine plus forte que la réclusion; l'accusé ayant donné de l'argent — *ou* une récompense quelconque , etc. — au témoin pour qu'il fît ledit faux témoignage.

Art. 373..., pour avoir, le..., à..., sciemment fait par écrit, au général commandant la divisi.., une dénonciation calomnieuse contre M...

Art. 379-401, § 1er..., pour avoir, le..., à..., soustrait frauduleusement *tel* objet appartenant à un habitant, le Sr...

Art. 381..., ledit vol ayant été commis la nuit; — conjointement avec une ou plusieurs personnes; — les coupables ou l'un d'eux étant porteurs d'armes apparentes; — à l'aide d'effraction extérieure dans un lieu habité; — à l'aide de fausse clef dans un lieu servant à l'habitation; — à l'aide d'escalade; — à l'aide de violence, — *ou* menaces de faire usage de leurs armes.

Art. 382..., ledit vol ayant été commis à l'aide de violences; — ces violences ayant laissé des traces de blessures ou contusions.

Art. 383..., ledit vol ayant été commis sur un chemin public (prendre les circonstances aggravantes à l'article 381).

Art. 384..., ledit vol ayant été commis à l'aide d'effraction — *ou* de fausse clef — dans une maison.

Ou ... ledit vol ayant été commis à l'aide d'escalade.

Art. 385..., ledit vol ayant été commis dans un lieu habité; — par deux ou plusieurs personnes; — avec port d'armes.

Art. 386. (Deux des circonstances de l'article 381.)

Art. 387..., pour avoir, le..., à..., étant conducteur

de charrois au service de l'armée, altéré — *ou* tenté d'altérer — *tel* liquide qui lui avait été confié en sa qualité de voiturier; — ladite altération ayant été faite par le mélange de substances malfaisantes.

Art. 388, 1ᵉʳ et 2ᵉ §§..., pour avoir, le..., à..., soustrait frauduleusement dans les champs, un cheval, — *ou* une bête de somme, etc. — au préjudice d'un habitant, le sieur...

3ᵉ et 4ᵉ §§..., ledit vol ayant été commis la nuit; — conjointement avec une ou plusieurs personnes; — à l'aide d'une voiture — *ou* d'un animal de charge.

5ᵉ §..., pour avoir, le..., à..., soustrait frauduleusement dans les champs, des récoltes sur pied, au préjudice d'un habitant, le sieur...; ledit vol commis la nuit; — par plusieurs personnes; — à l'aide d'une voiture — ou de paniers, etc.

Art. 400..., pour avoir, le..., à..., extorqué par force — *ou* violence, *ou* contrainte — la signature de..., sur telle pièce opérant obligation ou décharge.

Ou ... extorqué par force — *ou* violence, — *ou* contrainte — la remise de telle pièce opérant obligation ou décharge.

Art. 401..., pour avoir, le..., à..., soustrait frauduleusement *tel* objet appartenant à un habitant, le sieur...

§ *dernier*..., pour s'être, le..., à..., fait servir, dans un établissement à ce destiné, des boissons et aliments qu'il a consommés en tout ou en partie, sachant qu'il était dans l'impossibilité absolue de payer.

Art. 405..., pour s'être, le..., à..., en employant des

manœuvres frauduleuses pour faire naître l'espérance d'un événement chimérique, fait remettre par N..., *tel* objet et un appoint de 3 francs, en lui faisant passer pour une pièce de 5 francs, une médaille en cuivre qu'il avait rendue brillante après en avoir enlevé l'œillet, afin de lui donner l'apparence d'une pièce d'or ; se servant, en outre, de l'intervention d'un tiers pour en affirmer la valeur monétaire, et d'avoir ainsi escroqué partie de la fortune d'autrui.

Art. 408..., pour avoir, le..., à..., détourné au préjudice de N..., qui en était propriétaire — *ou* possesseur, *ou* détenteur — *telle* somme, qui ne lui avait été remise qu'à titre de mandat — *ou* de dépôt, etc., — à la charge d'en faire un usage ou emploi déterminé — *ou* de la rendre ou représenter.

Art. 423..., pour avoir, le..., à..., trompé le soldat..., sur la nature de *telle* marchandise qu'il lui a vendue.

Ou... sur la quantité de *telle* chose qu'il lui a vendue, en faisant usage de faux poids — *ou* de fausses mesures, — *ou* en indiquant frauduleusement sur la facture de livraison un poids supérieur au poids réel.

Art. 456..., pour avoir, le..., à..., détruit partie d'une clôture dans un bâtiment de l'État ; — *ou* appartenant à autrui.

ORDRE DE MISE EN JUGEMENT.

NOTIFICATION.

———

114. — Conformément aux articles 155 et 156, l'ordre de mise en jugement et de convocation du conseil est donné par l'officier qui a ordonné l'information. — Aux armées, l'accusé peut être traduit directement et sans instruction préalable, devant le conseil de guerre.

115. — Pour les crimes de haute gravité et qui réclament impérieusement un châtiment prompt et exemplaire, il y aura lieu d'ordonner la traduction directe devant le conseil de guerre. Le général auquel appartient le droit de décerner l'ordre de poursuites ne devra prendre cette décision que lorsque l'instruction préliminaire au corps fournira tous les éléments suffisants pour caractériser le crime et permettre de réunir immédiatement les témoignages et les preuves devant le conseil. — La citation directe a pour effet de supprimer l'instruction au parquet, mais toutes les formalités qui suivent la délivrance de l'ordre de mise en jugement dans les cas ordinaires doivent être observées, ainsi qu'il est dit au chapitre ci-après, relatif à la notification.

116. — L'ordre de mise en jugement et de convocation est établi sur les conclusions du commissaire-rapporteur et adressé à ce magistrat par le général commandant qui, d'après les prescriptions de l'article 111, ordonne la réunion du conseil; il en donne avis au président et au commissaire-rapporteur (formules 11 et 11 *bis* imprimées) chargé de faire les convocations nécessaires au moyen de la formule imprimée n° 15.

DIVISION de.....

Conseil de guerre.

Art 108 et 154
du Code militaire.

117. Ordre de mise en jugement.

(Formule imprimée n° 10.)

Le général commandant la division,
Vu la procédure instruite contre le nommé
(*nom, prénoms, grade, corps*).

Vu le rapport et les conclusions de M. le commissaire-rapporteur, tendant au renvoi devant le conseil de guerre;

Attendu qu'il existe contre ledit... :

Prévention suffisamment établie d'avoir :

1° Le..., à..., soustrait frauduleusement une paire de bottes appartenant à un militaire, le nommé...;

2° Le même jour et audit lieu, soustrait frauduleusement une somme de 10 francs environ et divers objets appartenant à un militaire, le nommé...;

3° Le..., à..., soustrait frauduleusement une somme de 52 francs environ au préjudice d'un habitant, le sieur...;

ledit vol ayant été commis la nuit, dans un lieu habité, — à l'aide d'escalade et d'effraction dans une maison.

Crimes prévus et réprimés par les articles 248 et 267 du Code militaire, 379, 384, 386 du Code pénal.

Vu les articles 108, 111 et 155 du Code militaire.

Ordonne la mise en jugement du susnommé.

Ordonne, en outre, que le conseil de guerre appelé à statuer sur les faits imputés audit, sera convoqué pour le..., à... heures du matin.

Fait au quartier général, à..., le...

118. — Ce que nous avons dit précédemment à propos de la délivrance de l'ordre d'informer s'applique également à l'ordre de mise en jugement, qui ne peut être valablement décerné que par l'autorité qui a ordonné l'information ; c'est-à-dire par le fonctionnaire revêtu du commandement supérieur, auquel l'article 154 attribue le droit, qu'il ne peut déléguer à aucun de ses subordonnés, sous peine de nullité, de mettre l'action publique en mouvement.

119. — La juridiction militaire ne peut être saisie que par un ordre spécial de mise en jugement émanant directement et personnellement du général commandant. En conséquence, est radicalement nul l'ordre de mise en jugement qui a été signé par le chef d'état-major (*Révision, 26 avril* 1881).

120. — L'article 155 confère au général commandant un droit d'appréciation sur lequel on ne saurait trop appeler sa sollicitude, en raison des graves intérêts qui s'y rattache it, tant pour les personnes que pour l'ordre public et la discipline. — Le général prononce sur le vu de l'instruction, accompagnée du rapport et des conclusions établis par le commissaire-rapporteur, sans être tenu d'adopter ces conclusions qui, malgré la valeur évidente que l'on doit y attacher, ne peuvent être considérées que comme un élément de décision non susceptible de commander à son jugement.

121. — Le droit du général d'arrêter les poursuites par une ordonnance de non-lieu (*formule imprimée,* 10 *bis*) est la conséquence rationnelle de son droit d'initiative. L'instruction a suivi son cours, elle a éclairé les faits d'une lumière peut-être inattendue, elle a permis de les mieux connaître. Le général se trouve donc dans une position meilleure pour apprécier, s'il y a lieu, de continuer la poursuite. L'avis du rapporteur, les conclusions du commissaire du gouvernement, peuvent avoir été négatifs, et il y aurait le plus souvent, dans ce cas, témérité à ordonner une mise en jugement qui aboutirait certainement à un acquittement. Il faut donc reconnaître qu'il y a des circonstances, très exceptionnelles, sans doute, où le devoir commande d'arrêter une poursuite. — Le général et avec lui le ministre de la guerre doivent savoir accepter cette responsabilité, assez grande et assez élevée pour les mettre à l'abri de toute faiblesse et de toute influence illégitime (*Exposé*).

122. — Lorsque le général estime qu'il n'y a pas lieu à mise en jugement, il doit en être rendu compte au ministre au moyen de l'état n° 5 du formulaire. — Vos décisions devront être motivées, — est-il dit dans l'instruction du 28 juillet 1857, — comme dans le cas prévu par l'article 99, et quand vous déciderez qu'il n'y a pas lieu de convoquer le conseil, vous aurez à m'en rendre compte.

123. — Lorsqu'une ordonnance de non-lieu est rendue, cette pièce est jointe au dossier de procédure déposé dans les archives du conseil de guerre. — Le général fait notifier sa décision à l'autorité militaire qui a signé la plainte, en lui rappelant qu'aux termes de la circulaire ministérielle du 5 avril 1873, les ordonnances de non-lieu ne doivent pas être inscrites sur les états signalétiques et de service des militaires qui en sont l'objet. — Le chef d'état-major ordonne la levée de l'écrou.

DIVISION de.....   **124. Ordonnance de non-lieu.**

Art. 108
du Code militaire.

(Formule imprimée n° 10 bis.)

Le général commandant la division,

Vu la procédure instruite contre le nommé (*nom, prénoms, grade, corps*).

Vu le rapport et les conclusions de M. le Commissaire-rapporteur près le conseil de guerre, tendant à ce qu'une ordonnance de non-lieu soit rendue en faveur du susdit...

Attendu que les faits relevés par l'instruction ne renferment pas les éléments constitutifs du délit de..., prévu par l'article ..., et ne constituent aucun fait tombant sous l'application d'un texte de la loi pénale.

Ou... que l'information n'a pu relever de charges suffisantes pour permettre de maintenir l'accusation de....., dirigée contre le prévenu.

Ou ... que les témoignages recueillis à l'instruction ont démontré la complète innocence du prévenu.

Vu l'article 108 du Code militaire.

Déclare qu'en l'état il n'y a pas lieu de prononcer la mise en jugement et ordonne que ledit ..., sera sur-le-champ mis en liberté s'il n'est détenu pour autre cause.

Fait au quartier général, à..., le...

125. — Ainsi que nous l'avons dit, les ordonnances de non-lieu ne doivent pas être inscrites sur les livrets individuels ni sur les feuillets et livrets matricules. L'arrêté du 30 mars 1887 ne fait exception que pour les déserteurs et les insoumis.

126. — Devant la juridiction militaire, l'accusé n'ayant connaissance des faits à raison desquels il est traduit en conseil de guerre que par la notification de l'ordre de mise en jugement qui remplace l'arrêt de renvoi et l'acte d'accusation pour les justiciables des cours d'assises, lesquels reçoivent communication de ces deux pièces, il importe que l'ordre de mise en jugement précise *d'une manière distincte*, tous les faits qui feront l'objet du débat oral et des questions soumises aux juges, afin que l'accusé puisse préparer utilement ses moyens de défense. Cette formalité est substantielle et doit être observée à peine de nullité; aussi serait entaché de nullité l'ordre de mise en jugement ainsi rédigé : attendu qu'il existe contre le nommé N..., prévention suffisamment établie de *vols* au préjudice de militaires. Crime prévu par l'article 248 du Code militaire (*Révision, 5 avril-19 août* 1881; 24 *février* 1882).

127. — Le 26 juin 1884, le conseil de révision a prononcé une annulation reposant sur le défaut de précision de l'ordre de mise en jugement, qui était ainsi conçu : Attendu qu'il existe contre le nommé..., prévention suffisamment établie de *vols* au préjudice de *militaires* du même régiment. Cette décision porte en résumé : est entaché de nullité l'ordre de mise en jugement qui ne précise ni ne limite les faits qui font l'objet de l'accusation, et le président d'un conseil de guerre qui, se basant sur cet ordre de mise en jugement, pose aux juges, dans la salle des délibérations, un nombre de questions illimité, commet un excès de pouvoir. Le jugement de condamnation, ne reposant sur aucune base légale, est également entaché de nullité.

128. — Est nul l'ordre de mise en jugement qui se borne à une qualification vague de la poursuite, sans préciser le crime ou le délit, ni indiquer l'article de loi qui le réprime (*Révision, 25 juin* 1887).

129. — L'ordre de mise en jugement ne peut, à peine de nullité, relever des faits autres que ceux visés dans l'ordre d'informer, seule base légale de toute poursuite (*Révision, 6 mai* 1881). Quant aux circonstances aggravantes résultant de l'information, le général est investi d'un pouvoir absolu pour apprécier et les comprendre dans l'ordre de mise en jugement, bien qu'elles n'aient pas été relevées dans l'ordre d'informer (*Révision, 6 juillet* 1882).

130. — L'ordre de mise en jugement rendu sur le vu d'une instruction radicalement nulle est nécessairement vicié dans son essence. Ainsi, suivant une décision du 1er octobre 1880, lorsque les témoins ont été entendus par l'officier de police judiciaire sans avoir prêté serment; que les procès-verbaux ne sont pas revêtus de la signature de l'officier de police judiciaire et sont par conséquent nuls; si le rapporteur s'est abstenu de procéder personnellement à l'audition de ces témoins et a laissé subsister la nullité existante, son rapport, établi sur ces pièces nulles ne peut servir de base légale à l'ordre de mise en jugement.

131. — Aux termes des articles 111 et 113 combinés du Code militaire (155 et 156 aux armées) le conseil de guerre se réunit au jour et à l'heure fixés par l'ordre de convocation. Les conseils de guerre ne sont investis de juridiction qu'à dater du jour fixé par ledit ordre. Est donc nul le jugement rendu par un conseil de guerre qui s'est réuni sans ordre régulier du général commandant. Dans l'espèce, l'ordre de convocation n'étant pas signé par le général doit être considéré comme nul et non avenu (*Révision, 27 mars 1884*). La formule imprimée, ordre de mise en jugement, porte au bas l'ordre de convocation. L'omission de remplir les blancs ménagés sur cet ordre pour recevoir la date et l'heure de la convocation, équivaudrait au défaut de signature.

132. — L'article 78 du Code d'instruction criminelle, d'après lequel les interlignes et ratures non approuvées sur les pièces judiciaires sont considérées comme non avenues, s'applique dans sa généralité à tous les actes de la procédure criminelle ; par suite, des interlignes et des ratures non approuvées sur l'ordre de convocation du conseil de guerre entraînent la nullité des débats et du jugement de condamnation ; cet ordre étant substantiel pour la validité des débats. En effet, aux termes des articles 111 et 113 combinés du Code militaire, les conseils de guerre ne sont investis de juridiction qu'à dater du jour fixé par l'ordre de convocation, cette convocation étant considérée comme non avenue, les juges sont, dès lors, sans caractère légal (*Révision, 16 octobre* 1884).

133. — Mais, ainsi que l'a décidé la Cour de cassation — arrêt du 9 avril 1891 — des ratures non approuvées ne peuvent fonder un moyen de nullité, lorsqu'elles n'entraînent l'omission d'aucune formalité substantielle ou l'existence d'aucun vice irritant.

NOTIFICATION.

134. — L'article 156 règle la procédure ainsi qu'il suit, à partir de la mise en jugement, qu'il y ait eu ou non instruction préalable :

1° La citation est faite à l'accusé vingt-quatre heures au moins avant la réunion du conseil; elle contient notification de l'ordre de convocation; elle indique, conformément à l'article 109, le crime ou le délit pour lequel il est mis en jugement, le texte de la loi applicable et les noms des témoins que le commissaire-rapporteur se propose de faire entendre;

Le commissaire-rapporteur désigne un défenseur d'office avant la citation. L'accusé peut en présenter un de son choix jusqu'à l'ouverture des débats; la citation doit notifier à l'accusé le nom du défenseur désigné et l'avertir qu'il peut en choisir un autre.

135. — En précisant qu'il doit s'écouler au moins vingt-quatre heures entre le jour fixé pour le jugement et celui pendant lequel la citation a été faite, l'article 156 entend accorder un jour franc à l'accusé; c'est-à-dire que le jour de la notification et celui de l'audience doivent être en dehors. Il est bon de remarquer que c'est là un délai minimum qui ne devra jamais être moindre, sous peine de nullité, mais qui pourra être étendu en cas de motifs légitimes, par exemple, dans les affaires graves ou importantes, où la défense exige une préparation relativement longue.

136. — Si il est suffisant, pour satisfaire aux exigences de l'article 109, de mentionner que l'accusé a reçu lecture textuelle et complète de la loi pénale applicable, il n'en est plus de même lorsqu'il s'agit de la notification en campagne, car l'article 156 prescrit impérativement d'en transcrire le texte sur la citation à comparaître.

137. — L'un des actes les plus importants de la notification est sans contredit l'avis relatif au défenseur, puisqu'il a pour objet de sauvegarder le droit de défense reconnu à tout accusé, devant quelque juridiction qu'il comparaisse. C'est en vertu de ce principe de droit, que l'on ne saurait méconnaître, que le législateur a prescrit, dans l'article 109, que la désignation du défenseur doit être faite, sous peine de nullité, et qu'il a exigé, par l'article 156, la constatation de l'accomplissement de cette formalité substantielle dans le corps de la citation.

138. — La Cour de cassation a constamment décidé que la désignation du défenseur prescrite par la loi, constitue une formalité substantielle dont l'omission entraînerait l'annulation du jugement; — qu'un défenseur d'office doit être nommé à l'accusé, quand même celui-ci déclarerait n'en pas vouloir et n'en avoir point besoin. — Enfin, que l'omission de cette formalité ne serait pas couverte par le silence de l'accusé (V. *Défense*).

139. — Quoique l'article 156 ne dise pas expressément que les formalités qu'il impose sont prescrites à peine de nullité, nous n'hésitons pas à reconnaître que l'inaccomplissement de l'une d'elles constituerait une irrégularité des plus graves. Nous recommanderons donc au commissaire-rapporteur d'exécuter scrupuleusement les dispositions légales relatives à la signification, qui prélude, pour ainsi dire, au jugement. Il est essentiel que toutes les formalités exigées soient observées avec la plus grande ponctualité, car, toujours, elles sont dictées par une sage prévoyance du législateur, et de cette observation rigoureuse des formes dépend la bonne administration de la justice. Afin de bien faire ressortir l'importance de l'acte de procédure dont il est question, et signaler les conséquences fâcheuses de toute négligence commise, nous rappellerons les décisions suivantes intervenues sur ce sujet.

140. — Suivant la jurisprudence du conseil de révision de Paris, toutes les formalités prescrites par l'article 109, auquel se réfère l'article 156, sont substantielles, et ce tribunal a jugé que l'omission de l'une quelconque de ces formalités, bien que la loi n'y eût pas attaché une nullité expresse, constitue un motif suffisant d'annulation du jugement. — Les décisions rendues les 4 février et 22 juillet 1881, déclarent formellement que : les dispositions de l'article 109, aux termes duquel le commissaire du gouvernement doit notifier à l'accusé l'ordre de mise en jugement, au moins trois jours avant la réunion du conseil de guerre en lui faisant connaître le texte de la loi applicable et la liste des témoins qu'il se propose de faire citer, sont substantielles aux droits de la défense; — l'original de signification qui ne contient pas de date et ne renferme pas le nom et la qualité de l'agent de la force publique chargé de cette notification, doit être réputé nul et non avenu; il y a, dès lors, présomption de droit que ladite formalité a été omise et, par suite, il y a lieu de prononcer l'annulation du jugement.

141. — Dans de nombreux arrêts, la Cour de cassation a déclaré catégoriquement que la notification de l'arrêt de renvoi et de l'acte d'accusation est substantielle et que son omission entraîne nullité de tout ce qui a suivi. La formalité de la notification, qui doit être faite à personne (*Cass.*, 16 *mai* 1861, 5 *janvier* 1866) doit être constatée à peine de nullité (*Cass.*, 13 *janvier* 1859).

142. — Comme il est nécessaire que les accusés connaissent exactement avant de comparaître devant le conseil de guerre, les crimes et délits qui leur sont reprochés, les notifications prescrites par la loi doivent consister dans la remise d'une copie textuelle de l'ordre de mise en jugement et de la liste des témoins que le commissaire du gouvernement se propose de faire citer. S'il y a plusieurs accusés, lesdites copies doivent être délivrées à chacun d'eux séparément (*C. minist.*, 19 *décembre* 1880).

143. — C'est avec raison que la circulaire ci-dessus rappelée recommande de remettre à chacun des accusés une copie textuelle des pièces et signification. En effet, dans un arrêt du 16 février 1860, la Cour de cassation a jugé que, dans une affaire où il y a trois accusés, la mention *copie leur a été laissée parlant à leur personne,* portée sur l'exploit de signification, est insuffisante pour constater qu'une copie a été laissée à chacun d'eux.

144. — L'exact accomplissement des formalités relatives à la notification est substantielle aux droits de la défense. La remise à chacun des accusés de la copie de l'ordre de mise en jugement et de la liste des témoins est également de substance, et il est de règle que, lorsque l'acte de notification ne constate pas que la remise a été faite séparément à chacun d'eux, il y a présomption de droit que cette formalité n'a pas été accomplie, et que cette omission doit entraîner l'annulation du jugement prononcé (*Révision,* 10 *décembre* 1880).

145. — Devant les conseils de guerre aux armées la notification consiste dans la remise à l'accusé, ou à chacun d'eux lorsqu'ils sont plusieurs, d'une copie textuelle de la citation à comparaître, établie conformément aux prescriptions de l'article 156 et portant signification au verso. La citation tient lieu de l'ordre de mise en jugement, de la liste des témoins et de l'original de notification. En effet, elle reproduit exactement l'ordre de mise en jugement et la liste des témoins cités; elle contient le texte de la loi applicable, en même temps qu'elle constate la signification et la remise aux prévenus. Les pièces suivantes, qui sont données aux accusés devant les conseils de guerre permanents, deviennent inutiles en campagne : Liste des témoins — imprimé 12, — original de notification — imprimé 13. — L'avertissement pour le choix d'un défenseur — imprimé 14 — est également inutile.

146. — L'accusé indigène ne peut se faire un grief de ce que la copie des pièces, dont la notification est prescrite par l'article 109 du Code militaire (156 aux armées) et notamment la liste des témoins, lui ont été signifiées sans être accompagnées d'une analyse sommaire du contenu de ces pièces dans sa langue maternelle (*Révision, 4 janvier* 1883).

147. — Il suffit, pour la régularité de la notification, que la citation à comparaître mentionne que le commissaire-rapporteur a fait amener devant lui l'accusé et lui a donné lecture, par l'organe de l'interprète attaché au conseil, de l'ordre de mise en jugement et de convocation, du texte de la loi pénale qui réprime les faits à raison desquels il est poursuivi, ainsi que de la liste des témoins appelés.

148. — La mention suivante, portée en fin de la citation, après la signification, remplit le vœu de la loi et constate suffisamment que le prévenu a eu une connaissance parfaite de l'accusation dont il est l'objet, et il n'est pas indispensable de joindre la traduction à la copie de la pièce laissée entre ses mains :

« La présente citation à comparaître a été traduite verbalement en notre présence à l'accusé N...; toutes les formalités indiquées sur ladite ont été accomplies avec le ministère de M..., interprète attaché au conseil, lequel a signé avec nous et le greffier. »

149. — Cependant, et nous recommandons ce mode

de procéder, toutes les fois qu'il pourra être suivi, il est d'usage de porter en marge des copies remises à l'accusé indigène, la traduction sommaire de l'accusation et le nom des témoins cités. Dans ce cas il suffit d'ajouter à la fin de la signification : « ladite citation portant, en marge, traduction en langue... de l'accusation et du nom des témoins. »

150. — Citation à comparaître.

(Art. 156 du Code militaire.)

Conseil de guerre de.....

L'an mil huit cent quatre-vingt..., le..., à... heures d...,

Nous, commissaire-rapporteur près ledit conseil de guerre, assisté de M..., greffier, avons fait amener devant nous le nommé (*nom, prénoms, grade, corps*), auquel nous avons donné par ces présentes, et conformément à l'ordre de convocation — dont notification — décerné par le général commandant la division, citation à comparaître à l'audience du conseil de guerre, le..., pour y être jugé sur les faits de (*transcrire l'accusation relevée par l'ordre de mise en jugement*);

Crime ou délit prévu par l'article...

(*Transcrire le texte de la loi pénale applicable.*)

Après quoi nous l'avons prévenu :

1° Que les témoins assignés sont les nommés :

. . . .

2° Que nous avons désigné d'office pour son défenseur

M..., l'avertissant, toutefois, qu'il peut présenter un défenseur de son choix jusqu'à l'ouverture des débats.

Fait et clos au greffe du conseil, les jour, mois et an que dessus.

Le Commissaire-rapporteur,   *Le Greffier,*

Signification.

151. — L'an mil-huit cent..., le..., à heures d..., à la requête de M. le Commissaire-rapporteur près le conseil de guerre de..., nous..., soussigné..., avons signifié et notifié la citation à comparaître, portée d'autre part, au nommé (*nom, prénoms, grade, corps*), parlant à sa personne.

Et, pour que du contenu en ladite citation, le dénommé n'ignore, lui avons, parlant comme il vient d'être dit, laissé copie des présentes citation et signification, que nous avons signée avec le prévenu.

152. — D'après les prescriptions contenues dans les instructions annuelles sur l'inspection générale de la justice militaire, c'est le sergent huissier appariteur du conseil qui est chargé des significations et notifications à faire aux accusés. — A défaut du sergent huissier, on emploie habituellement à cet effet les gendarmes attachés à la prévôté, lorsqu'ils sont à proximité du conseil. — Il est bon d'ajouter que tous les militaires ont qualité pour faire valablement les significations, car tous sont agents de la force publique dans le sens de l'article 183 du Code militaire.

153. — En terminant ce chapitre, nous rappellerons que, suivant les prescriptions de l'article 156, la citation doit indiquer le crime ou le délit pour lequel l'accusé est mis en jugement. Il ressort de ce texte, ainsi qu'une jurisprudence constante l'a établi, qu'il est interdit de la façon la plus formelle de porter devant le conseil aucun autre fait que celui pour lequel l'ordre de convoquer le conseil a été donné. Cette défense, dit V. Foucher, ne saurait cependant empêcher le conseil de statuer par son jugement sur un crime ou un délit qui ne serait qu'une modification du fait pour lequel l'accusé est traduit devant lui; c'est ce qui résultait de la jurisprudence sous l'ancienne législation, où le principe était le même, et c'est ce qui doit continuer à se faire sous la loi nouvelle; car il se peut que les débats révèlent des circonstances qui changent la qualification légale du fait, de telle sorte que les questions résultant du fait, ainsi qu'il est qualifié par l'ordre de mise en jugement, dussent être résolues négativement, et que cependant le fait qui ressortirait de ces débats constituât un autre crime ou délit qui resterait alors sans répression, à moins de recourir à une nouvelle instruction inutile, puisque le conseil est saisi et qu'il est assez éclairé pour prononcer (V. *Questions subsidiaires et faits nouveaux*).

COMMISSAIRE DU GOUVERNEMENT RAPPORTEUR.

Fonctions.

154. — Afin de faciliter l'instruction et le jugement, l'article 33 du Code militaire réunit, dans les mêmes mains, les fonctions du rapporteur et celles du commissaire du gouvernement. « Par ce moyen, le magistrat qui a instruit l'affaire sera tout préparé pour l'exposer au conseil et on évitera des pertes de temps en même temps qu'on diminuera le nombre toujours trop grand des officiers distraits du service normal par des fonctions spéciales » (*Rapport de la commission*).

155. — Les fonctions du commissaire du gouvernement rapporteur près les conseils de guerre aux armées, embrassent donc l'instruction écrite et l'instruction orale ou publique.

156. — A l'instruction écrite, ce magistrat militaire a, sauf l'inititiave, tous les pouvoirs confiés par nos lois aux juges d'instruction. Le rapporteur est un véritable

7

juge d'instruction dont l'action commence au moment de la réception de l'ordre d'informer, pour cesser avec le rapport qu'il fait sur le résultat de cette instruction.

157. — On ne saurait trop rappeler que l'officier investi de ces fonctions délicates de juge.d'instruction et de procureur de la république exceptionnels, doit procéder avec sagesse et modération. S'il représente l'intérêt de la société, il tient aussi entre ses mains la liberté et l'honneur d'un homme, quelquefois même sa vie, étant donnée l'influence que peut exercer sur l'issue de l'affaire la façon dont les faits auront été rapportés et les documents groupés et exposés au conseil.

158. — Ses devoirs consistent principalement dans la recherche active de la vérité et la précision des faits, la moindre négligence de sa part étant susceptible d'amener des conséquences funestes pour la société ou pour le prévenu innocent. La loi du 29 septembre 1791, promulguée sous forme d'instruction, contient à ce sujet de sages recommandations qu'il est bon de méditer. « Toute procédure, y est-il dit entre autres, doit être conduite dans un esprit de bonne foi qui écarte, autant qu'il est possible, les embarras et les subtilités de pure forme, pour rechercher constamment et uniquement la vérité. »

159. — Il ne faut jamais perdre de vue que dans l'information aucune circonstance n'est à négliger; le lieu, le temps, les personnes, les signes qui peuvent accompagner le délit doivent être l'objet d'un examen attentif.

160. — Un point qui doit également préoccuper le commissaire-rapporteur est la célérité dans l'information.

La détention préventive étant une mesure rigoureuse en elle-même, en même temps qu'elle est préjudiciable aux intérêts du Trésor, doit être abrégée le plus possible; et alors même qu'il est indispensable de l'employer, il faut la concilier avec les droits de l'humanité, sans, cependant, que cette obligation imposée aux magistrats les affranchisse de l'obligation, non moins étroite, d'apporter dans les actes de leurs fonctions des soins constants et une attention soutenue.

161. — En dehors des cas de flagrant délit, dans lesquels le rapporteur peut être appelé à instrumenter comme officier de police judiciaire, en vertu de l'article 84 du Code militaire, l'action de commissaire-rapporteur commence seulement au moment où il reçoit un ordre d'informer, ou un ordre de mise en jugement lorsqu'il y a traduction directe, délivré par le général commandant, autorité de laquelle tout procède et à laquelle tout vient aboutir. — Le commissaire-rapporteur ne pourrait donc exercer aucune poursuite avant la réception de cet ordre, sous peine de voir frapper de nullité la procédure abusivement suivie.

162. — Comme administrateur, le chef du parquet doit s'assurer que les écritures du greffe sont faites conformément aux prescriptions légales ou réglementaires; — que les divers extraits des jugements — destinés aux conseils d'administration des corps et établissements, au ministre de la guerre, à l'administration des domaines, sont adressés dans les délais fixés, — délais que nous indiquons minutieusement au chapitre traitant de l'exécution des peines ; — il s'assure de même que les minutes des jugements sont correctement établies et contiennent toutes les énonciations prescrites par l'article 140 du Code militaire ; — que les registres sont constamment tenus à jour ; — que les dossiers des procédures sont méthodiquement classés et entretenus en bon état de conservation. — Quoique toutes les écritures soient faites sous la responsabilité du greffier, le commissaire du gouvernement n'en a pas moins la direction et en même temps la surveillance de tous les détails de service du parquet.

163. — Dans les premiers jours de chaque mois le commissaire-rapporteur fait parvenir au ministre de la guerre, par la voie hiérarchique, les états périodiques dont le modèle est donné au formulaire, en ayant soin de se conformer scrupuleusement aux indications portées sur ces diverses pièces.

164. — A l'audience, le commissaire-rapporteur est le représentant de la loi ; il soutient l'accusation, requiert l'application de la peine et prend des réquisitions sur tous les incidents qui peuvent se produire pendant les débats. Dans la deuxième partie de ce chapitre se trouvent formulées les différentes réquisitions que le ministère public peut être appelé à présenter.

165. — Bien que tenu d'exercer l'action publique quand il en reçoit l'ordre, et d'accomplir tous les actes inhérents à ses fonctions, le commissaire-rapporteur est entièrement libre de les remplir suivant l'inspiration de sa conscience. L'action publique a bien pu être mise en mouvement sans son concours, mais il est en droit de la diriger dans le sens de ses conclusions. Ainsi, lorsqu'un ordre de mise en jugement lui enjoint d'exercer ses fonctions, le commissaire-rapporteur ne peut se soustraire à cet ordre, mais il ne relève que de sa conscience pour les conclusions qu'il juge bon de prendre, et nous n'hésitons pas à reconnaître qu'il pourrait conclure à l'abandon de l'accusation, si telle était sa conviction.

166. — Ce cas se présentera d'ailleurs fort rarement, puisque, presque toujours, l'ordre de mise en jugement est délivré sur l'instruction et les conclusions du commissaire-rapporteur lui-même. Mais il pourrait être amené à demander à l'audience que l'accusation fût abandonnée, si, dans l'intervalle compris entre la fin de l'instruction et la réunion du conseil, voire même au cours des débats, une circonstance ou une pièce, un fait quelconque, venait démontrer l'innocence de l'accusé.

167. — A partir du moment où il a reçu l'ordre de mise en jugement, le commissaire-rapporteur a les mêmes attributions et la même autorité que les procureurs de la République près les tribunaux ordinaires. Ses fonctions le placent dans une situation d'indépendance telle qu'il échappe à toute censure de la part du conseil devant lequel il porte la parole, et il ne doit compte de son mandat qu'à l'autorité militaire supérieure.

168. — En décidant, dans de nombreux arrêts, que le conseil de guerre ne peut adresser aucune improbation au ministère public à raison de ses fonctions, la Cour de cassation a ajouté que les officiers du ministère public sont complètement indépendants de l'autorité des magistrats devant lesquels ils exercent leurs fonctions, et qu'ils ne peuvent être gênés ni arrêtés dans les raisonnements qu'ils invoquent à l'appui de leurs réquisitions.

169. — Plus tard, la Cour de cassation décida que les officiers du ministère public ont le droit de dire tout ce qu'ils croient convenable et nécessaire au bien de la justice, comme de produire tous les documents et toutes les explications qui leur paraissent utiles, sauf le droit des parties en cause de les discuter. Le développement de leur action ne peut être entravé.

170. — Consultée également sur l'indivisibilité du ministère public, la Cour suprême a décidé de la façon la plus formelle que les fonctions du ministère public sont indivisibles et que les officiers qui le composent peuvent se suppléer dans le cours d'une même affaire ; ajoutant qu'il n'est pas nécessaire, à peine de nullité, que ce soit le même officier du ministère public qui assiste à toutes les audiences, pourvu qu'il n'y ait pas, ne fût-ce qu'un instant, absence des membres du parquet.

171. — Ainsi que l'enseigne Faustin Hélie, l'unité du ministère public consiste dans l'unité de la direction qu'il reçoit, de la mission qu'il remplit, des devoirs et des obligations qui lui sont imposés. Son indivisibilité consiste en ce que chacun de ses membres, lorsqu'il exerce sa fonction, représente l'institution même, est l'organe de la puissance sociale qu'elle concentre en elle, et agit comme si tous les officiers qui la composent agissaient collectivement. D'après la jurisprudence, il résulte de cette règle : que le ministère public étant indivisible, il n'est pas nécessaire, pour satisfaire à la loi qui exige sa présence, que ce soit le même membre du parquet qui assiste à toutes les audiences d'une même affaire; — qu'un substitut peut requérir l'application de la peine, dans une affaire où un avocat général a porté la parole; — que l'acte émané d'un substitut a toute l'autorité et tout l'effet de l'acte émané d'un procureur de la République.

RÉQUISITIONS.

172. — Aux termes de l'article 130 du Code militaire, après l'audition des témoins, le commissaire du gouvernement est entendu dans ses réquisitions. — Il a la parole pour développer l'accusation, — faire ressortir avec la plus grande impartialité, les preuves recueillies par l'information, aussi bien à la charge de l'accusé qu'à sa décharge. — Après avoir pris sans faiblesse, comme sans hésitation, les conclusions que lui dicte sa conscience, il fait ses réquisitions pour l'application de la peine. — Les réquisitions du ministère public peuvent être écrites et signées; mais elles peuvent aussi être prises verbalement et c'est généralement ainsi qu'elles sont présentées.

173. — Un arrêt de la Cour de cassation, en date du 12 décembre 1840, a introduit, à ce sujet, la jurisprudence suivante : Il n'est pas nécessaire que les réquisitions du ministère public soient signées par le magistrat qui les a prises. Les réquisitions posées verbalement, lorsqu'elles sont mentionnées au procès-verbal d'audience, se trouvent suffisamment constatées par les signatures du président et du greffier. Ainsi que le dit une circulaire du 25 octobre 1840, le commissaire du gouvernement peut, dans son réquisitoire, s'en rapporter simplement à l'appréciation des juges pour l'application de la peine ou bien, au contraire, indiquer le genre et la durée de la condamnation qu'il croit devoir être appliquée.

174. — Nous ne saurions mieux indiquer le rôle du commissaire du gouvernement à l'audience, qu'en empruntant la définition qu'en ont donnée MM. Pradier-Fodéré et Le Faure, dans leur commentaire sur l'article 130 : « Le ministère public représente la société et, comme tel, il doit assurer l'exécution de la loi, puisque la loi est faite pour sauvegarder les intérêts de tous et pour affirmer les droits de chacun. Outre la société en général, le commissaire du gouvernement représente aussi et surtout l'armée, c'est-à-dire une classe particulière d'hommes régis par des lois particulières et toutes d'exception. Chaque fois qu'un fait attentatoire au maintien de la discipline a été commis, chaque fois qu'il y a eu dol pour la société ou pour un simple particulier, le commissaire du gouvernement doit requérir, au nom de l'armée, au nom de la société, l'exécution de la loi, c'est-à-dire la punition du coupable ; mais ce réquisitoire n'est pas fait d'une manière uniforme, et, suivant que l'accusé lui paraît plus ou moins coupable par le fait même qui l'amène devant ses juges ou par ses antécédents, le commissaire du gouvernement requiert l'application sévère de la loi, ou bien est le premier à réclamer l'indulgence et le bénéfice des circonstances atténuantes, tout en insistant sur

une condamnation quelque minime qu'elle soit, pour qu'il
y ait toujours répression. Il peut même, et le cas se présente, abandonner l'accusation lorsqu'il n'est pas per-
suadé de la culpabilité de l'accusé; ses fonctions lui en
font du reste un devoir, car en agissant autrement, il
mentirait à sa conscience. Il peut arriver, par exemple,
qu'à l'audience l'affaire change complètement de face par
suite d'aveux plus complets ou de rétractation de la
part de témoins, et on peut être ainsi amené à reconnaître
l'innocence de l'accusé ou du moins à douter fortement de
sa culpabilité. »

175. — Le ministère public ne peut, sous peine de
nullité, énoncer dans ses réquisitions, une accusation
autre que celle contenue dans l'ordre de mise en jugement. Mais lorsque ses réquisitions portent sur les faits
soumis au conseil par l'acte d'accusation, il y aurait
motif à annulation si le tribunal refusait ou omettait de
statuer.

176. — La Cour de cassation a décidé que le ministère
public peut, dans son réquisitoire, user de tous les éléments qui lui paraissent opportuns. Il peut, par exemple,
se servir légalement d'un fait pour lequel l'accusé n'est
pas traduit devant le conseil de guerre, mais qui résulte
de l'instruction, si ce fait est de nature à permettre d'apprécier la moralité de l'accusé. Il peut donner lecture de
la déposition d'un témoin entendu à l'information et non
assigné aux débats, — d'un procès-verbal de gendarmerie
contenant des renseignements sur l'accusé; — de déclarations reçues dans une autre affaire, si toutefois il en a été

donné connaissance à la défense. Il a également le droit d'invoquer, sauf réfutation, des souvenirs personnels se rapportant à une cause précédente étroitement liée à celle pendante.

177. — Si, après la plaidoirie du défenseur, le commissaire-rapporteur prend de nouveau la parole, ne fût-ce que pour déclarer qu'il persiste dans ses conclusions, cette déclaration équivaut à une réplique et il y a lieu de donner ensuite la parole au défenseur qui, d'après la loi, doit toujours être entendu le dernier, ou tout au moins être mis à même de parler le dernier.

178. — Dans tout jugement, quelle que soit sa nature, le commissaire-rapporteur doit être entendu en ses réquisitions, et le procès-verbal d'audience (*formule imprimée* 16) doit les mentionner, à peine de nullité. Dans un arrêt du 9 avril 1891, la Cour de cassation déclare la nullité de tout arrêt, rendu sur incident contentieux, sans audition du ministère public. — De même, dit un autre arrêt, rendu le 2 janvier 1891, les conclusions du ministère public constituant une formalité substantielle, doivent être mentionnées, à peine de nullité, et si cette mention ne résulte pas de l'arrêt, la cassation doit être prononcée, bien qu'il soit certain que ce magistrat était présent.

179. — Le commissaire-rapporteur est appelé à prendre des réquisitions sur tous les incidents, sur tous les faits délictueux ou criminels qui peuvent se produire ou être révélés, soit pendant l'information, soit au cours des débats. Toutes ces espèces, aussi diverses qu'imprévues, ne pouvant être signalées, nous nous bornerons à indiquer celles qui se présentent le plus fréquemment et sont de nature à motiver des conclusions ou réquisitions.

180. — A l'information, c'est au commissaire-rapporteur qu'incombe le soin de demander des poursuites par référé, sur des chefs d'accusation nouveaux ou contre des complices, ainsi que nous l'avons expliqué au chapitre traitant de l'ordre d'informer; — il lui appartient de décerner et envoyer, pour exécution, les mandats judiciaires, en rendant compte à l'autorité militaire, conformément à l'article 105 ; — de prononcer l'amende contre les témoins défaillants. — Toute personne citée pour être entendue en témoignage, — art. 103, — est tenue de comparaître et de satisfaire à la citation. Si elle ne comparait pas, le commissaire-rapporteur peut, sans autre formalité ni délai, prononcer une amende qui n'excède pas cent francs et ordonner que la personne citée sera contrainte par corps à venir donner son témoignage. — Il est bien entendu que les moyens de coërcition mis par cet article à la disposition du rapporteur ne doivent être employés que vis-à-vis de nos nationaux ou des individus soumis à la juridiction des conseils de guerre en campagne. Quant aux militaires, il est d'usage d'en référer au commandement.

181. — Le témoin qui comparaît, mais qui refuse soit de prêter serment, alors même que ce serait un ministre d'un culte, soit de déposer, soit enfin de déclarer tous les faits qui sont à sa connaissance, est considéré comme ne satisfaisant pas à citation, de même que le témoin défaillant, et est passible de l'amende édictée par l'article 103 précité.

182.   Ordonnance de condamnation.

Nous..., commissaire du gouvernement, rapporteur près le conseil de guerre de...;

Vu l'article 103 du Code militaire ;

Vu l'original de signification de cédule, constatant que le nommé (*nom, prénoms, qualité, domicile*) a été régulièrement cité le..., à comparaître devant nous le...

Attendu que ledit... n'a pas satisfait à citation et n'a fait présenter aucun motif d'excuse ;

Condamnons le susdit..., à (1 *à* 100) francs d'amende et aux frais par corps, sans préjudice des mesures à prendre ultérieurement, — conformément à la loi, — pour le contraindre à comparaître.

En foi de quoi nous avons signé la présente avec le greffier du conseil.

Fait et donné à..., le...

183. — Cette ordonnance est notifiée au condamné par les soins de la gendarmerie et envoyée au payeur, faisant fonctions de receveur des domaines, pour le recouvrement de l'amende infligée.

184. — Ainsi que le permet l'article 103 précité, le témoin condamné à l'amende sur le premier défaut, qui, spontanément ou sur seconde citation, produira des excuses légitimes, pourra être déchargé de l'amende.

185. — Il arrive parfois que pour obtenir plus de précision et de clarté dans les dépositions, et afin de pouvoir entendre immédiatement tous les témoins désignés comme utiles à la manifestation de la vérité, le magistrat instructeur est dans l'obligation de se transporter sur le théâtre même du crime. Cette détermination est abandonnée au pouvoir discrétionnaire du commissaire-rapporteur, qui peut ordonner le transport d'office.

186. Ordonnance de transport.

Nous commissaire du gouvernement rapporteur près le conseil de guerre de...;

Vu la procédure instruite contre le nommé (*nom, prénoms, grade, corps*), prévenu de...;

Attendu qu'il est utile à la manifestation de la vérité et au bien du service de se transporter sur les lieux mêmes où le crime a été commis, afin d'y recueillir tous témoignages et renseignements nécessaires;

Ordonnons notre transport à..., ainsi que celui de M..., greffier du conseil.

Fait en notre cabinet d'instruction, à..., le...

187. — Après avoir informé le général commandant la division de la nécessité du transport, le commissaire-rapporteur envoie à la sous-intendance les invitations de feuilles de route nécessaires. — Le déplacement s'effectue ainsi que tous les mouvements motivés par le service et donne droit aux indemnités fixées par les tarifs en vigueur.

188. — Pendant l'information, le commissaire-rapporteur a le droit de mettre les prévenus au secret, c'est-à-dire de leur interdire toute communication soit avec les autres détenus, soit avec les personnes du dehors, soit même avec l'intérieur et l'extérieur. Cette mesure qui place le prévenu dans un état d'isolement partiel ou complet, n'est pas une peine, mais bien un moyen d'instruction qui doit être porté à la connaissance du commandant d'armes (art. 150 du règlement du 4 octobre 1891), sous les ordres de qui est placée la prison, toutes les fois qu'il est employé. L'article 613 du Code d'instruction criminelle permet la mise au secret dans les conditions suivantes : Lorsque le juge d'instruction croira devoir prescrire, à l'égard d'un inculpé, une interdiction de communiquer, il ne pourra le faire que par une ordonnance qui sera transcrite sur le registre de la prison. Cette interdiction ne pourra s'étendre au delà de dix jours; elle pourra toutefois être renouvelée.

189. — Plusieurs circulaires ministérielles relatives à la mise au secret, recommandent instamment aux juges d'agir avec une extrême modération dans l'emploi de cette mesure, et de se garder avec soin de la faire dégénérer en une torture physique et morale intolérable, en l'aggravant par des rigueurs ou en la prolongeant indéfiniment.

190. Ordonnance d'interdiction de communiquer.

Nous, commissaire-rapporteur près le conseil de guerre de...

Vu l'article 613 du Code d'instruction criminelle;

Attendu qu'il est indispensable à la manifestation de la vérité que toute communication, intérieure et extérieure, soit absolument interdite au nommé (*nom, prénoms, grade, corps*), détenu à la prison militaire.

Enjoignons à l'agent principal de ladite prison militaire, de priver le sus-nommé de toute communication jusqu'à nouvel ordre, en exécution de la présente, qui sera mentionnée sur le registre de la prison.

Fait à..., le...

191.   Prolongation.

L'interdiction de communiquer prononcée par nous, commissaire-rapporteur, à la date du..., continuera à recevoir son effet jusqu'à nouvel ordre, pour les motifs sus-énoncés et conformément à l'article 613 du Code d'instruction criminelle.

Fait à..., le...

Soit levée l'interdiction de communiquer.

Fait à..., le...

192. — A l'audience, en sa qualité de représentant de la loi, le commissaire-rapporteur prend toutes conclusions qui lui semblent utiles dans l'intérêt de la justice. — Il peut s'opposer à ce que le défenseur donne lecture de pièces qui ne lui auraient pas été préalablement communiquées, et requérir qu'il plaise au conseil écarter ces documents comme produits tardivement. Après réquisitions ou conclusions prises par le ministère public, le président n'a plus la faculté de statuer seul, en vertu de son pouvoir discrétionnaire, c'est au conseil qu'il appartient de prononcer.

193. Huis-clos.

Lorsque la publicité des débats paraît présenter des dangers pour l'ordre ou pour les mœurs, le commissaire-rapporteur a mission de requérir le huis-clos. Les réquisitions en ce sens seront présentées à l'ouverture des débats, indifféremment avant ou après la lecture du rapport prescrit par l'article 108. Le conseil est tenu de statuer, de même que sur toutes les demandes des parties, pour un jugement motivé lu en audience publique. Si le huis-clos est ordonné, le président fait évacuer la salle par les assistants.

194. — Réquisitions. — Attendu que la publicité des débats serait dangereuse pour l'ordre *ou* pour les mœurs;

Requérons qu'il plaise au conseil ordonner le huis-clos, conformément à l'article 113 du Code militaire.

195. — La mesure du huis-clos peut être restreinte, si les juges le croient suffisant, à une partie seulement des débats, notamment à l'audition des témoins; — ou seulement à une partie du public désigné, tel que les femmes et les enfants. Dans l'exécution de l'ordre relatif au huis-clos, il n'y a lieu d'expulser que le public et non les témoins et les membres du barreau.

196. — Le huis-clos n'est autorisé que pour le débat proprement dit et seulement lorsqu'il est de nature à porter atteinte à l'ordre ou aux mœurs, mais cette exception au principe général ne saurait être étendue au prononcé d'arrêts incidents, qui ne font point partie des débats, et dont la teneur ne peut présenter aucun des dangers que l'on veut éviter. La publicité des jugements, dit un arrêt du 10 janvier 1890, est d'ordre public et prescrite à peine de nullité ; si donc, au cours d'un huis-clos régulièrement ordonné, le conseil, répondant à des conclusions, rend un jugement incident sans que les portes de la salle aient été rouvertes pendant sa prononciation, il y a nullité du verdict et de l'arrêt de condamnation. Pendant la durée du huis-clos tous les arrêts incidents indistinctement doivent être rendus publiquement; à cet effet, chaque fois que survient un incident motivant un jugement, le président fait ouvrir les portes de l'auditoire, en annonçant que la séance reprend publiquement et donne alors lecture de la décision du tribunal, sauf à reprendre le huis-clos immédiatement après cette lecture. — Il en est autrement des mesures qui ne sont qu'une émanation du pouvoir discrétionnaire confié au président pour la direction des débats; le président prend ces décisions sans qu'il soit nécessaire de rouvrir la publicité de l'audience. — Ainsi l'arrestation d'un faux témoin peut être ordonnée sans que le huis-clos soit interrompu, alors que le jugement qui naîtrait d'une opposition basée sur cette arrestation devrait être lu en audience publique (*Jugement de huis-clos*, n° 30, *du formulaire*).

197. — Lorsqu'un tribunal a prononcé le huis-clos dans une affaire dont le débat peut blesser les bonnes mœurs, il y a nullité si la publicité n'est pas constatée pour la lecture du verdict (*Cass.*, 9 *avril* 1891). — En transcrivant le jugement sur le procès-verbal d'audience, il y aura lieu d'indiquer la publicité de sa lecture par le président, au moyen de cette mention intercalée entre le considérant et le dispositif : Le conseil est rentré en séance publique, les portes de l'auditoire ayant été rouvertes; le président a lu les motifs ci-dessus et le dispositif ci-après.

198. — Interdiction de rendre compte des débats. — Il ne faut pas confondre la publicité ordonnée pour les débats comme garantie accordée à l'accusé, avec le compte-rendu de ces débats par la voie de la presse ou tout autre moyen de publication. L'interdiction de rendre compte s'étend à la publication des détails sur la tenue de l'audience, — sur sa composition, — sur les précautions prises par l'autorité, — sur le nom des juges et des membres du barreau chargés de la défense.

199. — Le commissaire-rapporteur peut prendre des réquisitions tendant à interdire le compte-rendu des débats par la voie de la presse, lorsque cette publicité lui semble devoir être dangereuse, mais cette interdiction ne peut être étendue au jugement, qui est rendu publiquement.

200. — Réquisitions. — Attendu que la publicité des débats par la voie de la presse, pourrait être dangereuse pour l'ordre *ou* pour la discipline;

Requérons qu'il plaise au conseil interdire le compte-rendu, conformément à l'article 113 du Code militaire.

201. — Le jugement peut être semblable à celui qui ordonne le huis-clos, jusqu'au considérant exclusivement, lequel sera ainsi formulé :

Considérant qu'il y aurait danger pour l'ordre — *ou* pour la discipline — dans la publicité des débats par les journaux ;

Ordonne, à l'unanimité, l'interdiction du compte-rendu de l'affaire ; en vertu de l'article 113 du Code militaire, ainsi conçu :

202. — C'est également le commissaire-rapporteur qui requiert contre tout assistant qui apporte le trouble ou cause du tumulte dans la salle d'audience et met, par suite, obstacle au cours de la justice. Lorsque les assistants se rendent coupables d'outrages ou de voies de fait envers le conseil de guerre ou l'un de ses membres, — ou commettent tout autre crime ou délit dans le lieu des séances, le commissaire-rapporteur a le droit et le devoir de requérir la mise en jugement immédiate, suivant les indications données dans le chapitre spécial.

203. — Le commissaire-rapporteur doit aussi demander l'expulsion de l'accusé qui, par des clameurs ou tout autre moyen, entrave le cours régulier de la justice, et requérir l'application de la peine contre l'accusé qui se rend coupable d'outrages ou de voies de fait envers les membres du conseil. La procédure afférente à ces divers cas est longuement développée dans un chapitre à part, qui contient toutes les formules nécessaires au ministère public et au conseil.

204. — Témoin défaillant. — Lorsqu'un témoin ne comparaît pas à l'audience, sans avoir justifié d'aucun motif légitime d'empêchement, le commissaire-rapporteur peut requérir l'amende contre le défaillant et demander que le jugement soit remis à une séance ultérieure, ou qu'il soit passé outre aux débats. Les mêmes réquisitions peuvent être prises lorsque le témoin refuse de prêter serment ou de faire sa déposition, ce témoin étant alors considéré légalement comme ne satisfaisant pas à citation.

205. — Réquisitions. — 1ᵉʳ *Cas*. Attendu que le nommé N..., quoique régulièrement cité à comparaître à l'audience de ce jour, ainsi qu'il résulte de l'original de signification joint au dossier, n'a pas comparu et n'a justifié d'aucun motif d'empêchement légitime ;

Attendu que la déposition de ce témoin nous semble indispensable pour la manifestation de la vérité ;

Requérons que le dit N... soit condamné à l'amende et contraint par corps à venir donner son témoignage ;

Que l'affaire soit remise à une séance ultérieure ; le tout conformément aux articles 354, 355 du Code d'instruction criminelle ; 128 et 103 du Code militaire.

206. — Si le témoin pouvait être amené à la barre dans les quarante-huit heures, il suffirait que le jugement ordonnât sa comparution et renvoyât la suite des débats au lendemain ou au surlendemain, conformément à l'article 129 du Code militaire. Dans ce cas, il n'y aurait pas lieu à nouvelle convocation.

207. — 2ᵉ *Cas.* Attendu que le nommé N..., quoique régulièrement cité à comparaître, ne s'est pas présenté à l'audience de ce jour et n'a justifié d'aucun motif d'empêchement.

Attendu, en outre, que la déposition dudit N..., recueillie à l'instruction, nous paraît suffisante pour éclairer la religion des juges;

Requérons que le dit N... soit condamné à l'amende et qu'il soit passé outre aux débats; conformément aux articles 355 du Code d'instruction criminelle; 126, 128 et 103 du Code militaire.

208. — 3ᵉ *Cas.* Attendu que le nommé N..., régulièrement cité à comparaître, n'a pu être touché par la cédule d'assignation, ainsi qu'en fait foi l'original de signification joint au dossier de la procédure, requérons qu'il soit passé outre aux débats et que lecture de la déposition écrite du susdit N..., soit donnée publiquement; conformément à l'article 126 du Code militaire.

209. — Ce qui est dit dans les pages précédentes au sujet des témoins défaillants à l'instruction est également applicable ici. Le chapitre *Témoins* renferme toutes les indications et formules nécessaires au conseil.

210. — Dans le cas de faux témoignage, le commissaire-rapporteur est en droit de présenter des réquisitions. Les dépositions testimoniales constituant la partie la plus importante du débat oral, nous avons jugé utile de faire entrer dans le cadre de cette étude l'indication des moyens légaux qui peuvent être employés, afin d'arriver à obtenir les témoignages dans toute leur intégrité et leur sincérité. Les diverses formalités imposées par la loi , ainsi que les droits qu'elle reconnaît à chacune des parties, sont énumérés dans les chapitres « *Témoins* », et « *Faux témoins* ». Ce dernier chapitre contient, en même temps que les détails de la procédure à suivre, en exécution de l'article 127 , les formules de réquisitions, jugement et procès-verbaux nécessaires en pareil cas.

211. — Le ministère public peut également requérir la position de questions subsidiaires sur des circonstances aggravantes non comprises dans l'ordre de mise en jugement, lorsque ces circonstances résultent des débats ; — de même qu'il est en droit de demander que le conseil soit saisi subsidiairement de tout fait qui peut être considéré comme une dégénérescence, ou une modification du fait principal, auquel les débats imprimeraient un caractère comportant une qualification moins grave. Les chapitres « *Questions subsidiaires* » et « *Nouveaux faits* » renferment tous les développements que comportent ces sujets, et contiennent de nombreux exemples tirés de la jurisprudence.

212. — Réquisitions. — Attendu qu'il résulte des débats que les outrages proférés par l'accusé, envers l'adjudant..., auraient eu lieu à l'occasion du service ;

Requérons qu'il plaise à M. le Président vouloir bien poser au conseil, comme résultant des débats, une question subsidiaire sur la circonstance aggravante prévue par le premier paragraphe de l'article 224 du Code militaire.

Ou — attendu que d'après les témoignages recueillis aux débats, le crime de voie de fait envers un supérieur, à l'occasion du service, relevé par l'ordre de mise en jugement, semble devoir n'être considéré que comme un outrage par geste et menace envers ledit supérieur ;

Requérons qu'il plaise à M. le Président poser au conseil, comme résultant des débats et en cas de résolution négative de la question relative au fait primitif, la question subsidiaire d'outrage par geste et menace envers un supérieur, à l'occasion du service, dans les termes de l'article 224 du Code militaire.

213. — Lorsque c'est un fait nouveau complètement étranger à celui qui est l'objet de l'ordre de mise en jugement, que les débats ont révélé, le commissaire-rapporteur peut prendre des réquisitions dans le sens indiqué par l'article 142, et il est procédé ainsi qu'il est dit au chapitre « *Faits nouveaux* ».

214. — A propos du droit que possède le commissaire-rapporteur de requérir la position des questions d'excuse légale ressortant des débats, nous rappellerons qu'il n'y a que deux sortes d'excuses, parfaitement définies par la loi : les excuses *absolutoires*, qui emportent exemption totale de la peine, et les excuses *atténuantes*, qui emportent seulement atténuation. Les excuses, même absolutoires, ne doivent jamais être confondues avec les causes de non culpabilité, ou faits justificatifs, tels que : la contrainte ou la démence (*art.* 64, *C. P.*), — l'ordre ou l'autorisation de la loi (327, *C. P.*), — la légitime défense (328, 329, *C. P.*), — qui enlèvent toute culpabilité, alors que, dans le cas d'excuse absolutoire l'accusé est coupable, mais la loi ordonne qu'aucune peine ne soit prononcée contre lui.

215. — La légitimité des motifs effaçant la culpabilité et faisant disparaître jusqu'aux traces du crime, il suffit que ce fait soit établi pour faire tomber l'accusation, aussi la contrainte, la démence, l'exécution de la loi et la légitime défense sont-elles des causes de non-culpabilité qui n'ont pas besoin de faire l'objet de questions séparées du fait principal auquel elles se rattachent intimement, la décision relative à la culpabilité y répondant directement et suffisamment. Une décision du conseil de révision, du 19 décembre 1892, s'exprime ainsi à cet égard : Lorsqu'il s'agit de la légitime défense prévue par l'article 328 du Code pénal, cette question n'est pas une question d'excuse qui puisse être posée séparément, car elle se trouve nécessairement comprise dans celle de culpabilité.

216. — Il en est autrement des excuses qui atténuent le fait, diminuent la criminalité sans toutefois l'effacer. Leur résultat peut être d'adoucir la peine en excusant le prévenu, mais celui-ci reste coupable. — On doit considérer comme excuse tout fait qui, d'après les termes de la loi, est de nature à atténuer ou modifier, ou à supprimer la peine encourue pour le crime ou le délit objet de l'accusation.

217. — Aux termes de la jurisprudence, les questions relatives aux excuses ne doivent être posées qu'autant que la loi les admet et leur reconnaît ce caractère ; à cet égard, le conseil a attribution pour rechercher si elles résultent des éléments du fait tel qu'il est articulé.

218. — L'article 65 du Code pénal, objet d'une référence de l'article 202 du Code militaire, pose en principe que nul crime ou délit ne peut être excusé, ni la peine mitigée, que dans les cas et dans les circonstances où la loi déclare le fait excusable, ou permet de lui appliquer une peine moins rigoureuse.

219. — Les excuses légales sont déterminées par les articles : *Excuses absolutoires,* 100, 108, 114, 116, 135, 138, 163, 190, 213, 247, 329, 348, 357, 380 du Code pénal ; 229 du Code militaire.

Excuses atténuantes, 284, 288, 321, 322, 324, 326, 343, 441 et 463 du Code pénal.

220. — Attendu qu'aux termes des articles 132 du Code militaire et 329 du Code d'instruction criminelle combinés, lorsque l'accusé aura proposé pour excuse un fait admis comme tel par la loi, le président devra poser la question, à peine de nullité (*Révision,* 19 *décembre* 1892). Les excuses légales doivent toujours être soumises au conseil dans des questions distinctes, soit sur réquisitions du ministère public ou demande de la défense, soit d'office par le président. Cependant, dans les cas d'excuse absolutoire prévus par l'article 229 du Code militaire, il n'y a pas à poser de question, ces circonstances se trouvant comprises dans la question principale. Il en est de même de la première disposition de l'article 135 du Code pénal, qui est confondue dans l'interrogation principale.

221. — Réquisitions. — Attendu que les témoignages entendus aux débats établissent que l'accusé a été provoqué par des violences graves à commettre le crime d'homicide volontaire qui lui est reproché ;

Requérons qu'il plaise à M. le président poser au conseil la question d'excuse, prévue par l'article 321 du Code pénal.

222. — Dans le cas où l'accusé, ou son défenseur, prendrait des conclusions formelles tendant à la position d'une question sur un fait de non-culpabilité : contrainte, démence, etc., le commissaire-rapporteur devrait demander et le conseil prononcer le rejet pur et simple, par jugement ainsi motivé :

223.   Au nom du peuple français,

Le conseil délibérant à huis-clos, statuant sur les conclusions écrites ci-jointes, prises par le défenseur de l'accusé ..., et tendant à la position d'une question subsidiaire relative à la légitime défense ;

Ouï le commissaire-rapporteur demandant le rejet pur et simple ;

Attendu qu'aux termes de l'article 328 du Code pénal, la légitime défense a pour effet d'effacer entièrement la culpabilité et de faire disparaître jusqu'aux traces du crime ou du délit ;

Attendu, dès lors, que cette cause de non-culpabilité se rattache intimement et indissolublement au fait délictueux lui-même, et qu'il n'y a pas lieu de la soumettre aux juges dans une question séparée, leur décision sur la culpabilité y répondant directement.

Par ces motifs :

Le conseil rejette, à l'unanimité, les conclusions de la défense et passe outre aux débats, conformément à l'article 123 du Code militaire, ainsi conçu :

Le procès-verbal d'audience devra mentionner, après le dernier attendu, que le conseil est rentré en séance publique, et que le président a lu les motifs et le dispositif.

224. — Le commissaire-rapporteur peut aussi requérir la jonction ou la disjonction des procédures, toutes les fois que cette mesure lui paraît utile à l'intérêt d'une bonne et prompte administration de la justice.

225. — Réquisitions. — 1° Attendu que les nommés..., ont été poursuivis séparément à raison du même délit de..., qui leur est imputé et qu'il importe à la bonne administration de la justice que ces accusations soient réunies;

Requérons qu'il plaise au conseil ordonner la jonction desdites procédures, conformément à l'article 307 du Code d'instruction criminelle.

2° Attendu qu'une seule et unique procédure a été suivie contre les nommés..., à raison d'un même délit de ...; attendu que l'un des accusés, le nommé..., est actuellement en fuite — *ou* en traitement à l'hôpital — et ne peut subir les débats;

Requérons qu'il plaise au conseil ordonner la disjonction de la procédure relative à l'accusé absent, sur laquelle il sera statué ultérieurement et séparément, conformément à l'article 308 du Code d'instruction criminelle.

226. — C'est au conseil qu'il appartient de prononcer la jonction ou la disjonction des procédures, lorsque cette mesure est réclamée après l'ouverture des débats (*Jugement n° 29 du formulaire*).

227. — Afin d'éviter un incident d'audience dont le seul résultat ne peut être que de prolonger les débats sans la moindre utilité, il est préférable que la jonction ou la disjonction soit prononcée par le président, avant l'ouverture de la séance, après entente avec le commissaire-rapporteur (*n°ˢ 27 et 28 du formulaire*).

228. — D'après les enseignements de la jurisprudence, lorsque plusieurs accusés sont poursuivis séparément à raison d'un même fait, ou quand plusieurs accusations sont portées contre un même accusé à raison de délits différents, encore qu'ils ne soient pas connexes, la bonne et prompte administration de la justice exige que les procédures soient réunies.

229. — Enfin, ainsi que nous le disions plus haut, à l'audience le commissaire-rapporteur est le représentant de la loi. Il a, dans quelque cas que ce soit, le droit de prendre toutes réquisitions qui lui semblent convenables et le conseil de guerre est tenu d'y répondre, sous peine de nullité du jugement. En un mot, aucune décision, aucun jugement ne peuvent être rendus, sans que le ministère public ait été appelé à formuler ses réquisitions ou observations.

230. — Selon une jurisprudence invariable, il y a motif à annulation de l'arrêt de condamnation et de ce qui l'a précédé, à partir du plus ancien acte nul, lorsqu'il a été omis ou refusé de statuer sur une ou plusieurs réquisitions du ministère public tendant à user d'un droit, ou même d'une faculté, accordé par la loi, bien que la nullité ne fût pas textuellement attachée à l'absence de la formalité, dont l'exécution aurait été requise ou simplement demandée. Cette doctrine, intervenue relativement aux cours et tribunaux de droit commun, a été consacrée pour les conseils de guerre par une disposition légale contenue dans le n° 5 de l'article 74 de notre Code.

TÉMOINS.

231. — Bien qu'il y ait eu instruction écrite dans l'affaire, il est cependant indispensable d'assigner les témoins à l'audience, et il serait irrégulier de procéder autrement car les juges ne peuvent statuer que sur les débats qui ont lieu en leur présence ; toutefois, le commissaire-rapporteur, dans un intérêt bien entendu du service, doit écarter les témoignages inutiles.

232. — Ce droit reconnu au commissaire-rapporteur est entier, sauf celui accordé au président par l'article 125 du Code militaire, de faire appeler pendant les débats, en vertu de son pouvoir discrétionnaire, toute personne dont l'audition lui paraît nécessaire. Le procès-verbal doit faire mention de l'audition des témoins appelés en vertu de ce pouvoir discrétionnaire.

« Pendant les débats, le président a fait appeler le témoin N..., lequel a été entendu par le conseil, préalablement informé que ledit témoin, étant cité en vertu de son pouvoir discrétionnaire, ne devait pas prêter serment, sa déposition, sur laquelle l'accusé a été mis à même de présenter ses observations, n'étant recueillie qu'à titre de simple renseignement. »

233. — La Cour de cassation a reconnu et affirmé l'indépendance du ministère public et son droit de citer tous les témoins qu'il juge utiles. La loi s'en rapporte entièrement à lui pour la citation des personnes dont le témoignage peut être utile dans le débat et l'accusé n'est pas recevable à se plaindre de ce que tel témoin à charge ou à décharge n'a pas été appelé. Le commissaire-rapporteur n'est pas obligé, non plus, de citer aux débats tous les témoins entendus à l'information.

234. — Ce principe ne doit cependant pas être étendu d'une façon illimitée. Un avis de M. le garde des sceaux, relaté dans une circulaire ministérielle, en date du 14 octobre 1880, énonce « que le recours au témoignage verbal est plus conforme à l'esprit de notre droit pénal et qu'il serait bon de ne passer outre et de ne juger sur constatations écrites, même en matière de désertion et d'insoumission, qu'en cas d'impossibilité de faire entendre des témoins. »

235. — La Cour suprême a décidé que le ministère public peut faire entendre des témoins sur des faits autres que ceux qui font la matière de l'accusation, afin d'éclairer les juges sur la moralité de l'accusé; mais il ne devra user de cette faculté qu'avec la plus grande réserve.

236. — Aux termes formels de l'article 324 du Code d'instruction criminelle, tous les témoins cités par le ministère public doivent être entendus au débat, même lorsqu'ils n'auraient pas déposé par écrit, pourvu qu'ils soient compris dans la liste dressée par ce magistrat (*Révision*, 6 *octobre* 1884).

237. — Les cédules d'assignation — imprimés 3 et 3 *bis* — peuvent être notifiées par tout agent de la force publique, c'est-à-dire par un militaire quelconque.

238. — La citation est faite aux militaires d'après les prescriptions de la circulaire ministérielle du 27 novembre 1860, ainsi conçue : Il importe certainement qu'en pareil cas le chef de corps soit averti dans le but de prévenir toute entrave à la régularité du service et, en outre, pour le mettre à même de faciliter à ses subordonnés les moyens de se conformer aux prescriptions de la justice. Comme son autorité n'est pas autrement mise en jeu, il n'est pas nécessaire que l'assignation lui soit remise, il suffit qu'il soit prévenu par le rapport de l'adjudant de semaine, auprès duquel la personne chargée de notifier la citation trouve toujours plus facilement accès qu'auprès du colonel.

239. — Lorsqu'un témoin cité ne comparaîtra pas, dit l'article 354 du Code d'instruction criminelle, la Cour pourra, sur la réquisition du ministère public et avant que les débats soient ouverts par la déposition du premier témoin inscrit sur la liste, renvoyer l'affaire à une séance ultérieure.

240. — Cependant, l'absence d'un ou plusieurs témoins ne saurait avoir pour effet d'obliger le tribunal à renvoyer l'affaire, et le conseil peut toujours, sur réquisitions conformes, passer outre aux débats. C'est ce qui résulte de la combinaison des articles 354 du Code d'instruction criminelle et 126 du Code militaire (V. *Réquisitions*, n° 208). Dans un arrêt du 30 août 1844, entre autres, la Cour de cassation a dit que la faculté de renvoyer le jugement d'une affaire, par suite de l'absence de témoins, est laissée entièrement à l'appréciation du tribunal. — Il est pleinement satisfait aux prescriptions de l'article 126, lorsqu'en l'absence de plusieurs témoins cités et non-comparants, le conseil ordonne qu'il sera passé outre aux débats et qu'il sera donné lecture de leurs dépositions écrites, alors surtout que l'accusé et son défenseur, interpellés sur l'incident, ont déclaré n'avoir aucune observation à faire (*Révision*, 19 *janvier* 1881).

241. — Un arrêt de la Cour de cassation, en date du 2 août 1872, a expressément déclaré que l'audition et la discussion publiques des témoignages sont une des règles fondamentales de la procédure *criminelle*. — S'il appartient aux tribunaux militaires de renoncer, avec l'assentiment de l'accusation et de la défense, à l'audition d'un témoin absent, bien qu'ayant été régulièrement cité, dans ce cas sa déposition doit être lue. C'est une prescription impérative de l'article 126 du Code militaire (*L. minist.* 25 *juillet* 1883).

242. — Aux termes de l'article 126 du Code militaire, si un témoin cité ne comparaît pas, le conseil peut passer outre aux débats. Mais, dans ce cas, il importe pour satisfaire aux dispositions dudit article, que le procès-verbal des débats mentionne qu'il a été donné lecture de la déposition écrite de ce témoin. L'inaccomplissement de cette formalité substantielle doit entraîner la nullité du jugement (*Révision*, 21 *juin et* 25 *octobre* 1883; 24 *septembre* 1885 *et* 28 *avril* 1887). Attendu que la loi fait de la lecture des dépositions des témoins absents une prescription spéciale et impérative; que ces depositions étant considérées comme orales doivent être revêtues de toutes les formalités légales et être reçues sous la foi du serment prescrit par l'article 75 du Code d'instruction criminelle. — Le mot *toute* étant omis dans la déposition écrite, le serment n'est pas prêté dans les termes sacramentels exigés par la loi, et les juges en prenant pour une des bases de leur appréciation et en faisant état de ce témoignage, que n'a pas sanctionné un serment régulier, prononcent une culpabilité et une peine qui manquent de base légale (*Révision*, 30 *décembre* 1886; 19 *décembre* 1892).

243.   1° Continuation des débats.

Le conseil, délibérant à huis-clos statuant, sur l'absence du témoin N..., appelé dans l'affaire du nommé...;

Ouï le commissaire-rapporteur et le défenseur en leurs réquisitions et observations;

Attendu que le nommé N..., régulièrement cité par l'accusation et figurant sur la liste notifiée à l'accusé, n'a pu être touché par l'assignation, ainsi que le constate l'original de signification joint au dossier de la procédure;

Attendu que sa déposition orale n'est pas indispensable à la manifestation de la vérité; que la lecture de sa déposition écrite suppléera suffisamment à son absence;

Par ces motifs :

Le conseil ordonne, à l'unanimité, qu'il sera passé outre aux débats nonobstant l'absence dudit témoin N..., dont la déposition écrite sera lue en audience publique; conformément à l'article 126 du Code militaire; ainsi conçu :

244.   2° Remise de l'affaire.

(Comme ci-dessus, jusqu'au premier attendu inclusivement.)

Attendu que sa déposition orale est indispensable à la manifestation de la vérité.

En conséquence, le conseil ordonne, à l'unanimité, que les débats soient renvoyés à une séance ultérieure qui sera fixée par le général commandant pour, le susdit témoin N... être mis à même de venir donner son témoignage; conformément à l'article 129 du Code militaire, ainsi conçu :

245. — En transcrivant ces jugements sur le procès-verbal des débats, il y aura lieu de mentionner, sous peine de nullité, la lecture publique ainsi qu'il suit, immédiatement avant le dispositif : « Le conseil est rentré en séance publique; le président a lu les motifs ci-dessus et le dispositif ci-après. »

246. — Le conseil est souverain pour apprécier si l'absence du témoin est de nature à faire renvoyer l'affaire, ou s'il peut être passé outre aux débats; il est seul juge dans la question de savoir si les éléments de preuve dont il dispose peuvent suffire à former sa décision, et l'accusé ne saurait mettre obstacle à cette mesure ni empêcher la lecture de la déposition écrite. A cet égard, la jurisprudence reconnaît que le tribunal n'est pas lié par les réquisitions du ministère public, et qu'il n'est pas obligé de consulter l'accusé ou son défenseur, ni de s'arrêter devant leur opposition, sauf à les entendre s'ils demandent la parole sur l'incident.

247. — Suivant un arrêt du 1er mai 1890, le tribunal saisi de conclusions de renvoi, fondé sur l'absence de certains témoins, peut provisoirement passer outre et surseoir à statuer jusqu'à ce que l'audition des témoins présents lui permette d'apprécier si la déposition des témoins absents est indispensable à la manifestation de la vérité.

248. — De ce que le conseil peut juger en l'absence d'un ou plusieurs témoins, il ne s'ensuit pas qu'il ait le droit de passer outre lorsque *tous* les témoins d'une même affaire font défaut. En matière *criminelle*, par exemple, un débat oral est obligatoire sous peine de nullité. Ce principe de droit étroit, rappelé dans un arrêt du 2 août 1872, est affirmé dans une décision du conseil de révision, rendue le 26 octobre 1882, qui s'exprime ainsi : Attendu, en droit, que l'audition et la discussion publiques des témoignages sont des règles fondamentales de la procédure criminelle, particulièrement devant les cours d'assises; que cette règle, applicable aux juridictions de droit commun, l'est également devant les conseils de guerre; attendu que l'article 128 du Code militaire, en se référant aux articles du Code d'instruction criminelle qui ont réglementé l'audition des témoins et tracé les règles du débat oral, a rendu communes à la juridiction militaire les formes que ces articles prescrivent, à peine de nullité, pour les juridictions ordinaires; attendu que ces principes ont toujours été affirmés par la Cour de cassation qui a, ainsi, rendu applicable devant la juridiction militaire la règle du débat oral; d'où il suit qu'un conseil de guerre ne peut, en matière criminelle, sur la seule lecture des pièces de l'instruction écrite et sans entendre aucun témoin, procéder légalement au jugement d'un accusé.

249. — En matière de délit, le Code d'instruction criminelle permet de juger sans débat oral, la preuve pouvant être faite par procès-verbaux ou rapports, d'après les articles 154 et 189. Il en résulte que dans le cas où il y a impossibilité de produire les témoins aux débats, mais dans ce cas seulement, le conseil est en droit de passer outre. Le jugement peut être ainsi rédigé :

250.   **Jugement.**

Le conseil, délibérant à huis-clos, statuant sur l'absence des témoins.....;

Ouï le commissaire-rapporteur en ses réquisitions tendant à ce qu'il soit passé outre aux débats;

Et l'accusé et son défenseur demandant le renvoi de l'affaire;

Attendu que les témoins..., régulièrement cités à la requête du ministère public, n'ont pu être touchés par la cédule d'assignation, ainsi que le constate l'original de signification joint à la procédure et pour les motifs y énoncés ;

Vu l'impossibilité absolue de produire des témoins aux débats et attendu que la cause ressortit au correctionnel;

Attendu, au surplus, que la déposition orale desdits témoins absents n'est pas indispensable à la manifestation de la vérité, et que la lecture de leurs dépositions écrites est suffisante pour éclairer la religion des juges.

Par ces motifs :

Le conseil ordonne, à l'unanimité des voix, qu'il soit passé outre aux débats nonobstant l'absence des susdits témoins dont les dépositions écrites seront lues en audience publique. Conformément aux articles 123 et 126 du Code militaire; 154 et 189 du Code d'instruction criminelle, ainsi conçus :

251. — Le jugement ordonnant la continuation des débats — n.º 243 — est inscrit sur le procès-verbal d'audience au moment où l'incident s'est produit, par conséquent, après la reconnaissance d'identité de l'accusé. — Plus loin, à la suite de la mention constatant l'accomplissement des formalités relatives à l'audition des témoins présents, on aura soin d'indiquer ainsi la lecture de la déposition écrite : Lecture de la déposition du témoin absent N... a été faite à haute voix par le greffier d'audience, et l'accusé a été invité par le président à présenter ses observations sur son contenu.

252. — La condamnation qui intervient contre un té-

moin défaillant doit toujours être prononcée par jugement
distinct et séparé du jugement de la cause dans laquelle il
a été constaté. Si le témoin défaillant est un militaire, et
lorsque l'autorité supérieure juge insuffisante la punition
disciplinaire infligée habituellement dans ce cas, l'amende
prononcée contre lui peut être remplacée par l'emprisonnement, conformément à l'article 195 du Code militaire,
ainsi qu'il est dit au n° 255.

253. Condamnation d'un témoin défaillant.

(Formule imprimée n° 16, jusqu'à : à l'effet de juger le
nommé X... (*prénoms, grade et corps*), prévenu de vol
au préjudice d'un habitant, inclusivement. — Le signalement est bâtonné.)

La séance ayant été ouverte, le président a fait apporter
et déposer devant lui, sur le bureau, un exemplaire des
Codes militaire, d'instruction criminelle et pénal ordinaire
et a ordonné à la garde d'amener l'accusé, qui a été introduit libre et sans fers, accompagné de son défenseur
officieux, M...

Après l'interrogatoire du prévenu, le président a fait
lire par le greffier l'ordre de convocation et la liste des
témoins.

A l'appel de son nom, fait à haute voix par le greffier
d'audience, — le nommé *N...* (*en bâtarde*) (prénoms —
grade — corps — matricule — *ou* qualité — domicile)
n'ayant pas répondu, le commissaire-rapporteur a requis
qu'il soit condamné à l'amende.

Le prévenu ayant été reconduit à la prison, le conseil s'est retiré dans la chambre des délibérations.

Le conseil délibérant à huis-clos, statuant sur les réquisitions du ministère public tendant à ce que le témoin défaillant soit condamné, de ce chef, à l'amende édictée par l'article 80 du Code d'instruction criminelle.

Attendu que le nommé..., dûment porté sur la liste des témoins, a été régulièrement assigné à comparaître aux débats, ainsi que l'établit l'original de signification ci-joint ;

Attendu que ledit témoin n'a pas comparu et n'a fait présenter aucun motif légitime d'empêchement.

En conséquence, ledit conseil condamne le nommé..., susqualifié, à l'unanimité, à la peine de (1 à 100 fr.) d'amende. Aux frais envers l'État et fixe, à l'unanimité, au minimum la durée de la contrainte par corps. Conformément aux articles 355, 80 du Code d'instruction criminelle ; 128 et 139 du Code militaire ; 9 de la loi du 22 juillet 1867, ainsi conçus : (lire ces articles et en transcrire le texte sur la minute).

Ordonne que le présent jugement sera exécuté à la diligence du commissaire-rapporteur.

Fait, clos et jugé sans désemparer, etc... (Suite comme dans un jugement ordinaire, en bâtonnant le procès-verbal de lecture au condamné).

254. — La minute, sur laquelle tout le verso de la première feuille aura été biffé, indiquera, avant le dispositif, que le conseil est rentré en séance publique et que le président a lu les motifs et le dispositif.

255. — Lorsque l'amende est changée en emprisonnement, le dispositif est celui-ci : En conséquence, le conseil condamne le nommé..., susqualifié, à l'unanimité, à la peine de... francs d'amende; mais le conseil, usant de la faculté qui lui est concédée par l'article 195 du Code militaire, ordonne, à l'unanimité, que l'amende sera remplacée par un emprisonnement de... (6 jours à 6 mois). Le condamne, en outre, aux frais envers l'État, etc. (comme ci-dessus).

256. — Si le témoin défaillant est un officier, il sera, quel que soit son grade, condamné par le conseil tel qu'il est composé; s'il est formé opposition au jugement, cette opposition sera portée devant le même conseil, sans qu'il y ait lieu d'en modifier la composition (*L. minist.,* 1ᵉʳ *février* 1868).

257. — Le jugement est envoyé en extraits, pour notification, à la gendarmerie du lieu de résidence du condamné, lequel peut former opposition dans les cinq jours de la signification, ainsi que pour tous les jugements par défaut (art. 179, C. M.). Un extrait, formule 20, est adressé au fonctionnaire chargé du recouvrement des frais de justice, le payeur aux armées en campagne. L'un des extraits envoyés à la gendarmerie est retourné au conseil, après avoir été revêtu, au verso, du procès-verbal de signification, — n° 36 du formulaire. Enfin, le jugement est inscrit au répertoire avec un numéro propre.

258. — L'article 128 du Code militaire déclarant applicables aux conseils de guerre, les dispositions des articles du Code d'instruction criminelle auxquels il se réfère, nous allons reproduire ces dispositions, en indiquant sous chacun des articles transcrits, en même temps que l'interprétation donnée par la jurisprudence, les mentions à porter sur la minute du jugement, — procès-verbal d'audience qui doit relater avec fidélité tous les incidents, de façon à rendre la véritable physionomie des débats.

259. — Une remarque d'abord : l'article 315 (I. C.) se trouve annulé par l'article 156 du Code militaire. C'est là un texte formel de la loi militaire; les références conçues en termes généraux ne peuvent avoir d'effet que si les dispositions auxquelles elles renvoient sont conciliables avec les prescriptions de la loi qui les emprunte. — Le commissaire-rapporteur doit donc, vingt-quatre heures au moins avant la réunion du conseil, notifier à l'accusé les noms des témoins qu'il se propose de faire entendre; quant à l'accusé, ce même article 156 lui reconnaît le droit de faire entendre, à sa décharge, tout témoin présent dans l'auditoire et qu'il aura désigné à l'officier du ministère public avant l'ouverture des débats.

260. — Dans le cas où les formalités relatives à la notification du nom des témoins n'auraient pas été accomplies, le commissaire-rapporteur et l'accusé seraient respectivement en droit de s'opposer à l'audition du témoin non notifié. En présence de cette opposition, le témoin contesté ne pourrait être entendu qu'à titre de simple renseignement et sans prestation de serment, en vertu du pouvoir discrétionnaire du président.

261. — L'inobservation des prescriptions de l'article

315 n'opère pas nullité; elle ne donne lieu qu'à l'exercice du droit d'opposition. Cette opposition doit être présentée avant la prestation de serment, ou, au moins, avant que la déposition ne soit commencée.

262. — L'appel des témoins terminé, le président leur ordonnera de se retirer dans la chambre qui leur est destinée. Ils n'en sortiront que pour déposer. Le président prendra, s'il est nécessaire, des mesures propres à empêcher les témoins de conférer entre eux du délit et de l'accusé, avant leur déposition. Tels sont les termes de l'article 316 (I. C.); mais il n'y aurait pas nullité, a affirmé la Cour de cassation, de ce qu'un témoin, laissé par erreur dans l'auditoire, aurait assisté à l'interrogatoire de l'accusé; ou de ce que, pendant l'audition des autres témoins, il se serait introduit furtivement dans la salle d'audience.

263. — Dans une décision du 20 août 1880, le conseil de révision s'est rangé nettement à cette doctrine : Attendu que les témoins, cités régulièrement, devaient prêter serment bien qu'ayant assisté, avant leur déposition, à tout ou partie des débats, aucune opposition n'ayant été soulevée de la part du ministère public, de l'accusé ou de son défenseur; que la présence de ces témoins, laissés par erreur dans l'auditoire, erreur contre laquelle l'accusé n'a élevé, en temps utile, aucune réclamation, n'a pu porter aucune atteinte aux droits de la défense, ni vicier les débats; attendu, au surplus, que les dispositions de l'article 316 ne sont point prescrites à peine de nullité.

264. — Les témoins déposeront séparément les uns des autres et, avant de déposer, ils prêteront, *à peine de* *nullité*, le serment de parler sans haine et sans crainte, de dire toute la vérité et rien que la vérité. Le président leur demandera leurs noms, prénoms, âge, profession, leur domicile ou résidence; s'ils connaissaient l'accusé avant le fait mentionné dans l'acte d'accusation, s'ils sont parents ou alliés de l'accusé et à quel degré, s'ils ne sont pas attachés au service l'un de l'autre; après quoi les témoins déposeront verbalement (317, I. C.).

265. — La peine de nullité prononcée par cet article ne s'applique qu'à la prestation du serment dont la formule est sacramentelle; l'omission d'une partie seulement, — d'un seul mot de cette formule constituerait une nullité radicale de la procédure et des débats. C'est là l'opinion adoptée par la jurisprudence, et le conseil de révision a déclaré, le 1er octobre 1880, que l'interpellation que le président doit adresser aux témoins, selon les prescriptions de l'article 317, sur leurs noms, prénoms, âge, n'est pas prescrite à peine de nullité.

266. — Le serment peut être prêté indifféremment avant ou après l'indication des noms, prénoms, qualité, pourvu que ce soit avant le commencement de la déposition. Cependant, il est préférable, croyons-nous, de suivre l'ordre indiqué par le texte de la loi.

267. — En principe, les témoins cités par le commissaire-rapporteur doivent, à peine de nullité, prêter serment, alors même que leurs noms n'auraient pas été notifiés à l'accusé. Cependant, lisons-nous dans des arrêts de la Cour suprême, il en est autrement si le ministère public n'a agi que pour satisfaire au vœu du président d'entendre ces témoins, en vertu de son pouvoir discrétionnaire ; mais il est alors nécessaire que cette décision résulte soit de la citation, soit d'une ordonnance du président, soit du procès-verbal des débats, soit encore de tout autre document ayant un caractère officiel.

268. — Dans un arrêt du 11 septembre 1890, la Cour de cassation reconnaît que le président n'est pas tenu, aux termes de l'article 269 du Code d'instruction criminelle, d'annoncer au conseil qu'il agit en vertu de son pouvoir discrétionnaire, lorsqu'il ordonne que certains témoins, reprochés par les accusés, seront entendus à titre de simple renseignement. Le fait seul de l'audition sans serment, avertit les juges qu'ils ne doivent point ajouter à cette déclaration la même confiance qu'à une déposition reçue sous la foi du serment.

269. — Si un témoin a déposé sous la foi du serment, alors que, par le fait d'une condamnation, il ne peut légalement témoigner en justice qu'à titre de renseignement, la jurisprudence admet qu'il n'y a pas dans ce fait un cas de nullité, surtout si aucune opposition n'a été faite à cette audition.

270. — Il ne peut y avoir, non plus, nullité de ce que les témoins n'ont pas été entendus séparément, et le président peut scinder leurs dépositions, en les interpellant d'une manière distincte sur chaque chef d'accusation, tantôt avant, tantôt après d'autres témoins. Le témoin n'a pas à renouveler son serment chaque fois qu'il est rappelé dans le débat. Le président l'avertit qu'il continue à déposer sous la foi du serment antérieurement prêté.

271. — L'article 318 (I. C.) recommande au président de faire tenir note par le greffier, soit d'office, soit sur la réquisition du ministère public ou de l'accusé, des additions, changements ou variations qui pourraient exister entre la déposition d'un témoin et ses précédentes déclarations. Ces recommandations s'appliquent aussi bien aux dépositions écrites qu'aux dépositions orales, car si ces dernières seules peuvent constituer le faux témoignage, les autres peuvent servir à apprécier la véracité des assertions produites à l'audience.

272. — Après chaque déposi i, est-il dit en l'article 319 (I. C.), le président demandera au témoin si c'est de l'accusé présent qu'il a entendu parler; il demandera ensuite à l'accusé s'il veut répondre à ce qui vient d'être dit contre lui. Le témoin ne pourra être interrompu : l'accusé et son conseil pourront le questionner par l'organe du président, après sa déposition, et dire, tant contre lui que contre son témoignage, tout ce qui pourra être utile à la défense de l'accusé. Le président pourra également demander au témoin et à l'accusé tous les éclaircissements qu'il croira nécessaires à la manifestation de la vérité. Les juges et le commissaire-rapporteur auront la même faculté, en demandant la parole au président.

273. — Bien que la loi n'attache aucune nullité à l'inaccomplissement des formalités indiquées en cet article, il convient néanmoins d'en observer exactement les prescriptions.

274. — Le témoin ne peut être interrompu dans sa déposition, mais les parties intéressées peuvent prendre des notes pour adresser, la déposition terminée, des observations. Seul, le président peut rappeler le témoin aux faits de la cause, s'il s'en éloigne, en vertu du droit que lui confère la loi, de rejeter tout ce qui tendrait à prolonger les débats, sans donner lieu d'espérer plus de certitude dans les résultats.

275. — Le commissaire-rapporteur et les juges ont le droit de questionner directement les témoins et les accusés, mais seulement après avoir demandé la parole au président, ou avoir été invités à la prendre. Au contraire, les questions posées par le défenseur et l'accusé doivent être présentées au président qui les formule ; mais l'accusé serait en droit de prendre des conclusions formelles, si le président se refusait à les transmettre.

276. — Le droit accordé à l'accusé et à son défenseur de questionner les témoins par l'organe du président, s'étend également aux accusés.

277. — D'après l'article 320 (I. C.), chaque témoin, après sa déposition, restera dans l'auditoire, si le président n'en a ordonné autrement, jusqu'à ce que les jurés se soient retirés pour donner leur déclaration.

278. — La jurisprudence a reconnu que ces dispositions ne sont pas prescrites à peine de nullité, et que les témoins peuvent être autorisés par le président à se retirer, surtout si cette autorisation est donnée du consentement du ministère public et de la défense, ou tout au moins sans opposition de leur part.

279. — Lorsqu'il voudra user de la faculté qui lui est concédée par cet article, le président agira prudemment en demandant, au préalable, l'assentiment du commissaire-rapporteur et de la défense, car le témoin appartenant aux débats, il ne peut se retirer qu'autant qu'il y a consentement de toutes les parties ; la minute du jugement pourra mentionner le fait en ces termes :

Aussitôt après sa déposition, le témoin N... ayant demandé à quitter la salle d'audience, le président, du consentement de toutes les parties, a accordé l'autorisation demandée, en vertu de l'article 320 du Code d'instruction criminelle, auquel se réfère l'article 128 du Code militaire.

280. — Quoique l'article 321 (I. C.) dispose que les témoins à décharge seront entendus après ceux qui ont été cités à la requête du ministère public, cet ordre peut être interverti sans aucun inconvénient, soit d'office par le président, s'il le juge convenable pour la bonne direction des débats, soit sur la demande des parties. Le président est toujours en droit d'entendre des témoins à décharge avant des témoins à charge, mais il faut nécessairement et dans tous les cas que le procès-verbal d'audience mentionne leur audition et la prestation de serment, de même que pour les témoins à charge.

D'après une décision du conseil de révision, en date du 8 décembre 1892, tout témoin non reprochable régulièrement cité et comparant est acquis aux débats et ne peut en être écarté que par la renonciation du ministère public et de l'accusé, ou par jugement du conseil. Toutes les formalités prescrites par la loi, lorsqu'elles sont substantielles ou édictées à peine de nullité, sont réputées de droit avoir été omises si leur accomplissement n'est pas formellement constaté. Est donc nul, et doit entraîner l'annulation des débats et de la condamnation qui a suivi, le procès-verbal du jugement qui constate seulement l'audition des témoins à charge, sans mentionner également que les témoins à décharge ont été entendus et ont prêté serment.

281. — D'après ce même article 321, le commissaire-rapporteur peut faire citer à sa requête, les témoins qui lui sont désignés par l'accusé, dans le cas où il juge que leur déclaration est utile à la manifestation de la vérité. L'utilité de cette audition est laissée à l'appréciation du ministère public, et il a le droit d'exiger que l'accusé lui fasse connaître les faits sur lesquels auront à déposer les témoins qu'il demande à sa décharge; sans préjudice de la faculté concédée à l'accusé de faire citer, directement et à ses frais, tout témoin qu'il croit nécessaire à sa défense.

282. — Ainsi qu'on le voit, cet article n'impose nullement au commissaire-rapporteur l'obligation de faire appeler les témoins à décharge, et le conseil de révision a reconnu son indépendance à cet égard, dans une décision du 15 avril 1881, avançant que l'accusé ne saurait tirer un moyen de ce que le ministère public n'a pas cité les témoins par lui demandés : attendu que s'il est du devoir de ce magistrat de faire citer à sa requête les témoins qui lui sont indiqués par l'accusé, ce n'est que dans le cas où leurs dépositions peuvent être utiles pour la découverte de la vérité; — que lui seul est juge d'appeler tels ou tels témoins dans l'intérêt de l'accusation comme dans celui de la défense; — qu'il ne relève à cet égard que de sa conscience; — qu'il en est de même du président du conseil de guerre dans l'exercice de son pouvoir discrétionnaire; — attendu que la liste des témoins que le ministère public se proposait de faire entendre a été régulièrement notifiée à l'accusé; attendu, dès lors, que l'accusé ne peut se plaindre de la non-audition des témoins, que lui-même, pouvant le faire, n'a pas fait citer.

283. — Dans le cas où la défense déposerait des conclusions écrites demandant le renvoi des débats, pour permettre la comparution de témoins à décharge, le jugement de rejet pourrait être ainsi conçu :

284. Jugement.

Le conseil délibérant à huis-clos, statuant sur les conclusions écrites ci-jointes de la défense et tendant à ce que les débats soient renvoyés à une séance ultérieure pour, des témoins à décharge, désignés par l'accusé N... au commissaire-rapporteur et non assignés par lui, être produits aux débats :

Ouï le commissaire-rapporteur en ses réquisitions concluant à ce qu'il soit passé outre aux débats;

Le défenseur entendu en ses développements;

Attendu qu'une jurisprudence constante a affirmé l'indépendance absolue du ministère public dans le choix des témoins qu'il juge utiles à la manifestation de la vérité;

Attendu que les noms des témoins cités par l'accusation ont été notifiés conformément à la loi au susdit N..., lequel a été ainsi mis à même de faire assigner tous autres témoins qu'il pouvait croire nécessaires à sa défense ;

Attendu, au surplus, que les témoignages apportés à la barre suffisent amplement pour éclairer la religion des juges.

Par ces motifs :

Le conseil ordonne, à l'unanimité, qu'il soit passé outre aux débats ; conformément à l'article 123 du Code militaire, ainsi conçu :

285. — Ainsi que pour tous les jugements, en général, la minute doit mentionner, après le dernier attendu, que le conseil est rentré en séance publique et que le président a donné lecture des motifs et du dispositf.

Article 322 (I. C.), ne pourront être reçues les dépositions :

1° Du père, de la mère, de l'aïeul, de l'aïeule, ou de tout autre ascendant de l'accusé, ou de l'un des accusés présents et soumis aux débats ;

2° Du fils, fille, petit-fils, petite-fille, ou de tout autre descendant ;

3° Des frères et sœurs ;

4° Des alliés aux mêmes degrés ;

5° Du mari et de la femme, même après le divorce prononcé ;

6° Des dénonciateurs dont la dénonciation est récompensée pécuniairement par la loi.

Sans néanmoins que l'audition des personnes ci-dessus désignées puisse opérer une nullité, lorsque, soit le commissaire-rapporteur, soit l'accusé, ne se sont pas opposés à ce qu'elles soient entendues.

286. — Le conseil de révision, en rappelant qu'il n'y a d'exceptions à la règle posée par l'article 324 (I. C.), d'après laquelle tous les témoins cités par le ministère public doivent être entendus, que celles portées en l'article 322, a ajouté, — décision du 6 octobre 1884, — conformément à la jurisprudence, que les magistrats et les greffiers qui ont participé à l'instruction peuvent légalement être cités et entendus aux débats en qualité de témoins.

287. — La loi interdit pour les personnes visées dans l'article 322, la déposition avec serment; mais il sera toujours loisible au président de les faire entendre en vertu de son pouvoir discrétionnaire à titre de renseignement. C'est dans ce sens que la Cour de cassation s'est constamment prononcée et le Code de justice militaire — art. 125 — a consacré ce droit, en autorisant le président à entendre *toute personne* dont l'autorisation lui paraît nécessaire. Il est également de jurisprudence qu'on ne doit pas considérer comme des dénonciateurs récompensés par la loi, les fonctionnaires, agents ou préposés, tenus, par état, de rendre compte à l'autorité des faits qui parviennent à leur connaissance. On ne saurait, non plus, ranger dans cette catégorie, la partie lésée qui a porté plainte et devient le principal témoin.

288. — A propos des exclusions prononcées par l'article 322, il est bon de rappeler les dispositions de l'article

79 du même Code, auquel se réfère l'article 102 du Code militaire. Ses prescriptions s'appliquent au témoin entendu à l'audience comme à celui qui dépose devant le magistrat instructeur. D'après cet article, les enfants de l'un et de l'autre sexe, au-dessous de l'âge de 15 ans, pourront être entendus sous forme de déclaration et sans prestation de serment. La jurisprudence a établi que cette obligation n'a rien d'absolu et elle a concédé au président le droit de les admettre au serment ou de les en dispenser, suivant son appréciation basée sur le degré d'intelligence de l'enfant. Ainsi, les témoins âgés de moins de 15 ans peuvent régulièrement être entendus avec prestation de serment. Dans le cas contraire et quoique le procès-verbal ne le mentionne pas, il y aurait présomption suffisante qu'ils en ont été dispensés par le président. — Ajoutons cependant qu'il est préférable d'en faire l'objet d'une mention spéciale :

Le témoin N..., cité à la requête du ministère public, étant âgé de moins de 15 ans, a été entendu par forme de déclaration et sans prestation de serment; conformément aux prescriptions de l'article 79 du Code d'instruction criminelle, rendu applicable devant les juridictions militaires par l'article 102 du Code militaire.

Ou — Le témoin N..., cité par l'accusation, étant âgé de moins de 15 ans, le président, en vertu de son pouvoir discrétionnaire et de son droit d'appréciation, lui a déféré le serment, et il a été entendu dans les formes prescrites par les articles 317 et 319 du Code d'instruction criminelle, objets d'une référence de l'article 128 du Code militaire.

289. — Ainsi que l'enseigne la Cour suprême, — arrêt du 6 août 1891, — le président n'est pas tenu, quand il procède à l'audition d'un témoin âgé de moins de 15 ans, auquel il ne défère pas le serment, d'avertir les juges, comme il doit le faire en cas de déposition reçue en vertu de son pouvoir discrétionnaire, qu'il ne sera entendu qu'à titre de renseignement.

290. — Les dénonciateurs autres que ceux récompensés pécuniairement par la loi, pourront être entendus en témoignage, dit l'article 323 (I. C.); mais le président devra avertir le conseil de leur qualité de dénonciateurs.

291. — La Cour de cassation affirme que les dispositions de cet article ne sont pas prescrites à peine de nullité, et que l'accusé ne saurait, s'il ne s'est pas opposé à l'audition, se faire un moyen de ce qu'un dénonciateur aurait été entendu comme témoin, sans que les juges eussent été avertis de sa qualité.

292. — D'une part, l'article 322 dispose que les dépositions des dénonciateurs récompensés pécuniairement par la loi, ne pourront être reçues, lorsque le ministère public ou l'accusé se seront opposés à leur audition; d'autre part, l'article 323 édicte que les dénonciateurs autres que ceux expressément indiqués pourront être entendus. Cette exception, d'après les termes mêmes de la loi, loin d'être impérative et absolue, est purement facultative, et, en cas de contestation, le conseil peut ordonner que le dénonciateur sera entendu sous la foi du serment ou rejeté du débat. Il rentre exclusivement dans le pouvoir discrétionnaire du président d'ordonner qu'un témoin écarté des débats en qualité de dénonciateur, par jugement sur incident contentieux, sera entendu à titre de simple renseignement. Le conseil de guerre doit se borner à donner acte à l'accusé ou au commissaire du gouvernement de ses conclusions et laisser au président le soin de prononcer la mesure sollicitée (*Révision, 4 novembre 1886*).

293. — Le conseil de guerre a le droit d'apprécier si le témoin contesté doit être ou non, considéré comme dénonciateur dans le sens de la loi. Il décide souverainement si le dénonciateur sera entendu avec prestation de serment, ou s'il doit être écarté du débat. Mais ce droit d'appréciation ne l'autorise pas à ordonner que ce témoin sera entendu à titre de renseignement, car il empièterait sur les attributions du président, et l'extension de compétence qu'il s'arrogerait ainsi arbitrairement entraînerait l'annulation du jugement.

294. Jugement.

Le conseil délibérant à huis-clos, statuant sur les conclusions écrites de la défense, tendant à ce que le nommé..., témoin cité et notifié, ne soit pas admis à déposer aux débats, ce témoin devant être considéré comme dénonciateur ;

Ouï le ministre public demandant que le témoin soit entendu à titre de renseignement ;

Et l'accusé dans le développement de ses conclusions ;

Attendu qu'il résulte de la jurisprudence que le conseil est souverain pour apprécier et décider si un témoin contesté doit être entendu sous la foi du serment, ou rejeté des débats;

Attendu que, suivant les prescriptions de l'article 125 du Code militaire, le président est investi du droit de faire entendre, à titre de renseignement, *toute personne* dont l'audition lui paraît nécessaire, et que le conseil ne saurait légalement s'opposer, ni apporter une restriction quelconque à l'exercice de ce droit absolu;

Donne acte de ses réquisitions à M. le commissaire-rapporteur;

Le conseil, admettant les susdites conclusions de la défense, ordonne, à l'unanimité, que le sieur..., ne sera pas entendu avec prestation de serment et passe outre aux débats; conformément à l'article 123 du Code militaire, ainsi conçu :

295. — La citation n'est pas nécessaire pour que le témoin puisse être entendu aux débats; il suffit (art. 324, I. C.) que son nom figure sur les listes signifiées respectivement par les parties, alors même qu'il n'aurait pas été entendu dans l'instruction écrite.

296. — Allant plus loin encore, la jurisprudence admet que l'audition d'un témoin qui n'aurait figuré sur aucune liste, ne créerait pas une cause d'annulation, s'il a été entendu sans opposition. Dans tous les cas, le président, usant de son pouvoir discrétionnaire, pourrait le faire entendre à titre de renseignement.

297. — L'article 325 (I. C.) dispose que les témoins,

par quelque partie qu'ils soient produits, ne pourront jamais s'interpeller entre eux.

Cette défense n'est qu'une mesure de police de l'audience qui laisse au président le droit absolu de mettre deux témoins en présence, pour chercher à découvrir la vérité; il doit seulement veiller à ce que les dires des parties ne dégénèrent pas en récriminations et en injures.

298. — Aux termes de l'article 326 (I. C.) l'accusé pourra demander, après qu'ils auront déposé, que ceux qu'il désignera se retirent de l'auditoire, et qu'un ou plusieurs d'entre eux soient introduits et entendus de nouveau, soit séparément, soit en présence les uns des autres. Le ministère public aura la même faculté et le président pourra aussi l'ordonner d'office.

L'article 326 donne à l'accusé la faculté de demander que ceux des témoins qu'il désignera se retirent de l'audience après qu'ils auront déposé, et l'article 74 du Code militaire impose au conseil l'obligation de statuer, à peine de nullité, sur toute demande de l'accusé tendant à user d'une faculté accordée par la loi. Par suite, viole les articles précités et les droits de la défense, la décision par laquelle le président d'un conseil de guerre refuse d'ordonner le retrait d'un témoin demandé par l'accusé, sans que le conseil de guerre ait été appelé à trancher le litige par un jugement (*Révision, 8 décembre* 1892). Il est de doctrine et de jurisprudence, est-il dit dans l'un des considérants de cette décision, que le conseil peut, à la rigueur, rejeter la demande de l'accusé en décidant qu'elle

est de nature à prolonger les débats, mais qu'il doit être
constaté, à peine de nullité, par le procès-verbal du jugement, que le conseil a statué sur cette demande qui, ne
ne rentrant pas dans le domaine du pouvoir discrétionnaire, ne saurait être écartée par une simple décision du
président.

299. — Mention de l'incident sera portée en ces termes
sur le procès-verbal d'audience : Sur la demande de l'accusé — *ou* du commissaire-rapporteur, — *ou* d'office —
et sans opposition d'aucune part, le président a fait retirer
les témoins..., qui avaient déjà déposé et lesdits témoins
ont été introduits à nouveau et entendus successivement et
séparément, sous la foi du serment prêté précédemment ;
le tout en conformité des prescriptions de l'article 326 du
Code d'instruction criminelle, objet d'une référence de
l'article 128 du Code militaire.

300. — D'après l'article 327 (I. C.) le président
pourra, avant, pendant, ou après l'audition d'un témoin,
faire retirer un ou plusieurs accusés, et les examiner séparément sur quelques circonstances du procès ; mais il aura
soin de ne reprendre la suite des débats généraux qu'a-
près avoir instruit chaque accusé de ce qui se sera fait en
son absence, et de ce qui en sera résulté.

301. — Voici comment l'incident pourra être mentionné au procès-verbal : après la déposition du témoin
N..., le président ayant fait retirer de la salle d'audience
l'accusé A..., a interrogé séparément son co-accusé B...,
puis il a fait ramener le premier et l'a interrogé à son
tour ; ensuite et conformément à l'article 327 du Code

d'instruction criminelle, dont les dispositions doivent être observées devant les conseils de guerre, ainsi que le prescrit l'article 128 du Code militaire, le président a fidèlement rendu compte audit accusé A..., des interrogatoires, actes et observations qui avaient eu lieu en son absence, et, après lui avoir demandé ce qu'il avait à dire pour sa défense, il a été passé outre aux débats.

302. — Les dispositions des articles 326 et 327, est-il dit dans le commentaire de V. Foucher, ont pour but d'arriver à une découverte plus certaine de la vérité, en interrogeant, soit les témoins, soit les accusés, séparément les uns des autres; c'est là une mesure qui doit être prise par le président quand il s'aperçoit de l'influence que l'un exerce à l'égard de l'autre, ou quand il veut arriver à l'éclaircissement d'un fait sur lequel il est à craindre que la version de l'un ne commande celle de l'autre; seulement il faut observer que, lorsque des témoins peuvent être entendus ainsi séparément, soit sur la demande du ministère public, soit sur celle de l'accusé, le président seul a le droit de soumettre un ou plusieurs des accusés à un débat séparé, et encore sous la condition d'instruire ceux qu'il aurait fait momentanément retirer, de ce qui se sera passé en leur absence, parce que les débats doivent être contradictoires avec tous les accusés.

303. — L'obligation imposée au président par l'article 327 est substantielle et doit être remplie, sous peine de nullité, ainsi que l'a décidé la Cour de cassation;

mais le président peut se borner à réitérer en présence de l'accusé, écarté des débats, les interrogatoires, dépositions, actes et observations qui ont eu lieu en son absence.

304. — L'article 328 (I. C.) autorise les juges, le ministère public et les accusés à prendre note de ce qui leur paraîtra important, soit dans les dépositions des témoins, soit dans la défense de l'accusé, pourvu que la discussion n'en soit pas interrompue.

305. — Dans le cours ou à la suite des dépositions, recommande l'article 329 (I. C.), le président fera représenter à l'accusé toutes les pièces relatives au délit, et pouvant servir à conviction; il l'interpellera de répondre personnellement s'il les reconnaît; le président les fera aussi représenter aux témoins, s'il y a lieu.

306. — Mais, suivant la Cour suprême — arrêt du 27 août 1891 — s'il n'a pas été pris, devant le tribunal, des conclusions à fin de représentation d'une pièce de conviction, le condamné est non-recevable à opposer le défaut de représentation de cette pièce, comme moyen d'annulation à l'encontre du jugement de condamnation. Et, d'après un arrêt du 6 août 1891, aucun grief ne pourrait être tiré de ce que les pièces de conviction seraient parvenues sans être scellées au vœu des prescriptions de la loi, si aucunes conclusions n'ont été prises à cet égard, la défectuosité de l'état des pièces n'étant, pas plus que leur non représentation, sanctionnée de nullité.

307. — La minute du jugement doit régulièrement constater la représentation des pièces de conviction faite aux accusés et aux témoins. Cependant, la jurisprudence a toujours admis que le défaut d'accomplissement de cette formalité ne saurait créer une nullité.

308. — Mention à porter à la suite du paragraphe relatif au mode d'audition des témoins : ... et 329 du même Code, en leur faisant représenter, ainsi qu'à l'accusé, *tels* objets déposés sur le bureau du conseil comme pièces de conviction.

309. — Des témoins peuvent être entendus après les réquisitions et les plaidoiries, à la condition expresse que le ministère public, l'accusé et son défenseur soient invités, avant la clôture des débats, à parler sur ce complément de déposition.

TAXE DES TÉMOINS.

310. — Les personnes de l'ordre civil appelées devant les conseils de guerre en qualité de témoins ou d'experts, ont droit à une indemnité de déplacement dont la quotité est fixée par le décret du 13 novembre 1857.

311. Décret du 13 novembre 1857.

Art. 12. Les officiers de tous grades, les fonctionnaires et employés militaires et les sous-officiers et soldats en activité appelés en témoignage ne peuvent prétendre, à raison de leur déplacement, à aucune indemnité spéciale sur les fonds de la justice militaire ; ils continuent à recevoir le traitement d'activité attaché à leur position respective ; et, en cas de déplacement, l'indemnité de route, de transport et de séjour à laquelle cette position leur donne droit.

Les dispositions qui précèdent sont applicables aux employés de l'armée ou attachés à sa suite qui reçoivent de l'État un traitement d'activité.

Art. 13. Les officiers de tous grades, les fonctionnaires et employés militaires en disponibilité et en non-activité cités comme témoins, jouissant d'un traitement, n'ont droit à aucune allocation spéciale sur les fonds de la justice militaire. Mais, en cas de déplacement, ils reçoivent l'indemnité de route, de transport et de séjour, suivant le cas.

Art. 14. Les personnes non militaires et les employés à l'armée ou attachés à sa suite, auxquels l'État ne paye directement aucun traitement d'activité, reçoivent, quand ils sont appelés en témoignage, une indemnité qui est fixée par le rapporteur ou par le président du conseil de guerre, et qui ne peut être moindre d'un franc, ni au-dessus de deux francs cinquante centimes, par jour, soit de séjour, soit de voyage.

Ces dispositions sont applicables aux sous-officiers et soldats en congé, sans solde, et aux hommes de la réserve appelés en témoignage devant les tribunaux militaires.

Art. 16. Les experts écrivains sont taxés à raison de six francs par vacation.

Art. 17. Pareille somme de six francs est allouée, également par vacation, aux officiers de santé et médecins civils dont le ministère est requis en justice.

312.   Instruction du 24 janvier 1858

relative à l'exécution du décret du 13 novembre 1857.

Art. 15. Les officiers de tous grades, les fonctionnaires et les employés militaires en activité, en disponibilité et en non-activité, les sous-officiers et soldats en activité et les employés à l'armée ou à sa suite, qui reçoivent de l'État un traitement ou une solde d'activité, seront payés, sur les fonds du service de marche, des indemnités de route, de transport et de séjour auxquelles leur position leur donne droit, toutes les fois qu'ils seront appelés en témoignage devant les tribunaux militaires.

Les fonctionnaires de l'intendance se conformeront, pour la fixation de ces indemnités, aux dispositions de l'ordonnance du 20 décembre 1837, combinée avec le décret impérial du 15 juin 1853 et l'instruction ministérielle du 23 du même mois, portant règlement des frais de route des militaires voyageant isolément.

Art. 16. Les dépenses mentionnées aux articles 14, 15, 16, 17 du décret du 13 novembre 1857, portant règlement des dépenses de la justice militaire, continueront à être acquittées par les receveurs de l'enregistrement et des domaines, à titre d'avance au département de la guerre.

Art. 17. Chaque témoin, expert écrivain, interprète ou médecin civil sera taxé par les soins du greffier, au verso de sa cédule de citation, dans un mandat qui sera signé par le président ou par le rapporteur du conseil de guerre.

Art. 18. Le mandat délivré au témoin indiquera son état ou sa profession et son domicile. Dans le cas où le témoin serait un sous-officier ou un soldat en congé sans solde ou bien appartiendrait à la réserve, le mandat en ferait également mention.

Art. 19. Les témoins seront taxés à raison du nombre

de leurs journées tant de voyage que de séjour, et ce nombre sera exactement exprimé dans le mandat.

Art. 20. La journée de marche des témoins (autres que ceux désignés aux articles 12 et 13 du décret du 13 novembre 1857) durant le voyage qu'ils seront obligés d'entreprendre, tant pour venir déposer que pour rentrer à leur domicile, sera décomptée à raison de 24 kilomètres.

Art. 21. Les présidents des conseils de guerre et les rapporteurs auront soin, avant de délivrer le mandat de paiement de taxe d'un témoin, de l'inviter à déclarer s'il requiert la taxe; il sera fait mention de cette déclaration dans le mandat.

Art. 24. Les mandats délivrés aux experts écrivains et aux médecins civils indiqueront également le domicile de chacun d'eux, ainsi que le nombre de leurs vacations au conseil de guerre.

313. — L'article 82 du Code d'instruction criminelle recommande de ne taxer le témoin, qu'autant qu'il requiert l'indemnité à laquelle lui donne droit le dérangement qui lui a été occasionné, mais l'équité ne permet pas de lui laisser ignorer son droit de réclamer l'indemnité qui lui est légitimement acquise. La taxe ne peut être refusée à un témoin sous le prétexte qu'il est arrivé trop tard pour déposer, si le retard a été indépendant de sa volonté.

INTERPRÈTES.

314. — Aux termes de l'article 332 (I. C.), dans le cas où l'accusé, les témoins, ou l'un d'eux, ne parleraient pas la même langue ou le même idiome, le président nommera d'office, à peine de nullité, un interprète âgé de vingt et un ans au moins, et lui fera, sous la même peine, prêter serment de traduire fidèlement les discours à transmettre entre ceux qui parlent des langages différents. L'accusé et le ministère public pourront récuser l'interprète en motivant leur récusation. Le conseil prononcera. L'interprète ne pourra, même du consentement de l'accusé ni du ministère public, être pris parmi les témoins et les juges.

315. — Suivant un arrêt du 1er mai 1891, l'audition en qualité d'interprète, d'un témoin entendu en vertu du pouvoir discrétionnaire du président, par conséquent sans prestation de serment, constitue une nullité substantielle.

316. — D'une manière générale, des divers arrêts rendus sur cette espèce, se dégagent ces principes que toutes les prescriptions ci-dessus rappelées doivent être rigoureusement accomplies, sous peine de nullité. Le procès-verbal doit mentionner la nomination de l'interprète, et constater qu'il a prêté serment dans les termes de la loi. La jurisprudence établit que la prestation de serment doit être constatée, à peine de nullité, sur la minute du jugement, par le texte même de la loi, ce qui est préférable, ou tout au moins par la mention que l'interprète a prêté le serment prescrit par l'article 332 du Code d'instruction criminelle ; ou même, qu'il a prêté le *serment prescrit par la loi*, puisqu'il n'existe pas pour lui, comme pour les témoins, diverses formes de serment exigeant une précision plus rigoureuse. Mais serait irrégulière et insuffisante, la mention que le président a rempli les formalités prescrites par l'article 332 du Code d'instruction criminelle, cette énonciation n'établissant pas que l'interprète a prêté le serment prescrit. Il en serait de même, dit un arrêt du 3 septembre 1891, si un article autre que l'article 332 était indiqué, car cette erreur créerait une équivoque qui ne permettrait plus de déterminer d'une façon certaine si l'interprète a prêté le serment exigé.

317. — Les interprètes assermentés près des tribunaux français, ont un caractère permanent qui les dispense, ainsi que les interprètes militaires qui ont prêté le serment professionnel, de renouveler leur serment lorsque leur concours est exigé (*Révision*, 16 *juillet* 1887). Les interprètes militaires, ayant prêté le serment professionnel, ne sont pas astreints à le répéter chaque fois que leur ministère est réclamé soit à l'instruction, soit à l'audience du conseil de guerre (*L. minist.* **9 septembre** 1863).

318. — Les infirmités physiques ou morales d'un témoin pourront aussi nécessiter l'assistance d'un interprète. Ainsi, le président peut désigner d'office un interprète à un témoin dont l'idiome ou la langue est inintelligible, ou qui parle très bas à cause de son grand âge, — ou qui est atteint d'idiotisme. En résumé, il y a deux qualités essentielles à exiger des interprètes, pourvu qu'ils soient pris en dehors des témoins et des juges : l'âge et le serment.

319. — Il n'est pas nécessaire que l'interprète soit français ou qu'il jouisse de ses droits civils; on peut appeler un étranger pour en remplir les fonctions, ou même une femme, à la condition qu'elle soit âgée de vingt et un ans.

320. — D'après la jurisprudence, il n'est pas indispensable que le jugement indique tous les actes auxquels ont concouru les interprètes; le vœu de la loi est suffisamment rempli par la constatation que l'interprète a accompli sa mission au cours des débats, toutes les fois que cela a été nécessaire.

321. Mention à porter sur la minute du jugement, immédiatement après le paragraphe relatif à l'introduction de l'accusé, lorsque c'est lui qui nécessite la présence d'un interprète : L'accusé N... ne parlant pas la langue française, le président a nommé d'office pour l'assister en qualité d'interprète de langue, le sieur (*nom — prénoms — âge — qualité*), lequel a prêté serment de traduire fidèlement les discours à transmettre entre ceux qui parlaient des langages différents; le tout conformément aux prescriptions de l'article 332 du Code d'instruction criminelle, rendu applicable devant les conseils de guerre par l'article 128 du Code militaire. — Ledit sieur... a rempli sa mission d'interprète jusqu'à la fin des débats, toutes les fois que son concours a été nécessaire.

322. — Lorsqu'un accusé n'entend pas la langue française et qu'un interprète lui a été nommé, le président du conseil est tenu, à peine de nullité, de faire traduire, par cet interprète, les dépositions écrites des témoins dont il a cru devoir donner lecture aux débats, en vertu de son pouvoir discrétionnaire (*Cass.*, 4 *juillet* 1872). Il en est de même des dépositions des témoins non comparants, dont la lecture a été ordonnée par le conseil (*Cass.*, 3 *mars* 1836). Cette nécessité découle du principe absolu de la liberté et des garanties d'impartialité auxquelles a droit la défense (*L. minist.* 13 *novembre* 1866). Mais, d'après un arrêt du 20 juin 1889, il ne peut être tiré un moyen de cassation de ce que l'ordre de mise en accusation n'aurait pas été traduit à l'audience, si le procès-verbal porte que l'interprète a prêté son ministère chaque fois qu'il a été utile.

323. — S'il y a eu instruction écrite, le commissaire-rapporteur aura dû nommer un interprète de langue à l'accusé, pour l'assister pendant son interrogatoire et au moment de la lecture des procès-verbaux de l'information prescrite par l'article 101 (C. M.). La présence de cet interprète et sa prestation de serment, s'il n'est pas interprète militaire, seront indiquées en tête du procès-verbal d'interrogatoire, qu'il signera concurremment avec le magistrat instructeur et le greffier. L'accusé devra également être assisté de l'interprète pendant la notification prescrite par l'article 156, ainsi que nous l'avons dit au chapitre *Notification*.

324. — Lorsque c'est un témoin qui nécessite la nomination d'un interprète, cette mention doit être portée dans le blanc réservé sur la minute pour l'indication des incidents : Le témoin N..., régulièrement cité par l'accusation, ne parlant pas la langue française, le président lui a nommé d'office pour interprète de langue, le sieur (*nom — prénoms — âge — qualité*), lequel a prêté le serment de traduire fidèlement les discours à transmettre entre ceux qui parlaient des langages différents; le tout, conformément aux prescriptions de l'article 332 du Code d'instruction criminelle, visé par l'article 128 du Code militaire. — Ledit témoin N..., par l'organe de son interprète, a été entendu publiquement et séparément des autres témoins, après avoir, au préalable et par le même moyen, prêté serment de parler sans haine et sans crainte, juré de dire toute la vérité et rien que la vérité. Les formalités prescrites par les articles 317 et 319 du Code d'instruction criminelle ayant été remplies à son égard. — Ledit sieur... a accompli sa mission d'interprète jusqu'à la fin des débats, toutes les fois que son intervention a été nécessaire.

325. — Lorsque l'interprétation est faite par un interprète militaire, la minute du jugement le constate de la manière suivante : Pour l'accusé, et continuant le paragraphe relatif à son introduction — et assisté de M..., interprète militaire pour la langue... attaché au conseil de guerre ; lequel a prêté son concours toutes les fois qu'il a été nécessaire et pendant toute la durée des débats.

Pour les témoins, à l'endroit indiqué plus haut — le témoin N... ne parlant pas la langue française, a été entendu publiquement et séparément des autres témoins, par l'organe de M..., interprète militaire pour la langue..., attaché au conseil de guerre, après avoir, au préalable et par le même moyen, prêté serment de parler sans haine et sans crainte, juré de dire toute la vérité et rien que la vérité. Les formalités prescrites par les articles 317 et 319 du Code d'instruction criminelle ayant, en outre, été remplies à son égard.

326. — L'article 333 (I. C.) dispose que si l'accusé est sourd-muet et ne sait pas écrire, le président nommera d'office, pour son interprète, la personne qui aura le plus l'habitude de converser avec lui. Il en sera de même à l'égard du témoin sourd-muet. Le surplus des dispositions de l'article 332 sera exécuté. Dans le cas où le sourd-muet saurait écrire, le greffier écrira les questions et observations qui lui seront faites ; elles seront remises à l'accusé ou au témoin, qui donneront par écrit leurs réponses ou déclarations. Il sera fait lecture du tout par le greffier.

327. -- Cet article renferme une exception à l'article précédent, en ce qu'il autorise le président à nommer au sourd-muet la personne qui a le plus l'habitude de converser avec lui, sans condition d'âge, et alors même que cette personne aurait été entendue comme témoin. Les dispositions de cet article sont seulement indicatives et non limitatives. La Cour de cassation l'a reconnu, en décidant que le président peut donner pour interprète à un témoin qui ne s'exprime que par mots entrecoupés, ou qui est sourd, un autre témoin déjà entendu qui a seul l'habitude de s'entretenir avec lui et de s'en faire comprendre.

328. — Pour le témoin sourd-muet ne sachant pas écrire la mention à porter, après l'indication des formalités relatives à l'audition des témoins, pourra être rédigée comme suit : Le témoin N... étant sourd-muet et ne sachant pas écrire, le président a nommé d'office pour lui servir d'interprète, en vertu des articles 332 et 333 du Code d'instruction criminelle, visés par l'article 128 du Code militaire, le sieur (*nom, prénoms, qualité*) auquel il a fait prêter le serment de traduire fidèlement les discours à transmettre entre ledit témoin et les parties; — Ledit N..., par l'organe de son interprète, a été entendu publiquement, etc... (Comme formule précédente).

329. — Pour le témoin sourd-muet sachant écrire, la minute du jugement contiendra une simple note en ce sens : Le témoin N... étant sourd-muet, mais sachant écrire, a déposé dans les formes prescrites par l'article 333 du Code d'instruction criminelle, auquel se réfère l'article 128 du Code militaire; ainsi que le constate le procès-verbal annexé à la présente minute de jugement.

330.　　　　Déposition.

L'an mil huit cent..., le...;

Nous..., colonel président du conseil de guerre de...;

Attendu que le témoin N..., cité à la requête du ministère public, est sourd-muet et sait écrire, nous avons fait dresser le présent procès-verbal par M..., greffier d'audience.

Les questions et observations, écrites par le greffier, ont été présentées au témoin sus-nommé qui a écrit de sa main les réponses et déclarations qui les accompagnent, le tout ainsi qu'il suit :

D. — Vous jurez de parler sans haine et sans crainte, de dire toute la vérité et rien que la vérité?

R. — (Après avoir levé la main droite) Je le jure.

D. — Quels sont vos nom et prénoms, — votre âge, — etc...?

R. — ...

D. — Faites votre déposition?

R. — ...

Lecture faite à haute voix par le greffier desdites demandes et réponses, le témoin N..., après en avoir pris connaissance, a signé avec nous et le greffier le présent, destiné à être annexé à la procédure concernant le nommé...

Le président,　　　*Le témoin,*　　　*Le greffier,*

Taxe.

331. — Lorsque l'interprétation est faite par une personne autre qu'un interprète militaire, elle doit être taxée dans les limites tracées par le décret fixant les dépenses de la justice militaire.

332. Décret du 13 novembre 1857.

Art. 15. Les interprètes sont taxés à raison de six francs par séance entière de jour et neuf francs par séance entière de nuit, non compris le paiement de la traduction par écrit qu'ils peuvent être appelés à faire des pièces de conviction rédigées en langue étrangère ; le prix de ce travail est évalué par le tribunal, séparément et selon sa nature.

333. Instruction du 24 janvier 1858

relative à l'application du décret du 13 novembre 1857.

Art. 16. Les dépenses mentionnées aux articles 14, 15, 16, 17 du décret du 13 novembre 1857, portant règlement des dépenses de la justice militaire, continueront à être aquittées par les receveurs de l'enregistrement et des domaines, à titre d'avance au département de la guerre.

Art. 17. Chaque témoin, expert écrivain, interprète ou médecin civil sera taxé par les soins du greffier, au verso de sa cédule de citation, dans un mandat qui sera signé par le président ou par le rapporteur du conseil de guerre.

Art. 23. Les mandats délivrés aux interprètes indiqueront leur domicile, ainsi que le nombre des séances, tant de jour que de nuit, qui devra leur être payé. S'ils ont traduit des pièces de conviction, on exprimera dans le mandat la somme à laquelle le conseil de guerre aura évalué ce travail.

FAUX TÉMOINS.

334. — Le faux témoignage est crime ou délit, selon qu'il s'est produit en matière criminelle ou en matière correctionnelle, et sa nature doit être déterminée suivant le caractère des poursuites exercées, et non point d'après celui de la décision judiciaire qui intervient. La peine varie s'il a eu lieu contre l'accusé ou en sa faveur; aussi ces indications doivent-elles être portées avec soin sur les pièces de l'information.

335. — L'article 361 (C. P.) punit de la réclusion le faux témoignage porté en matière criminelle, soit contre l'accusé, soit en sa faveur. Il ajoute que, dans le cas où l'accusé aura été condamné à une peine plus forte que celle de la réclusion, le faux témoin qui a déposé contre lui subira la même peine.

336. — Le faux témoignage doit être considéré comme ayant été produit en matière criminelle, quoique le fait, objet de l'accusation, ait perdu son caractère de crime, par suite de l'élimination des circonstances aggravantes. Ainsi, par exemple et comme l'a rappelé une décision ministérielle du 22 février 1866, le faux témoignage fait en faveur ou contre un accusé mis en jugement pour voies de fait envers un supérieur *dans le service*, doit être considéré comme ayant eu lieu en matière criminelle, quoique cet accusé ait été condamné pour voies de fait *en dehors du service*, lesquelles ne constituent plus qu'un simple délit correctionnel.

337. — L'article 362 (C. P.) dispose que l'individu coupable de faux témoignage en matière correctionnelle, soit contre le prévenu, soit en sa faveur, est puni de l'emprisonnement de deux à cinq ans et d'une amende de 50 à 2,000 francs. — Cet article, de même que le précédent, inflige une peine plus forte au faux témoin qui a déposé contre le prévenu, si celui-ci a été condamné à plus de cinq années d'emprisonnement; dans ce cas, la même peine doit lui être appliquée.

Le faux témoin peut, en outre, être privé pendant cinq à dix ans des droits mentionnés en l'article 42 du Code pénal et subir, pendant le même nombre d'années, à partir de l'expiration de sa peine, l'interdiction de séjour.

338. — L'article 363 prévoyant le faux témoignage en matière civile, nous n'avons pas à nous en occuper, puisque aucune action civile ne peut être portée ou introduite devant les tribunaux militaires, qui ne statuent que sur l'action publique.

339. — L'article 364 (C. P.) édicte une notable aggravation de peine contre le faux témoin qui a reçu de l'argent, une récompense quelconque ou des promesses pour se parjurer. Le faux témoignage est alors puni, en matière criminelle, des travaux forcés au lieu de la réclusion, — et de la réclusion au lieu de l'emprisonnement, quand il est porté en matière correctionnelle. Le tout, sans préjudice de l'application d'une peine plus forte, si le faux témoin a déposé contre l'accusé et que ce dernier ait été condamné à une peine plus grave.

340. — D'après les dispositions de l'article 365 (C. P.) les peines prononcées contre les suborneurs des témoins sont les mêmes que celles infligées à ces faux témoins, suivant les distinctions établies dans les articles précédents.

341. — Lorsque la déposition d'un témoin paraît fausse, il convient de procéder ainsi qu'il est dit dans l'article 127 du Code militaire. Le président peut, sur la réquisition soit du commissaire-rapporteur, soit de l'accusé, et même d'office, faire mettre immédiatement le témoin en état d'arrestation. Si ce témoin est justiciable des conseils de guerre, le président ou l'un des juges délégué par lui, procède à l'instruction ; laquelle, une fois terminée, est adressée au général commandant.

342. Réquisitions du ministère public.

Attendu que la déposition faite en audience publique par le témoin N..., est en opposition flagrante avec celles des autres témoins entendus dans la cause ; qu'elle nous semble de nature à le constituer en état de faux témoignage ;

Requérons M. le président de vouloir bien faire mettre

ledit N..., en état d'arrestation en se conformant à l'article 127 du Code militaire, sous prévention de faux témoignage en matière correctionnelle — ou criminelle — contre — *ou* en faveur de l'accusé et qu'il soit passé outre aux débats.

343. — Le commissaire-rapporteur et le président devront se montrer très prudents dans l'usage qu'ils feront du pouvoir accordé par l'article 127. Ils examineront attentivement le témoignage suspect, et ne séviront que dans le cas où la déposition renfermera d'une façon certaine les éléments légaux nécessaires pour constituer le faux témoignage; car une déposition peut être contraire à la vérité sans être un faux témoignage au point de vue légal. Par exemple, une déclaration mensongère qui n'est faite ni contre l'accusé, ni en sa faveur ne constitue pas le faux témoignage.

344. — Pour qu'il y ait criminalité dans le témoignage faux, il est indispensable :

1° Que la déposition soit contraire à la vérité;

2° Qu'elle soit faite sous serment et dans la cause d'autrui;

3° Qu'elle porte sur des faits relatifs à l'accusation;

4° Enfin, qu'elle soit produite contre l'accusé ou en sa faveur et qu'elle soit de nature à causer un préjudice quelconque.

345. — Les personnes entendues à titre de simple renseignement et sans prestation de serment, ne peuvent jamais être poursuivies pour faux témoignage.

346. — Bien que la déposition écrite puisse, au besoin, tenir lieu d'audition orale, il est de jurisprudence constante que la déposition faite devant le magistrat instructeur ne peut jamais constituer le faux témoignage. Dans ce cas, si le conseil suspecte la sincérité du témoignage écrit, il devra, pour avoir la possibilité de poursuivre, ordonner la comparution du témoin à l'audience. — La contradiction entre la déposition écrite et la déposition orale n'est pas suffisante pour mettre le témoin en état de faux témoignage et autoriser son arrestation; il faut que sa déposition orale soit contraire à celles des autres témoins ou aux faits de la cause.

347. — Il appartient au président seul, et sans le concours du conseil, de statuer sur les réquisitions du ministère public, ou sur la demande de l'accusé, tendant à l'arrestation d'un témoin dont la déposition paraît fausse. C'est bien là l'esprit de la loi et la Cour de cassation s'est toujours rangée à cette doctrine. Divers arrêts ont décidé que le président, au lieu de mettre en état d'arrestation le témoin suspect de faux témoignage, peut ordonner, par mesure d'ordre, qu'il sera gardé à vue jusqu'à la fin des débats; enfin, qu'il devra rapporter son ordre d'arrestation et prescrire la mise en liberté du témoin qui s'est rétracté avant la clôture des débats.

348. — Si l'ordonnance prise par le président, pour accorder ou refuser l'arrestation d'un faux témoin, est l'objet de réquisitions ou demandes contraires de la part du commissaire-rapporteur ou de l'accusé, il en résulte un incident contentieux pour le jugement duquel l'intervention du conseil devient nécessaire.

349. — Le commissaire-rapporteur a le droit de requérir l'arrestation d'un faux témoin, mais le président a celui de ne pas obtempérer à ces réquisitions. Toutefois, la Cour de cassation a ajouté que, si la décision du président est négative, le ministère public est en droit de demander acte de ses réserves à l'effet de poursuivre ultérieurement.

350. Mention au procès-verbal d'audience.

Après la déposition du témoin N..., et sur le refus du président d'ordonner l'arrestation sous l'inculpation de faux témoignage, le commissaire-rapporteur a présenté des réserves de poursuites ultérieures, en demandant acte au conseil; s'appuyant sur ce que la déposition dudit N..., faite en audience publique et sous la foi du serment, est en contradiction formelle avec celles des autres témoins, également entendus en audience publique et dans les mêmes formes, et semble de nature à la constituer en état de faux témoignage en matière criminelle — *ou* correctionnelle — en faveur de l'accusé.

L'accusé et son défenseur entendus sur l'incident, le conseil, par l'organe de son président, a donné acte, à l'unanimité des voix, au ministère public de ses réserves, et a ordonné l'insertion au présent jugement.

351.   Lorsque le président suspecte la véracité d'une déposition, il donne au témoin, suivant le cas, lecture des articles 361 à 364 du Code pénal. Il lui demande ensuite s'il persiste dans sa déposition; sur sa réponse affirmative, il l'avertit que s'il ne s'est pas rétracté avant la clôture des débats, il sera dressé contre lui procès-verbal en faux témoignage, après quoi, le président ordonne à la garde de surveiller le témoin suspect dans l'enceinte de la salle d'audience.

352. — C'est en vertu de son pouvoir discrétionnaire et du droit que lui confère l'article 127 du Code militaire, que le président prend ces diverses mesures; aussi n'est-il pas tenu d'interroger le conseil, ni même d'exprimer le motif qui le fait agir.

353. — Avant de prononcer la clôture des débats, le président fait avancer le témoin à la barre, lui indique sommairement les points invraisemblables de sa déposition, les contradictions qui existent entre ses allégations et les affirmations des autres témoins ou les faits de la cause. Il lui demande de nouveau s'il veut, comme il en a la faculté, revenir sur son témoignage. Si le témoin persiste, le président fait dresser les procès-verbaux de constat et d'arrestation; puis il décerne un mandat de dépôt sur le vu duquel le prévenu est écroué.

354. — Tant que les débats ne sont pas clos, le faux témoin peut se rétracter, même après que son arrestation a été ordonnée. Dans ce cas, le faux témoignage n'étant pas consommé, puisque la cause dans laquelle s'est produite la déposition suspecte est encore pendante, il n'y a pas lieu de poursuivre.

355. — Il en serait autrement si la rétractation ne se produisait qu'après la clôture des débats; la poursuite est alors commencée et tout ce qui a eu lieu pendant le cours des débats est irrévocablement acquis à la procédure à partir de ce moment. On comprend facilement que cette rétractation tardive ne doit pas être prise en considération, puisqu'elle ne peut faire disparaître le préjudice qu'a pu causer le faux témoignage, soit à l'accusé, soit à la société.

356. — L'arrestation d'un faux témoin n'entraîne pas forcément la remise de l'affaire et, ainsi que l'a admis la jurisprudence, il n'est pas nécessaire de surseoir, quand il existe d'autres témoignages suffisants pour établir la conviction des juges.

357. — L'article 129 du Code militaire admet que le prévenu de faux témoignage peut être mis en jugement avant qu'il ait été statué sur le procès qui a donné lieu à la déposition fausse. C'est au conseil qu'il appartient de régler souverainement la priorité entre le jugement du faux témoignage et celui de l'affaire principale qui, à notre avis, doit toujours être rendu le premier.

358.   Jugement avant faire droit.

1° Continuation des débats.

Le conseil, délibérant à huis-clos, statuant sur l'incident produit par l'arrestation du nommé N..., sous prévention de faux témoignage en faveur du prévenu;

Ouï les réquisitions du ministère public tendant à ce qu'il soit passé outre aux débats;

Ouï l'accusé et son défenseur, demandant à ce qu'il soit sursis au fond jusqu'à la décision à intervenir sur le faux témoignage relevé à l'audience;

Attendu que les dépositions précises apportées à la

barre par les témo in s ntendus, abstraction faite de la déposition suspectée, suffisent amplement pour éclairer la religion des juges.

Ledit conseil, jugeant avant faire droit, ordonne, à l'unanimité, qu'il soit passé outre aux débats. Conformément aux articles 123 et 129 du Code militaire, lesquels sont ainsi conçus :

359.   2º Renvoi de l'affaire.

(Après l'énoncé des conclusions de la défense.)

Attendu que la déposition émise sous la foi du serment par le témoin N..., suspecté de faux témoignage, intéresse le fond même de l'affaire ;

Attendu, dès lors, qu'il importe pour la manifestation de la vérité de donner la priorité au jugement sur le faux témoignage relevé à l'audience ;

Ledit conseil ordonne, à l'unanimité, que les débats sur le fond seront suspendus jusqu'à la décision à intervenir, pour être ensuite repris et recommencés en entier, sur la convocation du général commandant. Conformément aux articles 123 et 129 du Code militaire, ainsi conçus :

360. — En transcrivant le jugement incident sur le procès-verbal des débats, il y aura lieu d'énoncer, immédiatement avant le dispositif, que le conseil est rentré en séance publique et que le président a donné lecture des motifs et du dispositif.

361. — Aux termes des articles 127 et 129 du Code militaire, lorsque la déposition d'un témoin paraît fausse, la défense a le droit, comme le ministère public, de requérir sa mise en état d'arrestation et la suspension des débats. Il s'élève alors un incident contentieux sur lequel le conseil de guerre est tenu de statuer, à peine de nullité, dans les formes prescrites par les articles 128 et 124 (*Révision*, 26 *mai* 1887).

362. — Pour motiver l'intervention du conseil il faut nécessairement que des réquisitions aient été prises par le ministère public, ou que le défenseur ait déposé des conclusions écrites tendant au renvoi de l'affaire basé sur l'arrestation du faux témoin. Si cette arrestation ne soulève aucun incident contentieux, les débats se continuent tout naturellement et une simple mention au procès-verbal suffit pour la régularité du jugement :

Au cours des débats, le président a ordonné l'arrestation du témoin N..., régulièrement cité et porté sur la liste prescrite par l'article 156 du Code militaire, sous prévention de faux témoignage en matière criminelle — *ou* correctionnelle — en faveur *ou* contre le prévenu.

Le ministère public, l'accusé et son défenseur n'ont soulevé aucune opposition, et il a été passé outre aux débats sur le fond, d'un accord unanime entre toutes les parties.

363. — Le président ne doit user de la faculté que lui concède l'article 127 du Code militaire, de désigner un juge pour procéder à l'instruction du faux témoignage, qu'autant qu'il y a lieu de constater, en dehors de l'audience, des circonstances matérielles ou de fait, dont la preuve serait susceptible de disparaître avant le renvoi de la cause au général. Cette recommandation n'est certainement pas sans importance en campagne, où le nombre des officiers aptes à siéger comme juges est souvent fort restreint; car la désignation a pour effet de placer deux officiers, au lieu d'un, sous le coup de l'exclusion prévue par le paragraphe 4 de l'article 24.

364. — Le président qui a ordonné l'information, ainsi que le juge qui a été délégué à cet effet ne peuvent, sous peine de nullité, prendre part au jugement du faux témoin, car nul ne peut siéger comme président ou juge dans une affaire soumise au conseil de guerre, s'il a précédemment connu de cette affaire comme membre d'un tribunal militaire.

365. — Lorsque l'instruction a pu être terminée à l'audience, et c'est à quoi doivent tendre les efforts du président, le commissaire-rapporteur transmet les pièces au général, en y joignant ses conclusions. Le général doit ordonner la mise en jugement immédiate du faux témoin, en vertu des articles 108 et 156 du Code militaire.

366. — Une décision du conseil de révision, rendue le 24 avril 1884, tout en reconnaissant que la délivrance d'un ordre d'informer, alors que l'instruction a été faite à l'audience, ne constitue pas un cas d'annulation, déclare que c'est au moins une superfétation, dans les termes suivants : Attendu que l'article 127 du Code militaire dispose que si, d'après les débats, la déposition d'un témoin paraît fausse, le président peut faire sur-le-champ mettre le témoin en état d'arrestation et procéder lui-même à l'instruction. — Attendu qu'il ressort incontestablement des dispositions de cet article que le président d'un conseil de guerre est investi, pendant les débats, des pouvoirs du rapporteur quand il s'agit de la constatation du faux témoignage; que l'initiative du général commandant, dans ce cas spécial, n'est pas nécessaire pour la régularité de la procédure et que, par suite, un ordre d'informer n'est qu'une formalité inutile, alors que l'instruction a été complétée à l'audience.

367. — La circonstance que le faux témoignage a été émis soit contre l'accusé, soit en sa faveur doit être relatée dans l'ordre de mise en jugement (*Cass.*, **21** *septembre* 1827). Cette circonstance forme un des éléments constitutifs du crime, aussi doit-elle être soumise au jury, déclarée par lui et énoncée dans l'arrêt de condamnation, sous peine de nullité (*Cass.*, **29** *novembre* 1816. .... **23** *avril* 1868).

368. — Si le témoin n'est pas justiciable des conseils de guerre, le président, après avoir dressé les procès-verbaux de constat et d'arrestation et avoir fait arrêter l'inculpé, le renvoie, avec lesdites pièces, devant le procureur de la République du lieu où siège le conseil.

369.   Procès-verbal de constat d'une déposition fausse.

L'an mil huit cent..., le..., le conseil de guerre de... étant réuni à l'effet de juger le nommé (*nom — prénoms — grade — corps*), accusé de voies de fait envers un supérieur en dehors du service, délit prévu et réprimé par l'article **223** du Code militaire.

Nous..., colonel président dudit conseil, assisté de M..., officier d'administration greffier d'audience et (*s'il y a lieu*) de M..., interprète militaire pour la langue..., attaché au conseil, avons, en séance publique, reçu ainsi qu'il suit la déposition du nommé..., suspecté de faux témoignage en faveur de l'accusé.

Ledit témoin, après avoir prêté le serment de parler sans haine et sans crainte, de dire toute la vérité et rien que la vérité, et, interrogé sur ses nom, prénoms, âge, état, profession et demeure, a répondu se nommer N..., Eugène, âgé de **24** ans, fils de..., et de..., né le..., à..., sans profession, actuellement marchand à la suite de l'armée.

N'être ni domestique, ni parent, ni allié des parties.

A déposé . . . .

. . . .

Lecture faite au sus-nommé, a déclaré ses réponses être fidèlement transcrites, y persister et a signé avec nous et le greffier.

Le greffier,   *Le témoin,*   *Le président,*

370. — Aussitôt que les dépositions des autres témoins ont été recueillies, le faux témoin est ramené devant le président et il lui en est donné lecture. Cette formalité remplie il en est fait ainsi mention au bas de son procès-verbal d'audition :

Et ce même jour, nous avons fait amener ledit..., sus-

prénommé et qualifié, auquel nous avons donné lecture,
conformément à l'article 101 du Code militaire, des
procès-verbaux de l'information ; après quoi nous avons
clos le présent par notre signature, celles du greffier et
du témoin.

371. — La déposition du témoin suspect doit être
reçue en audience publique et les autres témoignages peuvent être recueillis après l'audience, sur le procès-verbal
d'information (n° 6 de la série officielle) en biffant : dans
le titre, le mot permanent, et à la troisième ligne le mot
rapporteur.

372.   Procès-verbal d'arrestation.

Nous..., colonel président du conseil de guerre de...;

Attendu qu'au cours des débats le nommé (*nom, prénoms, grade, corps ou qualité*), après avoir prêté le serment prescrit par la loi, a fait une déposition de nature à
le constituer en état de faux témoignage.

Attendu qu'après avoir donné au susdit..., lecture de
l'article 362 du Code pénal et l'avoir invité à réfléchir et à
se rétracter, lui laissant toute latitude jusqu'à la clôture
des débats, il a néanmoins persisté dans sa déposition,
dont il a été pris note dans un procès-verbal séparé,
annexé au présent ainsi que les procès-verbaux contenant
les dépositions contraires émises à l'audience ; lesdits procès signés respectivement par chacun des témoins y appelés, à la suite des déclarations, et, enfin, par nous et le
greffier d'audience.

Les débats étant clos, ordonnons, en vertu de l'article 127 du Code militaire, que ledit N... soit mis en état d'arrestation sous prévention de faux témoignage en matière correctionnelle en faveur du prévenu, délit prévu et réprimé par l'article 362 du Code pénal, qu'il soit déposé à la prison militaire, en vertu de notre mandat de dépôt de ce jour, à la disposition de M. le général commandant, auquel sera transmis le présent, accompagné des procès-verbaux de constat et d'information.

Fait en conseil, à..., le...

  Le président,   *Le greffier,*

373.   **Mandat de dépôt.**

Nous..., colonel président du conseil de guerre de...;

Vu l'article 127 du Code militaire,

Mandons et ordonnons à tous agents de la force publique de conduire et déposer à la prison militaire, en se conformant à la loi, le nommé... (*nom, prénoms, corps, grade* ou *qualité*).

Enjoignons à l'agent principal de ladite prison de le recevoir et retenir en dépôt jusqu'à nouvel ordre.

Requérons tous dépositaires de la force publique de prêter main-forte, en cas de nécessité, pour l'exécution du présent.

Fait en conseil, à..., le...

DÉFENSE.

374. — L'article 110 du Code militaire prescrit de prendre le défenseur soit parmi les militaires, soit parmi les avocats et les avoués, à moins que l'accusé n'obtienne du président la permission de choisir pour défenseur un de ses parents ou amis.

375. — Le droit de défense est un droit imprescriptible qui ne reçoit aucune exception, on peut l'exercer par soi-même ou par des tiers; rien ne doit gêner un prévenu ou un accusé dans le choix d'un conseil ou d'un défenseur.

376. — Voici le rôle du défenseur, tel qu'il est tracé dans le commentaire de MM. Pradier-Fodéré et Le Faure : quant au défenseur, le premier but qu'il se propose est de bien constater l'exactitude et la parfaite existence des faits relevés à la charge de l'accusé, car s'il peut établir que l'on manque de preuves, il a beaucoup de chances pour faire tomber l'accusation. Si tous les faits sont parfaitement prouvés, le deuxième point à établir est de rechercher, le Code à la main, si le fait ou les faits commis par l'accusé sont prévus par la loi, et, par suite, sont punissables, car s'il en était autrement, il n'y aurait pas lieu à poursuites et les juges devraient absoudre. Enfin, si tout est prouvé et prévu par la loi, le défenseur, dans l'intérêt même de son client, n'a plus qu'à réclamer l'indulgence des juges et à tâcher d'obtenir le bénéfice des circonstances atténuantes, lorsqu'il y a lieu.

377. — Nous l'avons déjà dit à propos de la notification et nous ne craignons pas de le répéter, l'avis relatif au choix du défenseur et à sa désignation, même lorsque l'accusé aura déclaré en choisir un, est l'un des actes les plus importants de la procédure, puisqu'il garantit à l'accusé un conseil qui l'assistera et défendra ses intérêts devant le tribunal. Aussi le législateur a-t-il attaché une nullité expresse à l'omission de cette formalité.

378. — Aux termes de l'article 109 du Code militaire, il y a nullité lorsqu'il n'est pas constaté que le commissaire du gouvernement a averti l'accusé que, dans le cas où il n'aurait pas fait choix d'un défenseur, il lui en serait nommé un d'office par le président (*Révision, 22 septembre* 1881).

379. — Un seul défenseur peut assister plusieurs personnes accusées d'un même fait, lorsqu'elles ne se plaignent pas des inconvénients que pourrait entraîner cette désignation unique. De même, un prévenu a le droit de se faire assister par autant de conseils qu'il le juge utile à sa défense, sauf le pouvoir du président de régler la police de l'audience de manière à prévenir tout abus.

380. — Le vœu formel de la loi étant que l'accusé soit constamment assisté d'un défenseur, le non remplacement de celui qui, désigné d'office, aurait été excusé sur sa demande, entraînerait nullité. Alors même que l'absence du défenseur n'aurait été que momentanée. Au contraire, l'accusé ne serait pas admis à se plaindre de ce qu'un défenseur choisi par lui se serait retiré, s'il avait ensuite refusé celui qui lui aurait été nommé d'office pour suppléer à cette absence.

381. — La jurisprudence admet que les accusés ne peuvent se faire un moyen de cassation de ce que le conseil, par eux choisi, ne s'est point présenté ou s'est absenté pendant une partie des débats; alors qu'ils n'ont élevé, à ce moment, aucune réclamation et surtout s'ils ont été assistés d'un autre défenseur.

382. — Ils ne pourraient non plus se prévaloir de ce que le défenseur d'office ne s'est pas présenté ou s'est absenté pendant une partie des débats, lorsque cette absence n'est pas le fait du ministère public. Une fois que le défenseur a été désigné et avisé, s'il est officieux, le vœu de la loi se trouve rempli et il ne saurait y avoir nullité que si le défaut de concours du défenseur provient du fait du président ou du commissaire-rapporteur. Il est admis par la jurisprudence que l'absence du défenseur officieux ou choisi, ne peut jamais retarder l'action de la justice; mais dans un cas semblable, comme la loi, d'accord en cela avec la raison et l'humanité, défend de condamner sans entendre et exige impérieusement la présence d'un défenseur, le commissaire-rapporteur doit en nommer un d'office, avant l'ouverture ou au cours même des débats.

383. — Le défenseur d'office doit être prévenu assez à temps pour qu'il lui soit possible d'utiliser en entier le délai de vingt-quatre heures accordé par l'article 156 du Code militaire, pour l'étude du dossier et les entrevues nécessaires avec l'accusé ; mais ce dernier ne serait pas admis à se plaindre de n'avoir pas communiqué avec son défenseur, si celui-ci a eu tous les moyens de le faire.

384. — Le défenseur peut obtenir copie, à ses frais, de tout ou partie des pièces de la procédure (art. 112, C. M.). Ces pièces sont établies sous la direction du greffier et certifiées conformes par lui. La Cour de cassation a même reconnu que le refus fait à l'accusé de lui donner copie, à ses frais, des pièces de la procédure qu'il juge utile à sa défense, créerait ouverture à cassation, devant les tribunaux ordinaires. Le défenseur peut prendre lui-même cette copie lorsque le dossier lui est communiqué, mais il ne peut jamais déléguer ce pouvoir à une personne étrangère au greffe.

385. — Une circulaire ministérielle du 28 mai 1834, corroborée par des lettres postérieures, prescrit aux parties intéressées de prendre connaissance des procédures, sans déplacer du greffe aucune des pièces, qui ne doivent jamais en sortir et s'y conservent sous la responsabilité du greffier. Une autre circulaire, en date du 24 septembre 1857, dit en résumé que pendant le délai restreint qui s'écoule entre la convocation du conseil et le moment où les pièces de la procédure sont mises à la disposition des parties, le président, le défenseur et le commissaire-rapporteur ont besoin de consulter le dossier et que ces diverses communications exigent que les procédures ne sortent pas. C'est donc au greffe et sans déplacement que *toutes* les personnes intéressées doivent prendre connaissance des pièces.

386. — Le défenseur a le droit de parler sur tous les incidents de l'audience et doit toujours avoir la parole le dernier. Il y aurait même nullité, si le défenseur n'avait pas parlé le dernier ou, tout au moins, si la parole ne lui avait pas été accordée par le président.

387. — Le défenseur peut proposer des questions d'excuses et ce serait porter atteinte aux droits de la défense que de refuser de soumettre aux juges l'excuse proposée ; car cette demande du défenseur est censée faite par l'accusé. Tant que les juges ne se sont pas retirés pour délibérer, l'accusé et son défenseur peuvent user de ce droit, et il y aurait nullité s'il n'avait pas été posé de question sur un fait présentant le caractère de l'excuse légale, lorsque l'accusé l'a demandé. — La définition de l'excuse est indiquée sous les numéros 214 et suivants.

388. — L'accusé et son défenseur ont de même le droit de s'opposer à la lecture des pièces introduites dans le dossier de procédure depuis l'ouverture de l'audience et dont ils n'auraient pas reçu communication préalable. Cette opposition ferait alors naître un incident contentieux. que le pouvoir discrétionnaire du président serait impuissant à trancher.

389. — Après la lecture des pièces dont le président a jugé utile de donner connaissance au conseil : ordre de mise en jugement et de convocation , — liste des témoins,

— rapport du rapporteur, — etc..., le président dit à l'accusé : Il résulte des pièces qui viennent d'être lues que vous êtes accusé (*indiquer l'accusation*). Je vous préviens que la loi vous donne le droit de dire tout ce que vous jugerez utile pour votre défense, qu'avez-vous à dire pour vous justifier?

390. — Dans l'intérêt de sa défense, une grande indépendance de langage est laissée à l'accusé; mais le président veillera à ce que cette liberté ne dégénère pas en licence. Si l'accusé sort des bornes de la défense légitime, il appartient au président de l'y faire rentrer.

391. — Si la raison veut, dit M. Pérève, avec son autorité incontestée, que la puissance d'un président ait ses règles, ses limites, elle veut aussi que son autorité salutaire, quand elle s'exerce dans un certain cercle, puisse dominer les débats; car la justice, qu'il doit faire régner sur les autres comme sur lui-même, est un bien qui lui est confié pour être distribué à chacun selon la mesure qu'indique le législateur; il a le devoir, en respectant la liberté de la défense, de ramener tout orateur qui s'égare, d'arrêter toute parole qui blesse les règles judiciaires, de réprimer les attaques personnelles, d'interdire l'injure, de diriger la discussion non seulement pour la clarté, mais pour la convenance. Cependant, la liberté de la défense est de droit; toute restriction à cette liberté est donc une exception qui doit être restreinte dans des bornes étroites.

392. — Ainsi que nous venons de le dire, le droit de défense doit être exercé avec une liberté entière; cependant, convient-il d'ajouter, bien que le président ne puisse justement apporter une entrave quelconque dans la discussion des moyens, il peut, en vertu de son pouvoir discrétionnaire, faire resserrer les plaidoiries dans de justes limites et rejeter tout ce qui tendrait à prolonger inutilement les débats, dont la direction lui est confiée d'une façon absolue.

393. — Le président appréciera également si les observations présentées par le défenseur, après l'audition d'un témoin, par exemple, sont de nature à être produites à ce moment, ou s'il est préférable de les ajourner au moment de la plaidoirie.

394. — Le défenseur ne peut se faire un moyen d'annulation de ce qu'il a été interrompu dans sa plaidoirie par le président, lorsque l'interruption n'a pas eu pour effet d'entraver la défense.

395. — Si le défenseur s'écartait de la décence et de la modération, ou s'il proférait des invectives ou des injures contre les témoins, le président devrait le rappeler aux termes d'une défense honnête et légitime.

396. — Ainsi que le dit M. Faustin Hélie, l'accusé et son défenseur peuvent pousser leurs interpellations jusqu'à blesser la susceptibilité des personnes, mais à la condition que ces interpellations soient utiles à la cause. C'est l'intérêt de la défense qui fait leur droit.

397. — Voici comment s'exprime M. V. Foucher, au sujet des écarts de langage du défenseur et de l'accusé : L'accusé, comme son défenseur, doit toujours se maintenir dans les termes de ce qu'exige la défense, si l'un ou l'autre s'en écartait, il appartiendrait au président de les y rappeler, et, si l'accusé ou son défenseur ne se rendait pas aux avertissements du président, ce serait au conseil à statuer sur l'incident. Seulement il est à remarquer que, les juges composant les conseils de guerre étant tout à la fois juges du fait et du droit, on ne saurait interdire au défenseur de s'occuper de la question pénale dans sa plaidoirie et ses observations. Et plus loin : de ce que les juges d'un conseil de guerre sont à la fois juges souverains du fait et du droit, il résulte, contrairement à ce qui a lieu devant les cours d'assises, que le défenseur a le droit, dans sa plaidoirie, de s'occuper de la question pénale; la raison en est facile à comprendre puisque, aussitôt après cette plaidoirie, le conseil entre en délibération pour rapporter à la fois le verdict de culpabilité et l'application de la peine, tandis que, dans une cour d'assises, après que le verdict du jury est connu, le président interpelle le défenseur pour lui demander s'il a des observations à présenter pour l'application de la peine.

398. — Le défenseur est informé par le commissaire-rapporteur de la désignation d'office dont il a été l'objet, et la lettre d'avis qui lui est envoyée à cet effet, lui tient lieu de permis de communiquer avec le prévenu.

399.   A..., le...

Le capitaine..., commissaire-rapporteur près le conseil de guerre de..., à Monsieur...

      Monsieur le défenseur,

J'ai l'honneur de vous informer que, conformément

aux prescriptions des articles 110 et 156 du Code militaire, vous avez été désigné d'office pour présenter devant le conseil, la défense des nommés :

1° (*Nom, prénoms, grade, corps*).

Accusé de vol de deniers appartenant à un militaire.

2°. . . . .

Les dossiers des procédures sont à votre disposition, au greffe du conseil, où vous pourrez les consulter tous les jours de... à... heures.

Le conseil se réunira le..., à... heures dans le lieu ordinaire de ses séances.

La présente lettre vous servira de permis de communiquer.

400. — Le parquet n'est pas tenu de prévenir le défenseur demandé, du choix dont il est l'objet, c'est au prévenu qui sollicite ses conseils à s'assurer directement son concours. Il n'y a aucun avis légal à donner, dit M. Foucher, dans son commentaire de l'article 111, au conseil de l'accusé, parce qu'il est averti par la notification de la copie de l'ordre de mise en jugement faite à cet accusé ; cependant, si le défenseur avait été nommé d'office, le commissaire du gouvernement devrait immédiatement en donner avis à la personne désignée, et lui faire connaître le jour, l'heure et le lieu de la réunion du conseil de guerre.

QUESTIONS SUBSIDIAIRES.

401. — D'après l'article 142 du Code militaire, lorsqu'il résulte des débats que l'accusé peut être poursuivi pour d'autres faits que ceux relevés dans l'ordre de mise en jugement., il est de toute nécessité de renvoyer le condamné devant le général commandant pour être procédé, s'il est besoin, à une instruction sur le nouveau chef. — La jurisprudence estime qu'il n'en serait pas de même dans le cas où il y aurait, non pas révélation d'un fait nouveau, mais simplement modification de celui qui est l'objet des ordres d'informer et de mise en jugement.

402. — Ainsi qu'il est dit plus loin au chapitre *Faits nouveaux*, il n'y aura lieu de recourir à une nouvelle poursuite que dans le cas où le fait révélé par les débats ne pourra être considéré ni comme une dégénérescence, ni comme une modification du fait principal soumis à l'examen du conseil; car s'il en était autrement, le tribunal serait compétent pour connaître de ce même fait auquel les débats imprimeraient un caractère comportant une qualification moins grave. Le président devrait, en cette circonstance, soumettre une nouvelle question au conseil, afin de purger l'accusation dans son entier, en se conformant à la procédure indiquée ci-après.

403. — En thèse générale, le président a le droit de poser, à l'égard de l'accusé soumis aux débats, toute question qui, quoique formulant une accusation différente de la première, en ce sens qu'elle est prévue par une autre disposition légale, n'est toutefois que la reproduction du fait primitif envisagé sous un autre point de vue et présentant un autre caractère pénal. Il peut poser légalement des questions sur tous les faits résultant des débats lorsqu'ils sont essentiellement liés au fait principal et en sont une dégénérescence, ou lorsque ces faits ne sont que des modifications du fait principal de l'accusation.

404. — Les exemples suivants, puisés dans les enseignements de la Cour suprême, permettront de saisir plus facilement le sens et la portée qu'il convient de donner à ce principe, en traçant avec netteté les limites dans lesquelles le droit de modification peut être régulièrement exercé.

405. — Il a été jugé que le meurtre ou homicide volontaire peut dégénérer en coups et blessures faits volontairement, avec préméditation et ayant occasionné la mort sans intention de la donner, ce fait étant intimement lié au fait principal et en modifiant seulement le caractère ; — ou en homicide par imprudence. Il serait alors parfaitement inutile de recourir à une nouvelle instruction, puisqu'elle ne saurait apprendre que des faits déjà révélés par les débats, et il suffit que le président, armé de son pouvoir discrétionnaire, prévienne à l'audience soit d'office, soit sur réquisitions ou conclusions du ministère public ou de la défense, qu'il posera subsidiairement, le cas échéant, *telle* question modificative du fait pour lequel l'accusé comparaît devant le conseil.

406. — Jugé également que dans une accusation de tentative de meurtre, le fait de blessures, qui n'est qu'une simple modification du fait principal, peut être soumis au conseil par une question subsidiaire. Ou que le président est en droit de poser subsidiairement la question de coups et blessures volontaires, accompagnée d'une interrogation sur la circonstance aggravante d'incapacité de travail personnel ayant duré plus de vingt jours, — ou d'intention de donner la mort, — ou encore, que dans une accusation de tentative d'homicide volontaire ayant précédé un vol, le président peut poser, comme résultant des débats, la question subsidiaire de vol à l'aide de violence ayant laissé des traces de blessures.

407. — Il a été décidé que dans une accusation de viol ou de tentative de viol, les juges peuvent être saisis par une question subsidiaire et comme résultant des débats, du crime d'attentat à la pudeur avec violence, qui n'est qu'une modification du premier crime. Dans une accusation d'attentat à la pudeur avec violence sur une enfant âgée de moins de 15 ans, le président peut poser, comme résultant des débats, la question d'attentat à la pudeur sans violence sur une enfant âgée de moins de 13 ans. Le viol, ou l'attentat à la pudeur avec violence, peut aussi être restreint par les débats à un délit de sévices, excès ou mauvais traitements envers la victime, — ou à celui d'outrage public à la pudeur, si les faits ont eu lieu publiquement. Dans ces différentes espèces le conseil de guerre, saisi par l'ordre de mise en jugement de l'incrimination primitive, peut valablement connaître du même acte envisagé sous une dénomination moins grave.

408. — Jugé que dans une poursuite pour vol commis à l'aide de violence, le fait de coups et blessures volontaires peut être ultérieurement détaché du fait principal et soumis aux juges comme résultant des débats. Le président peut aussi interroger subsidiairement les juges sur des actes de barbarie commis envers la victime d'un vol avec effraction, alors même que l'acte d'accusation serait muet à cet égard.

409. — Jugé encore que l'accusé d'empoisonnement acquitté sur ce chef, peut être reconnu coupable, par question subsidiaire, d'avoir occasionné à la victime une maladie ou une incapacité de travail de plus de vingt jours, en lui administrant volontairement une substance qui, sans être de nature à donner la mort, était nuisible à la santé.

410. — Il a été jugé également que :

Dans une accusation de meurtre, une question subsidiaire peut être posée sur un vol qui aurait accompagné le crime, ce second crime de vol étant de nature à aggraver la peine du premier.

411. — Les faits de coups et blessures volontaires, ou de menace avec ordre ou sous condition, étant implicitement compris dans l'accusation d'extorsion de signature à l'aide de violence, il peut être posé, comme résultant des débats, une question subsidiaire en ce sens.

412. — Dans une accusation de contrefaçon de monnaie, le président peut poser au conseil, comme résultant des débats, la question d'émission de pièces avec la connaissance de leur contrefaçon ; — ou une question sur l'altération de monnaie.

413. — Dans une accusation pour fabrication de pièces fausses, il peut être posé, comme résultant des débats, une question sur l'usage fait sciemment de ces pièces.

414. — Les débats peuvent imprimer, à une poursuite de crime comme auteur, le caractère de la complicité par aide et assistance, qui n'est qu'une coopération au crime, — et que ce fait peut être soumis au conseil dans une question subsidiaire.

415. — La tentative et la complicité, qui ne sont qu'une modification, une dépendance du fait principal, peuvent faire l'objet de questions subsidiaires, lorsqu'elles résultent des débats. Par exemple, dans le cas où il ressortirait des débats que l'accusé comme auteur d'un crime, n'en est plus que le complice, le président pourrait poser la question subsidiaire de complicité. Ou au contraire, comme auteur principal, si l'accusé n'avait été mis en jugement que comme complice. De même, dans une accusation relative à un crime consommé, il pourrait être posé une question subsidiaire sur la tentative de ce crime.

416. — Le crime d'embauchage pour les rebelles peut être réduit à une provocation à la désertion, et le conseil peut être interrogé sur ce chef par une question subsidiaire.

417. — Le crime de dévastation, puni par l'article 251 du Code militaire, peut être changé par les débats en crime d'incendie ou de destruction, prévu par le Code pénal ordinaire et, dans ce cas, il y a lieu de poser des questions subsidiaires dans les termes du droit commun.

418. — Dans une accusation de tentative d'homicide volontaire ayant précédé un vol, le président peut poser, comme résultant des débats, la question de vol à l'aide de violences ayant laissé des traces de blessures.

419. — Dans une accusation d'injures publiques par paroles, gestes et menace envers un officier, le président peut légalement poser une question subsidiaire d'outrage par paroles envers un supérieur, car en opérant ainsi il restitue simplement au fait incriminé sa véritable qualification.

420. — La voie de fait et l'outrage par paroles, gestes ou menace étant deux infractions à la subordination, qui se rattachent par des liens intimes et communs aux principes de respect et d'obéissance de l'inférieur envers son supérieur, le président du conseil peut, à bon droit, poser aux juges la question subsidiaire d'outrage par gestes comme dégénérescence du fait principal de voies de fait.

421. — La vente d'effets militaires peut devenir subsidiairement une dissipation de ces mêmes effets.

422. — Le délit de désertion à l'étranger peut devenir une désertion à l'intérieur en temps de paix; il suffit alors, ainsi que le recommande une lettre ministérielle du

24 juin 1869, de poser une question subsidiaire sur ce nouveau chef.

423. — Enfin, l'article 245 du Code militaire fait une obligation au président de poser une question subsidiaire de dissipation d'effets militaires lorsque, dans une poursuite en désertion avec emport d'effets, le chef principal est écarté. — Plusieurs décisions ministérielles sont venues rappeler cette prescription légale et le conseil de révision, dans une décision du 9 décembre 1881, s'est expliqué sur cette disposition dans les termes suivants : Lorsque l'ordre de mise en jugement relève la circonstance aggravante d'emport d'effets, le président est tenu, le fait principal de désertion étant répondu négativement, de poser au conseil une question sur la culpabilité relative à l'emport d'effets non représentés. Cette circonstance constitue à elle seule un fait distinct prévu et puni par le paragraphe 2 de l'article 245 du Code militaire.

424. — Après avoir examiné la presque totalité des crimes et délits de nature à motiver l'emploi des questions subsidiaires par voie modificative, nous croyons devoir signaler les quelques espèces ci-après, sur lesquelles la Cour de cassation et le conseil de révision ont été appelés à se prononcer, et qui ne peuvent légalement être amoindries ou modifiées par voie de dégénérescence.

425. — Le délit d'insoumission ayant des caractères constitutifs essentiellement différents de ceux de la désertion, ne peut jamais être une dégénérescence de ce délit.

426. — Les voies de fait envers une sentinelle sont un délit militaire qui ne peut dégénérer en coups volontaires, délit réprimé par les articles 309 et 311 du Code pénal.

427. — Le vol militaire est un crime *sui generis*. Le président d'un conseil de guerre ne peut, dès lors, poser une question subsidiaire de vol au préjudice d'un habitant lorsqu'il est constaté en fait que le voleur est militaire, que le vol a eu lieu dans une chambre de la caserne, et que la victime du vol était encore en position de présence au quartier au moment de la perpétration du vol.

428. — Le vol militaire est un crime *sui generis*. La qualité du voleur et de la victime du vol règle souverainement la juridiction et la pénalité. Le président d'un conseil ne peut, dès lors, poser une question subsidiaire de vol simple.

429. — Le vol militaire se constitue soit par l'appréhension frauduleuse commise par un militaire d'objets appartenant à un militaire ou à l'État, soit par le détournement, la dissipation ou l'appropriation faite à son profit, par un militaire, d'effets quelconques appartenant à des militaires ou à l'État. Le président du conseil dénature arbitrairement l'accusation de vol militaire, en y substituant subsidiairement celle de dissipation d'objets remis pour le service.

430. — Le détournement par un militaire de deniers ou effets dont il était détenteur en vertu de ses fonctions, constitue le crime de vol prévu et réprimé par l'article 248 du Code militaire. Dès lors, le président ne peut poser, comme résultant des débats, une question subsidiaire relevant le délit visé par l'article 245 dudit Code, alors qu'il est constaté, en fait, que le délinquant avait reçu, en raison de ses fonctions, des deniers appartenant à des militaires et qu'il les a dissipés à son profit.

431. — Le vol commis par un militaire au préjudice de l'habitant chez lequel il est logé, ne peut dégénérer en simple abus de confiance.

432. — Dans une accusation d'attentat à la pudeur on ne peut poser, comme modification du fait principal, une question subsidiaire d'excitation habituelle à la débauche.

433. — On ne peut, sans nullité, enter subsidiairement une accusation de contrefaçon de monnaie de billon, dans une accusation de contrefaçon de monnaie d'argent.

434. — L'individu accusé d'un crime de meurtre ne peut être condamné, sur question subsidiaire, pour complicité d'un tout autre meurtre que celui qui lui est imputé.

435. — Dans une accusation de faux en écriture privée et d'usage de pièces fausses, le président ne peut poser subsidiairement aux juges une question subsidiaire d'escroquerie, ce délit constituant un fait nouveau étranger à l'accusation.

436. — Selon la jurisprudence, c'est au président qu'il appartient de poser les questions résultant des débats, après avertissement, ainsi qu'il est dit plus loin. Il peut seul, sans le concours du conseil, poser toutes les questions subsidiaires qui lui ont paru résulter des débats. Ainsi que nous le verrons dans la suite, le tribunal ne doit intervenir que dans le cas où l'accusé s'oppose formellement et par conclusions écrites à la position d'une question subsidiaire, ou que le ministère public prend des réquisitions dans le même sens.

437. — En résumé, des questions subsidiaires peuvent être posées : sur des circonstances aggravantes résultant des débats et non comprises dans l'ordre de mise en jugement; — sur tout fait qui peut être considéré comme une dégénérescence ou une simple modification du fait principal, que la discussion publique présenterait avec un caractère moins grave.

438. — Le président pose les questions subsidiaires soit d'office, soit sur réquisitions du commissaire-rapporteur — § 1... — ou sur demande de l'accusé ou de son défenseur.

439. — Le président ne peut poser une question sur une circonstance aggravante, qu'autant qu'elle résulte de l'ordre de mise en jugement ou des débats. Dans ce dernier cas, il doit en prévenir le ministère public et la défense, avant la clôture des débats. Il y a nullité, lorsque le président du conseil pose, dans la chambre des délibérations, une question subsidiaire, sans avertissement préalable en audience publique.

440. — La loi fait un devoir au président d'avertir, avant la clôture des débats, l'accusé et le ministère public qu'il posera, dans la salle des délibérations, en cas de réponse négative sur le fait principal, une question subsidiaire résultant des débats (*Révision*, 2 *décembre* 1886).

441. — Lorsque le président a posé une question subsidiaire à laquelle les juges ont répondu affirmativement, la minute du jugement doit mentionner, sous peine de nullité, que les parties ont été averties publiquement par le président, avant la clôture des débats, qu'en cas de réponse négative sur le fait principal, une question subsidiaire résultant des débats sera soumise aux juges.

442. — Avant de prononcer la clôture des débats, le président est tenu d'avertir les parties dans les termes suivants :

Nous informons le ministère public, l'accusé et la défense, que nous poserons au conseil, en vertu de notre pouvoir discrétionnaire et comme résultant des débats, une question subsidiaire sur la circonstance aggravante de..., non comprise dans l'ordre de mise en jugement.

Ou — Nous informons le ministère public, l'accusé et la défense, qu'en vertu de notre pouvoir discrétionnaire, — *ou* sur demande de l'accusé, *ou* réquisitions du commissaire-rapporteur, — nous poserons au conseil, le cas échéant et comme résultant des débats, une question subsidiaire de..., dans les termes de l'article... du Code pénal.

443. — Le procès-verbal du jugement relate ainsi l'incident :

Avant de prononcer la clôture des débats, le président a informé publiquement le ministère public, l'accusé et la défense, qu'en vertu de son pouvoir discrétionnaire il poserait au conseil, comme résultant des débats, etc... Aucune opposition n'a été présentée par les parties.

444. — S'appuyant sur l'article 245 du Code militaire, le conseil de révision a déclaré que dans une accusation de désertion avec emport d'effets militaires non représentés, le président n'est pas tenu d'avertir l'accusé que dans le cas où le fait de désertion serait écarté, il posera une question relative au délit spécial de dissipation ou non représentation des effets emportés. Cet avertissement n'est obligatoire que lorsqu'il s'agit de circonstances aggravantes non mentionnées dans l'ordre de mise en jugement, ou de faits qui ne sont qu'une dégénérescence de l'accusation originaire et qui résultent des débats.

445. — La question nouvelle qui est résultée des débats doit être ajoutée et non substituée à celle résultant de l'ordre de mise en jugement, et lorsque cette dernière a été résolue négativement, quand il s'agit d'une modification.

446. — Les questions subsidiaires qui résultent des débats ont pour but de modifier la qualification des faits incriminés, sans cependant en changer la nature. Par conséquent, il est inutile et superflu de les poser au conseil lorsque les questions principales résultant de l'ordre de mise en jugement ont été résolues affirmativement (*Révision*, 1er *décembre* 1880).

447. — Lorsque les juges d'un conseil de guerre ont répondu affirmativement les questions principales résultant de l'ordre de mise en jugement, ils doivent légalement s'abstenir de se prononcer sur la question subsidiaire devenue sans objet (*Révision*, 21 *mars* 1887).

448. — Lorsque le ministère public demande au président la position d'une question aggravante et qu'il y a opposition de l'accusé. C'est au conseil de guerre et non au président seul qu'appartient le droit de statuer. Ce droit, en matière contentieuse, ne fait pas partie du pouvoir discrétionnaire dont la loi investit le président pour la découverte de la vérité et le maintien de l'ordre. L'omission de statuer sur les conclusions de l'accusé serait une cause de nullité prévue par l'article 74 du Code militaire (*Révision*, 20 *août* 1880). Lorsqu'il n'y a pas de contestation, c'est au président à poser les questions résultant des débats, sous la seule obligation d'en informer publiquement les parties en temps utile; mais, lorsqu'il y a opposition, c'est à la cour qu'il appartient d'examiner et de décider si les questions présentées résultent des débats (*Jurisprudence*).

449. Jugement.

Le conseil délibérant à huis-clos, statuant sur les conclusions écrites de la défense, tendant à repousser les réquisitions du ministère public demandant qu'une question soit posée au conseil, sur la circonstance aggravante de..., non comprise dans l'ordre de mise en jugement et révélée aux débats;

Ouï le commissaire-rapporteur en ses réquisitions et le défenseur de l'accusé en ses observations;

Attendu que le pouvoir discrétionnaire dont est armé le président d'un conseil de guerre lui permet de poser, d'office ou sur demande, toute question sur les circonstances aggravantes ou autres, lorsqu'elle résulte des débats ;

Attendu que la question dont la position est demandée résulte évidemment des débats, et que le président a rempli le vœu de la loi en informant publiquement les parties qu'il poserait la susdite question aux juges ;

Par ces motifs :

Le conseil rejette, à l'unanimité, les conclusions de la défense et passe au fond ; conformément à l'article 123 du Code militaire, ainsi conçu :

(Art. 123).

Statuant au fond :

Le président a posé les questions conformément à l'article 132 du Code militaire, ainsi qu'il suit :

1° (Question résultant de l'ordre de mise en jugement).

2° (Question subsidiaire).

450. — L'incident se produira évidemment lorsque les débats sont terminés, c'est-à-dire au moment où le président avertit les parties ; une seule délibération suffira alors pour vider l'incident et statuer sur le fond, ainsi que l'indique la formule précédente.

451. — Le procès-verbal rendra compte dans les termes suivants :

Au moment où le président informait publiquement les parties, que sur les réquisitions du ministère public, il poserait au conseil, en vertu de son pouvoir discrétionnaire et comme résultant des débats, une question subsidiaire de..., non mentionnée dans l'ordre de mise en jugement, le défenseur de l'accusé a déposé sur le bureau des conclusions écrites ci-jointes, tendant à ce que cette question ne soit pas soumise au conseil. Les débats étant terminés, le président en a prononcé la clôture, après avoir donné successivement la parole aux parties et avoir déclaré qu'il allait être statué sur les conclusions de la défense préalablement au fond.

NOUVEAUX FAITS.

452. — On peut ainsi définir ce qu'entend la loi par un nouveau fait : C'est celui qui, indépendant du fait de l'accusation et n'ayant avec lui aucune corrélation, — n'exerce sur ce fait aucune influence soit pour l'aggraver, soit pour l'atténuer; — celui qui a puisé son origine à d'autres sources et est imprégné d'une nature propre; — celui enfin, qui par lui-même constitue un crime distinct essentiellement différent du crime à raison duquel l'accusation a été portée [1].

453. — D'après l'article 142 du Code militaire, lorsqu'il résulte soit des pièces produites, soit des dépositions des témoins entendus dans les débats, que l'accusé peut être poursuivi pour d'autres crimes et délits que ceux qui ont fait l'objet de l'accusation, le conseil de guerre, après le prononcé du jugement, renvoie, sur les réquisitions du commissaire du gouvernement, ou même d'office, le condamné au général qui a donné l'ordre de mise en juge-

[1] A. Champoudry, *Formulaire des questions*, Paris, Larose et Forcel, 1891.

ment, pour être procédé, s'il y a lieu, à l'instruction. S'il y a eu acquittement ou absolution, le conseil ordonne que l'accusé demeure en état d'arrestation jusqu'à ce qu'il ait été statué sur les faits nouvellement découverts.

454. — Une lettre ministérielle du 18 juin 1863 prescrit au commissaire-rapporteur ou au président, selon que la révélation s'est produite à l'instruction ou aux débats, de dénoncer les faits au général commandant, afin qu'il ordonne des poursuites s'il le juge utile. Une autre lettre ministérielle du 24 avril 1865 dit en substance que si, d'après l'information, le délit ayant motivé l'ordre d'informer semble ne pas exister et qu'il y ait lieu de lui substituer une autre qualification, il convient de provoquer un nouvel ordre d'informer.

455. — Quelques conseils de guerre ayant perdu de vue le texte formel des articles 99 et 142 du Code militaire, le conseil de révision, dans des décisions empreintes d'un caractère juridique incontestable, prononça plusieurs annulations tirées de la violation des formes prescrites par ces deux articles et portant en résumé : qu'aux termes de l'article 99, la poursuite des crimes ou délits ne peut avoir lieu, à peine de nullité, que sur un ordre d'informer donné par le général commandant. — Que l'ordre de mise en jugement ne peut, à peine de nullité, relever des faits autres que ceux visés par l'ordre d'informer, seule base légale de toute poursuite.

456. — Du texte des articles 99 et 142, ainsi que des décisions ci-dessus rappelées, se dégage nettement ce principe que, dans aucun cas, pas plus à l'infornation qu'à l'audience, il ne peut être légalement instruit sur un nouveau fait, sans qu'un ordre d'informer ait été décerné par le général commandant.

457. — A l'instruction, le commissaire-rapporteur agit au moyen d'un référé (*n°* 100). Aux débats, il prend des réquisitions en audience publique; les motivant sur ce que les faits révélés n'étant pas compris dans l'ordre de mise en jugement, il y a lieu d'en référer au général commandant, seul compétent pour décider. En conséquence, il demande au conseil d'ordonner qu'il soit sursis à l'exécution du jugement jusqu'à ce qu'il ait été statué ce que de droit :

Attendu qu'il semble résulter des débats, d'après les dépositions reçues, que l'accusé N..., se serait rendu coupable de... ;

Attendu que ce fait n'est pas compris dans l'ordre de mise en jugement décerné contre lui ;

Vu l'article 142 du Code militaire ;

Requérons qu'il plaise au conseil ordonner qu'il sera sursis à l'exécution du jugement à intervenir contre ledit N... ; lequel sera renvoyé à la disposition de M. le général commandant.

458. — Dans de certains cas, qu'il appartient au conseil d'examiner et d'apprécier, il y aura lieu de surseoir au jugement en instance, afin de joindre le nouveau fait à l'accusation primitive; notamment, lorsque les débats révèleront à la charge d'un prévenu de désertion, un fait entraînant une peine plus grave, de façon à respecter les dispositions de l'article 243 du Code militaire.

459. — Si le conseil refusait de faire droit à ses réquitions, le commissaire-rapporteur devrait demander acte de ses réserves. Le refus du conseil d'obtempérer à cette demande, sans constituer un véritable excès de pouvoir, ne saurait mettre obstacle aux poursuites que le ministère public aurait toujours la faculté de demander au général.

460. — Mention au procès-verbal :

En terminant ses réquisitions concluant à l'application de la peine sur le fait soumis au conseil, le commissaire-rapporteur a demandé au tribunal de vouloir bien lui donner acte des réserves qu'il prenait à l'effet de poursuites ultérieures à exercer contre l'accusé N..., relativement à des faits de..., révélés aux débats et non compris dans l'ordre de mise en jugement.

Le conseil, après avoir entendu l'accusé et son défenseur en leurs observations, a déclaré, par l'organe de son président, que mention des susdites réserves serait faite au procès-verbal d'audience et, sans opposition d'aucune part, il a été passé outre aux débats.

461. — Ainsi, la Cour de cassation a jugé que l'arrêt du tribunal qui, dans une accusation de vol à l'aide de violences, refuse, à raison du fait de coups et blessures pour lequel il est fait des réserves, de suspendre la mise en liberté de l'accusé acquitté, (l'accusation se trouvant purgée,) ne fait pas obstacle à ce que le ministère public puisse ultérieurement exercer des poursuites pour ce délit nouveau. En règle générale, le ministère public qui, dans le cours d'une poursuite, a découvert un nouveau délit, peut, après que l'accusé a été acquitté, à raison du premier, exercer l'action publique à l'égard du second, bien qu'il n'ait pas requis ou n'ait pas obtenu du tribunal que le droit de poursuivre sur ce nouveau fait fût réservé.

462. — Dans tous les cas, la décision du conseil ordonnant, selon les circonstances, qu'il sera sursis à l'exécution du jugement ou à la mise en liberté de l'accusé jusqu'à ce qu'il ait été statué par le général, ne devra être prise qu'après que le nouveau fait aura été constaté par un procès-verbal régulier.

463. — Ce procès-verbal doit exposer clairement les faits nouvellement découverts, désigner les noms et qualités des témoins qui les ont révélés ou les pièces de la procédure dont ils résultent et, s'il y a lieu, contenir les explications de l'accusé; il est signé par le président et le greffier et transmis par le commissaire-rapporteur au général. Le procès-verbal peut porter tout ce qui est de nature à conduire à la découverte de la vérité.

464. Procès-verbal.

L'an mil huit cent..., le... ;

Nous..., colonel, président du conseil de guerre de..., réuni à l'effet de juger le nommé (*nom, prénoms, grade, corps*), accusé de... ;

Vu l'article 142 du Code militaire, ensemble les réquisitions du ministère public tendant à ce que ledit accusé soit renvoyé, après le prononcé du jugement, devant le général commandant, à l'effet de nouvelles poursuites;

Attendu que les dépositions des témoins (*nom, prénoms, grade, corps*), entendus aux débats, ont révélé que le susdit N..., aurait le..., à... (exposer les faits); délit prévu et réprimé par l'article...;

Attendu que ce fait n'est pas compris dans l'ordre de mise en jugement actuellement soumis au conseil;

Avons fait dresser le présent, destiné à être envoyé à M. le général commandant la division, pour être par lui statué ce qu'il appartiendra.

Fait et clos en séance publique, les jour, mois et an que dessus.

Le président, Le greffier,

465.   Mention à porter sur la minute du jugement :

Avant la clôture des débats, le commissaire-rapporteur a pris des réquisitions tendant à ce qu'il soit sursis à l'exécution du jugement à intervenir, pour l'accusé être renvoyé à la disposition de M. le général commandant, appelé à statuer sur un fait nouveau que les débats ont révélé comme ayant été commis par le susdit accusé; conformément aux articles 99 et 142 du Code militaire;

L'accusé et son défenseur entendus en leurs observations sur l'incident;

Le conseil, par l'organe du président, a déclaré qu'il

scrait statué en même temps et par le jugement sur le fond ;

Procès-verbal des faits nouveaux a été dressé.

466.   A la suite du dispositif quel qu'il soit :

Et conformément à l'article 142 du Code militaire, le conseil ordonne, à l'unanimité, qu'il sera sursis à l'exécution du présent jugement, pour, ledit N..., être renvoyé devant M. le général commandant la division, appelé à prononcer sur les faits nouveaux révélés aux débats.

467. — Il n'y a lieu de procéder ainsi que s'il s'agit de faits nouveaux complètement étrangers à celui soumis au conseil et que l'on ne peut considérer, à aucun point de vue, comme dégénérescence du fait principal. Autrement, le conseil devrait être saisi subsidiairement d'après les règles tracées dans le chapitre précédent.

468. — Attendu, dit un arrêt de la Cour de cassation, que l'ordre du général qui convoque le conseil de guerre et attribue aux faits, à titre de qualification unique, le caractère de tentative de voies de fait envers un supérieur, cet ordre ne fait pas obstacle à ce que le conseil de guerre n'assigne aux faits dont il est saisi, et selon l'événement des débats, une tout autre qualification ; que le principe de ce droit de modification qui résulte pour les juridictions du droit commun, du texte précis des articles 337 et 338 du Code d'instruction criminelle, et dont l'exercice importe à la bonne administration de la justice et à la juste répression des délits, est un principe d'ordre général et absolu qui domine également les juridictions spéciales, comme résultant virtuellement des lois de procédure qui leur sont propres.

469. — La jurisprudence a établi d'une manière formelle que le fait matériel peut devenir l'objet d'une nouvelle poursuite, lorsqu'il constitue, par ses éléments matériels, un crime ou un délit différent du premier. De même, il peut y avoir lieu à une nouvelle poursuite, si la nouvelle prévention, tout en reproduisant quelques circonstances de l'accusation primitive, y ajoute des éléments nouveaux venant caractériser un délit qui ne serait ni une dégénérescence, ni une dépendance de cette accusation primitive.

470. — Lorsque des faits nouveaux sont révélés dans les débats à la charge d'un individu autre que l'accusé, il est régulier d'en faire tenir note par un procès-verbal distinct du jugement (*Cass.*, 23 *avril* 1846). Dans ce cas, le commissaire-rapporteur ne peut que faire des réserves à l'effet de poursuivre ultérieurement, et le procès-verbal relatant les faits délictueux est adressé au général commandant avec une demande d'ordre d'informer.

471. — **Réserves.** — Attendu que dans sa déposition, faite en audience publique sous la foi du serment, le témoin (*nom, prénoms, grade, corps*) indique un individu portant une barbe noire et ayant une cicatrice très apparente à la joue gauche, comme étant un de ceux qui... (*indiquer les faits*).

Attendu que ce signalement se rapporte évidemment au nommé N.:., également entendu à l'audience et qui est parfaitement reconnu par le témoin sus-nommé.

Plaise au conseil me donner acte des réserves à l'effet de poursuites ultérieures.

472.   Procès-verbal.

L'an mil huit cent..., le...;

Nous colonel, président du conseil de guerre de..., assisté du greffier d'audience;

Vu les réserves faites par le commissaire-rapporteur à l'effet de poursuivre ultérieurement le nommé (*nom, prénoms, grade, corps*), témoin dans l'affaire du nommé...;

Attendu que la déposition du témoin (*nom, prénoms, grade, corps*), a révélé que le sus-nommé N..., aurait (*exposer les faits*); délit prévu et puni par l'article...;

Avons dressé le présent destiné à être transmis à **M.** le général commandant la division, pour être par lui statué ce que de droit.

Fait et clos en séance publique, à..., les jour, mois et an que dessus.

    Le président,   *Le greffier,*

473. — Quand les débats amènent la découverte d'un complice des faits soumis au conseil, il convient de rendre un jugement avant faire droit, si le complice est militaire ou assimilé, ou justiciable des conseils de guerre. Après quoi, un ordre d'informer est demandé au général, qui prononce sur le vu du procès-verbal relatant les faits de complicité révélés par les débats.

474. — Réquisitions. — Attendu qu'il semble résulter des débats, d'après les dépositions des témoins..., entendus sous la foi du serment, que l'accusé N... aurait été aidé et assisté dans l'accomplissement du crime pour lequel il comparaît actuellement devant le tribunal.

Requérons qu'il plaise au conseil ordonner qu'il soit plus amplement informé au fond, afin que l'accusation portée contre ledit... soit présentée dans son entier.

475.   Jugement avant faire droit.

(Formule imprimée n° 16 jusqu'aux réquisitions.)

Ouï le commissaire-rapporteur en ses réquisitions tendant à ce qu'il soit plus amplement informé au fond, afin que l'accusation portée contre le nommé N..., soit soumise en son entier à l'examen du conseil, les débats ayant révélé que ledit N... aurait été aidé et assisté dans la perpétration du crime qui lui est imputé ;

Et l'accusé dans ses moyens de défense et observations, tant par lui que par son défenseur, lesquels ont déclaré n'avoir rien à ajouter, et ont eu la parole les derniers ; le président a donné l'ordre à l'accusé de se retirer ;

L'accusé a été reconduit par l'escorte à la prison. Le conseil s'est retiré dans la chambre des délibérations.

Le conseil délibérant à huis-clos, statuant sur les susdites réquisitions ;

Attendu qu'il résulte, en effet, des débats, notamment

des dépositions faites sous la foi du serment par les témoins (*noms, prénoms, grade, corps*) que l'accusé aurait été aidé dans l'accomplissement du crime qui lui est imputé par l'ordre de mise en jugement.

Attendu qu'il importe à la bonne administration de la justice de surseoir à l'examen et au jugement, jusqu'à ce qu'une instruction supplémentaire soit venue éclairer la cause en instance, de façon à la présenter en son entier devant le conseil, et le mettre ainsi à même d'attribuer avec certitude la juste part de responsabilité qui incombe à l'accusé;

Qu'il y a lieu, à cet effet, de compléter l'information par de nouveaux témoignages et d'entendre l'accusé relativement aux faits révélés par les débats.

Le conseil, jugeant avant faire droit, ordonne, à l'unanimité, qu'il sera plus amplement informé sur le fond de l'affaire; conformément à l'article 129 du Code militaire, ainsi conçu :

(Texte de l'article.)

Renvoie, à la diligence du commissaire-rapporteur, l'accusé..., ensemble toutes les pièces de la procédure, en l'état, pour qu'il soit procédé à tous actes et constatations utiles et que ce supplément d'information soit clos par un rapport.

476. Procès-verbal.

L'an mil huit cent..., le...;

Nous colonel, président du conseil de guerre de...,
assisté du greffier d'audience;

Vu les réquisitions présentées par le commissaire-rapporteur et tendant à poursuivre un nommé (*nom, prénoms, grade, corps*), pour complicité du crime de..., reproché à l'accusé N... qui a fait l'objet d'un ordre d'informer et d'un ordre de mise en jugement, en date du...;

Attendu que les dépositions émises en audience publique par les témoins (*noms, prénoms, grade, corps*) ont révélé que (*exposer les faits*);

Avons fait établir le présent, qui sera adressé à M. le général commandant, pour être par lui statué sur l'information à suivre.

Fait et clos en séance publique, les jour, mois et an que dessus.

Le président, Le greffier,

477. — L'information supplémentaire parachevée, ainsi que l'instruction suivie à l'égard du complice, contre lequel le général aura préalablement décerné un ordre d'informer, les deux causes seront renvoyées à une même audience et réunies au moyen d'une ordonnance de jonction rendue par le président (*n° **28** du formulaire*).

CONTRAVENTIONS. DÉLITS ET CRIMES

COMMIS A L'AUDIENCE.

ASSISTANTS.

Trouble et tumulte.

478. — Le président a la police de l'audience (*art. 114, C. M.*).

479. — Le droit de police accordé au président du conseil s'étend aussi aux abords de la salle d'audience.

480. — L'article 115 du Code militaire, dans son premier paragraphe, porte que les assistants sont sans armes, ils se tiennent découverts, dans le respect et le silence. Lorsque les assistants donnent des signes d'approbation ou d'improbation, le président les fait expulser. S'ils résistent à ses ordres, le président ordonne leur arrestation et leur détention pendant un temps qui ne peut excéder quinze jours. Les individus justiciables des conseils de guerre sont conduits dans la prison militaire, et les autres individus à la maison d'arrêt civile. Il est fait mention dans le procès-verbal de l'ordre du président; et, sur l'exhibition qui est faite de cet ordre au gardien de la prison, les perturbateurs y sont reçus.

481. — Cette disposition a uniquement pour objet la police de l'audience, confiée au pouvoir discrétionnaire du président; elle attribue à ce dernier le droit de faire expulser toute personne qui causerait un trouble quelconque, l'autorisant, en cas de résistance, à punir le perturbateur d'un emprisonnement de un à quinze jours, de son initiative propre et sans que le conseil ait à intervenir.

Suivant la jurisprudence, le président est souverain pour apprécier si le désordre est assez grave pour nécessiter l'expulsion des perturbateurs, et il suffit que le procès-verbal exprime que cette expulsion a été considérée par lui comme étant nécessaire, sans qu'il y ait lieu de rechercher s'il a existé simplement des murmures.

482. Ordonnance d'arrestation.

Nous..., colonel, président du conseil de guerre de...;

Attendu qu'au cours des débats, le nommé (*nom, prénoms, grade, corps*), a donné des marques d'improbation — *ou* causé du tumulte — et qu'en n'obtempérant pas à la sommation à lui faite par la force armée de quitter la salle d'audience, il a résisté à nos ordres.

Ordonnons l'arrestation immédiate du susdit..., et sa détention pendant (1 à 15) jours, dans la prison militaire de...; en vertu de l'article 115 du Code militaire.

Enjoignons à l'agent principal de ladite prison de le recevoir et détenir, sur l'exhibition de la présente ordonnance.

Fait en séance publique, à..., le...

Au bas ou au dos de l'ordonnance :

483.   Exécution.

Nous..., gendarme à la prévôté de la division, agissant à la requête de M. le président du conseil de guerre, avons notifié à l'agent principal de la prison militaire, l'ordonnance ci-dessus transcrite et l'avons sommé d'écrouer ledit (*nom, prénoms, grade, corps*), que nous avons remis entre ses mains.

Fait à..., le...

L'écrou doit être mentionné à la suite de l'exécution.

484.   Billet d'écrou.

Je soussigné, agent principal de la prison militaire de..., certifie que le nommé..., ci-dessus prénommé et qualifié, a été écroué cejourd'hui à... heures, en vertu de l'ordonnance qui précède.

Fait à..., le...

485. — Si le trouble ou le tumulte a pour but de mettre obstacle au cours de la justice, les perturbateurs, quels qu'ils soient, sont, audience tenante, déclarés coupables de rébellion par le conseil de guerre et punis d'un emprisonnement qui ne peut excéder deux ans (*art.* 115, *C. M.*).

486. — Dans le cas prévu par ce paragraphe, le pouvoir discrétionnaire du président devient insuffisant ; c'est au conseil de guerre à prononcer sur la culpabilité et à infliger la peine encourue, par jugement motivé.

487. — Afin de ne pas interrompre les débats de l'affaire pendante, il est bon d'attendre que l'arrêt soit rendu pour statuer sur le délit de rébellion; les prescriptions de l'article 115 n'impliquent pas que le tribunal doit juger l'incident sur-le-champ, mais bien qu'il doit prononcer avant de quitter la séance.

488. — Le jugement a lieu dans la forme ordinaire, c'est-à-dire qu'il faut nécessairement que l'accusé soit interrogé, les témoins entendus, s'il est besoin; que le commissaire-rapporteur prenne ses réquisitions, qu'un défenseur soit nommé d'office à l'accusé, s'il n'en choisit pas un, et que l'un et l'autre soient mis à même de présenter leurs observations.

489. — Ainsi que l'enseigne la jurisprudence, le conseil peut se dispenser d'entendre des témoins, puisque les faits répréhensibles se sont passés sous ses yeux; il n'y a lieu de recourir au débat oral que lorsque les souvenirs des juges sont insuffisants pour établir leur conviction.

490. — L'article 115 n'indiquant qu'un maximum, sans fixer de minimum, on doit prendre le minimum de six jours, déterminé par l'article 194 du Code militaire, pour les peines correctionnelles.

491. — Au moment où se produit le tumulte ou le trouble, le commissaire-rapporteur est en droit de requérir le président du conseil de vouloir bien ordonner l'arrestation du perturbateur, afin qu'il lui soit fait application du deuxième paragraphe de l'article 115.

Réquisitions. — Attendu qu'un assistant dans l'auditoire, par des vociférations, cause du trouble et du tumulte dans le but évident de mettre obstacle au cours de la justice.

Requérons que cet individu soit amené à la barre pour être jugé, audience tenante, sous l'inculpation de rébellion; conformément à l'article 115 du Code militaire.

492.   Jugement.

(Formule imprimée n° 16, jusqu'à :)

A l'effet de juger le nommé..., soldat au..., prévenu de refus d'obéissance.

(*Bâtonner la partie relative à l'état civil, et à la suite.*)

Au cours des débats, l'un des assistants dans l'auditoire a cherché à mettre obstacle au cours de la justice, par des vociférations et des exclamations bruyantes, le conseil, par l'organe de son président, a ordonné son arrestation immédiate et sa comparution à la barre.

Interpellé de dire ses nom, prénoms, âge, état, profession et domicile, a répondu se nommer... (*Rétablir l'état civil et le signalement*).

Après quoi, le président a averti le sus-nommé que le fait dont il s'est rendu coupable constitue le délit de rébellion, prévu et réprimé par l'article 115 du Code militaire, et lui a désigné d'office pour défenseur, M...

(*Biffer au verso : le rapport prescrit, etc...*) continuer ensuite comme dans un jugement ordinaire, et d'après les indications de l'imprimé.

VOIES DE FAIT ET OUTRAGES ENVERS LE CONSEIL.

493. — Selon le dernier paragraphe de l'article 115, lorsque les assistants ou les témoins se rendent coupables, envers le conseil de guerre ou l'un de ses membres, de voies de fait ou d'outrages ou menaces par propos ou gestes, ils sont condamnés séance tenante :

1° S'ils sont militaires ou assimilés aux militaires, quels que soient leurs grades ou rangs, aux peines prononcées par le Code militaire contre ces crimes ou délits, lorsqu'ils ont été commis envers des supérieurs pendant le service;

2° S'ils ne sont ni militaires ni assimilés aux militaires, aux peines portées par le Code pénal ordinaire.

494. — Ainsi qu'il a été dit dans le rapport au Corps législatif, les outrages ou voies de fait exercés par des militaires assistants vis-à-vis des membres du conseil de guerre seront toujours considérés comme ayant été commis à l'égard de supérieurs pendant le service, pour les raisons suivantes : ou celui qui commet l'outrage est accusé lui-même, ou il n'est qu'un simple assistant; s'il s'agit de l'accusé, il ne faut pas oublier que, d'après les compositions du conseil, les juges sont tous, sauf des exceptions peu fréquentes, d'un grade supérieur à l'accusé; l'outrage commis par lui envers un membre du conseil de guerre est donc naturellement un outrage commis envers son supérieur. Quant aux simples assistants il n'y a pas lieu de faire de différence entre eux et l'accusé; peut-être même y aurait-il de justes motifs de se montrer plus sévère envers l'assistant qu'envers l'accusé, qui a pu céder à une irritation momentanée et facile à comprendre. On ne s'expliquerait pas que ce que l'on considère comme juste lorsqu'il s'agit de l'accusé perdît ce caractère lorsqu'il s'agit d'un assistant. Les juges siègent avec les insignes de leur grade; leurs fonctions sont tellement un fait de service que ceux qui refuseraient de siéger dans un conseil de guerre seraient punis des peines prononcées contre les militaires pour refus de service; ils doivent donc, dans l'accomplissement de leur fonction de juges, être considérés comme des supérieurs vis-à-vis de tous militaires qui tenteraient de les empêcher de remplir leur devoir, et, à ce titre, la loi doit leur assurer une protection efficace. En résumé, lorsqu'il s'agit d'assistants militaires les juges du conseil de guerre leur sont toujours supérieurs, par la position, sinon par le grade, et c'est pour ce motif que les dispositions de l'article 115 ont été insérées dans le projet.

495. — Les membres qui composent le conseil sont

non seulement le président et les juges, mais aussi le commissaire-rapporteur et le greffier. Dans un arrêt du 7 juillet 1881, la Cour de cassation a reconnu de la façon la plus formelle que le greffier est membre du conseil de guerre, au même titre et de la même manière que les autres officiers et sous-officier, qui entrent dans la composition légale de ce tribunal, et que les outrages ou les voies de fait qui seraient dirigés contre lui par un assistant militaire ou assimilé, tomberaient sous l'application des articles 115 et 223 ou 224 du Code militaire.

496. — Pour le jugement des crimes et délits d'audience commis par des militaires ou des assimilés, il est dérogé aux règles d'après lesquelles la composition du conseil est modifiée suivant le grade de l'accusé, et le conseil dont l'un des membres a été frappé ou outragé est compétent pour statuer, quel que soit le grade du coupable.

497. — L'article 115 consacre également une dérogation aux principes de la compétence, lorsque le coupable est un non militaire, mais, dans ce cas, celui-ci n'étant pas soumis à la loi militaire, le conseil de guerre doit lui faire application des dispositions du Code pénal ordinaire : 222 et 223 pour les outrages, — 228 et 229 pour les voies de fait.

498. — La jurisprudence a expliqué que les outrages, dans le sens de l'article 222 du Code pénal, comprennent nécessairement toutes les expressions de mépris qui sont de nature à diminuer le respect du citoyen pour l'autorité morale et pour le caractère du magistrat, ou pour ses actes et ses fonctions. Dans la généralité de ses termes, l'article 115 (C. M.) a entendu réprimer par le Code pénal ordinaire le fait d'outrage en lui-même et quelle que soit sa portée, ainsi que la simple menace par propos ou gestes.

499. — Il n'est pas nécessaire que celui des juges qui a été particulièrement outragé ou frappé à l'audience, porte plainte pour que le tribunal soit saisi, et ce juge n'est pas tenu de s'abstenir, car il ne peut jamais être considéré comme ayant un intérêt personnel à la répression du délit; l'homme s'efface complètement devant le magistrat.

500. — Les peines sont prononcées par le tribunal dont l'audience a été troublée, dans les formes habituelles, après réquisitions du ministère public et défense de l'accusé. Les fonctions du commissaire-rapporteur se bornent, dans ce cas, à requérir l'application de la peine et, plus tard, l'exécution du jugement.

501. — **Réquisitions.** — Attendu que dans l'auditoire, un assistant revêtu de l'uniforme militaire, a traité les membres du conseil de guerre de misérables et de canailles et a lancé une pierre qui a atteint l'un des juges, l'adjudant...;

Requérons que cet individu soit immédiatement mis sous main de justice, amené à la barre du tribunal et jugé séance tenante; conformément aux prescriptions de l'article 115 du Code militaire.

502. **Jugement.**

(Formule imprimée n° 16, jusqu'au paragraphe.)

A l'effet de juger le nommé..., soldat au..., prévenu de refus d'obéissance.

(Biffer entièrement ce qui est relatif à l'état civil et au signalement.)

Au moment (*indiquer le moment du débat*) l'un des assistants dans l'auditoire, s'adressant aux membres du conseil, s'est écrié : *Vous êtes tous des misérables et des canailles* et, après avoir proféré ces outrages, il a lancé un projectile qui a atteint l'un des juges, l'adjudant... Le conseil, par l'organe du président, a ordonné l'arrestation immédiate du coupable et sa comparution à la barre.

Interpellé de dire ses nom, prénoms, âge, état, profession et domicile, il a répondu se nommer :

(Rétablir l'état civil et le signalement.)

Et attendu qu'il y a lieu de juger séance tenante, aux termes de l'article 115 du Code militaire, le président a averti ledit... que les faits qu'il a commis constituent les crime et délit de voie de fait envers un membre du conseil de guerre et d'outrage par paroles envers le conseil de guerre, prévus et réprimés par les articles 223 et 224 du Code militaire ; après quoi il lui a désigné d'office pour défenseur, M...

(Biffer au verso, 3° paragraphe : le rapport prescrit par l'article...).

(Si le conseil juge inutile d'entendre des témoins, les mentions relatives à leur audition sont bâtonnées.)

Ouï le commissaire du gouvernement en ses réquisitions tendant à ce que le susnommé soit déclaré coupable d'avoir, le..., à l'audience publique du conseil de guerre de... :

1° Exercé une voie de fait envers l'adjudant..., membre du conseil;

2° Outragé simultanément par paroles les membres du conseil;

Et qu'il lui soit fait application des articles **223** et **224** du Code militaire.

(Continuer ainsi que pour un jugement ordinaire.)

Autres crimes et délits.

503. — Lorsque des crimes ou délits autres que ceux prévus par l'article précédent sont commis dans le lieu des séances, il est procédé de la manière suivante : 1° Si l'auteur du crime ou du délit est justiciable des tribunaux militaires, il est jugé immédiatement (art. 116, C. M.).

504. — Relativement aux crimes et délits d'audience étrangers à sa police et au respect dû aux magistrats, l'article 158 du Code militaire, reposant sur les motifs indiqués au chapitre spécial, consacre une dérogation aux règles de la compétence en faveur des conseils de guerre établis près des armées en campagne. Aux termes de cet article, le tribunal statue séance tenante, sur tous les crimes et délits commis à l'audience, alors même que le coupable ne serait pas son justiciable.

505. — Les dispositions de cet article abrogent le paragraphe 2° de l'article 116, applicable seulement devant les conseils de guerre permanents des circonscriptions territoriales en état de paix.

506. — Lorsque l'auteur du crime ou du délit n'est ni militaire ni assimilé aux militaires, il doit lui être fait application du Code pénal ordinaire et, conformément à l'article 198, le bénéfice des circonstances atténuantes peut lui être accordé. Nous avons donné tous les développements que comporte cette question dans le chapitre traitant de la compétence.

507. — Lorsqu'un crime ou un délit est commis dans la salle d'audience, pendant le cours des débats, le coupable est immédiatement arrêté et, après avoir établi son identité, le président lui désigne un défenseur choisi parmi les avocats ou les militaires présents, puis il est conduit dans la chambre de dépôt, jusqu'au moment où le jugement de l'affaire pendante est prononcé. Le défenseur est admis à conférer avec l'accusé aussitôt après sa désignation et, malgré le peu de temps qui lui est accordé pour préparer sa défense, le conseil peut décider souverainement, dit un arrêt du 2 mai 1891, sans violer les droits de la défense, qu'il n'y a pas lieu d'accorder un sursis demandé par l'avocat désigné d'office.

508. — Au moment de la perpétration du crime ou du délit, le commissaire-rapporteur peut prendre des réquisitions.

509. — Réquisitions. — Attendu qu'un assistant vient de se rendre coupable d'un fait délictueux, dans l'enceinte du tribunal réuni en audience publique;

Requérons que le délinquant soit amené à la barre et jugé séance tenante, conformément à l'article 116 du Code militaire.

510. — L'accusé est interrogé; les témoins entendus, s'il y a lieu; puis le commissaire-rapporteur formule ses réquisitions pour l'application de la peine; le tout dans les formes prescrites par l'article 140, pour tous les jugements des conseils de guerre. La Cour de cassation a établi en principe que tout tribunal peut se dispenser d'entendre des témoins, lorsque les faits se sont passés sous ses yeux. Relativement aux faits ou aux discours passés ou tenus en présence d'un conseil de guerre, les juges ne sont pas obligés de recourir à la preuve testimoniale, si leurs souvenirs suffisent pour établir leur conviction. Ajoutons, toutefois, que dans le cas particulier qui nous occupe, les témoignages apporteront toujours plus de clarté et de précision dans les faits. Dans le cas où il y aurait annulation du jugement et, par conséquent, renvoi devant un autre conseil, les juges qui ont tenu l'audience pourraient être cités comme témoins.

511 — Lorsqu'aucun témoignage oral n'est recueilli, la Cour de cassation recommande de déclarer dans un procès-verbal les faits et les discours tels que le tribunal reconnaît qu'ils se sont passés ou tenus en sa présence. Ce procès-verbal, qui peut être inséré dans le corps de la minute, ainsi que l'indique la formule suivante, forme dans l'instance de renvoi, une preuve légale de la matérialité des faits et rend la preuve contraire par témoins inadmissible.

512. — Quand le jugement sur l'affaire dont les débats ont été troublés a été rendu, le conseil procède au jugement sur l'incident. Il n'est pas nécessaire de suspendre les débats entamés pour juger immédiatement le délit d'audience, et le vœu de la loi est suffisamment rempli lorsque le conseil statue avant de lever la séance. Ce mode de procéder a, de plus, l'avantage de permettre à l'accusé de s'entendre avec son défenseur, et au ministère public de préparer ses réquisitions, au besoin, de recueillir les renseignements utiles.

513.   Jugement.

(Formule imprimée nº 16, jusqu'au paragraphe :)

A l'effet de juger le nommé..., soldat au..., prévenu de...

(Bâtonner ce qui a trait à l'état civil et, à la suite :)

Au cours des débats l'un des assistants, dans l'auditoire, a (*indiquer exactement les faits*).

Attendu qu'il y a lieu, aux termes de l'article 158 du Code militaire — *ou* 116 du Code militaire — de statuer séance tenante; le conseil, par l'organe du président, a ordonné l'arrestation immédiate du délinquant et sa comparution à la barre.

Interpellé de dire ses nom, prénoms, âge, état, profession et domicile, a répondu se nommer :

(Rétablir l'état civil et le signalement.)

Après quoi, le président a averti le susnommé que le fait dont il s'est rendu coupable constituait (*tel crime ou délit*), prévu et réprimé par l'article...; et a désigné d'office pour son défenseur M...

(Biffer au verso, 3ᵉ §, le rapport prescrit..., etc..., et continuer en se conformant aux indications de la formule imprimée.)

ACCUSÉS.

—

Trouble ou tumulte.

514. — L'article 119 du Code militaire accorde au président le droit de faire retirer de l'audience et reconduire en prison tout accusé qui, par des clameurs ou par tout autre moyen propre à causer du tumulte, met obstacle au libre cours de la justice, et il est procédé aux débats et au jugement comme si l'accusé était présent. L'accusé peut être condamné, séance tenante, pour ce seul fait, à un emprisonnement qui ne peut excéder deux ans.

515. — Lorsqu'il y a jugement, la condamnation ne peut intervenir qu'après réquisitions du commissaire-rapporteur et défense de l'accusé. Il est alors procédé ainsi que nous le disons ci-après, relativement aux outrages et voies de fait.

516. — Aussitôt que le trouble ou le tumulte se produit, le président donne l'ordre d'emmener l'accusé et informe publiquement les parties que : En vertu de l'article 119 du Code militaire, l'accusé va être reconduit à la prison et qu'il sera procédé en son absence comme s'il était présent.

517. — La minute du jugement, qui subira les modifications nécessitées par l'expulsion de l'accusé, mentionnera ainsi l'incident :

A *tel* moment des débats, l'accusé ayant, par des clameurs, mis obstacle au libre cours de la justice et ce, malgré des avertissements réitérés, le président l'a fait retirer de l'audience et reconduire en prison; après quoi et sans opposition d'aucune part, il a été procédé aux débats et au jugement comme si l'accusé était présent. Le tout conformément aux dispositions de l'article 119 du Code militaire.

518. — Le greffier d'audience se rendra à la prison, pour donner lecture du jugement au condamné et l'avertir de son droit de recours. L'accomplissement de cette formalité sera constaté par procès-verbal, ainsi qu'il est dit à la fin du présent chapitre.

Voies de fait et outrages envers le conseil.

Art. 119, *C. M.* Si l'accusé militaire ou assimilé aux militaires se rend coupable de voies de fait ou d'outrages ou menaces par propos ou gestes, envers le conseil ou l'un de ses membres, il est condamné, séance tenante, aux peines prononcées par le présent Code contre ces crimes ou délits, lorsqu'ils ont été commis envers des supérieurs pendant le service. Dans le cas prévu par le paragraphe précédent, si l'accusé n'est ni militaire, ni assimilé aux militaires, il est condamné aux peines portées par le Code pénal ordinaire.

519. Si l'accusé s'est rendu coupable d'outrages ou de voies de fait envers le conseil ou l'un de ses membres, — dit l'exposé des motifs, — il doit être puni de la même peine que celle qui serait prononcée, dans un cas semblable, contre des militaires assistant à l'audience ou témoins dans l'affaire. Quelle que soit la différence que pourrait établir, entre eux, la diversité de la situation et qui pourrait résulter d'une certaine irritation produite chez l'accusé par les débats de l'audience, il serait impossible de ne pas les assimiler sous le rapport de la répression, et la loi militaire exige qu'ils soient tous passibles de la même peine que s'ils avaient commis ces actes envers des supérieurs pendant le service. Cette dernière circonstance, qui aggrave la pénalité, se justifie, du reste, dans son application, par des considérations d'un ordre élevé. Il ne faut pas oublier que le juge militaire siège au conseil, revêtu de son uniforme et de tous les insignes du commandement et du service. C'est le Code militaire qui l'a voulu ainsi en prenant le soin de déterminer les grades que doivent avoir les membres du conseil de guerre pour juger tel ou tel accusé. Les juges du conseil sont donc dans toutes les conditions d'un service commandé, et, sous ce rapport, le respect qui est dû au grade supérieur s'élève encore en raison de la fonction exceptionnelle qu'exercent ces militaires et du caractère dont ils sont revêtus.

520. — Les greffiers faisant partie intégrante des cours et tribunaux près desquels ils exercent leurs fonctions, en

16

sont membres ; ils ne sont pas officiers ministériels. Dès lors, les outrages qui leur sont adressés dans l'exercice de leurs fonctions sont réprimés comme ayant eu lieu envers un membre de la juridiction. Spécialement le greffier d'un conseil de guerre est membre de ce tribunal ; les outrages qui lui sont adressés par l'accusé sont prévus et punis par les articles 119 et 224 du Code militaire, qui répriment les outrages au conseil ou envers l'un de ses membres (*Cass.*, 7 *juillet* 1881).

521. — Suivant la jurisprudence, le conseil ne peut ajourner à une séance ultérieure la répression du délit d'audience ; mais il n'est pas nécessaire de suspendre les débats commencés, et l'obligation imposée au tribunal de statuer séance tenante est suffisamment remplie lorsqu'il statue aussitôt après le jugement de l'affaire dont il s'occupait au moment où l'incident s'est produit.

522. — De même que pour tous les crimes ou délits d'audience, et ainsi que nous avons eu l'occasion de le dire à propos des articles 115 et 116, le conseil de guerre peut se dispenser d'entendre des témoins, les faits s'étant passés sous ses yeux.

523. — Dans quelque cas que ce soit, la jonction peut être ordonnée pour plusieurs accusations, lorsqu'elle paraît utile à la bonne et prompte administration de la justice. Ainsi, le conseil de guerre peut ordonner la jonction de plusieurs causes ayant pour objet des faits absolument distincts, mais dirigées contre un même individu ; ces principes découlent d'une jurisprudence constante de la Cour de cassation, qui a décidé que c'est au tribunal qu'il appartient d'ordonner la réunion, *pendant les débats ;* que les juges sont souverains pour apprécier la nécessité de la jonction, ou sa convenance dans l'intérêt d'une bonne administration de la justice, et que la jonction des deux procédures est une mesure d'administration qui n'est pas susceptible d'être attaquée, lorsqu'elle a été prononcée régulièrement et qu'elle n'a causé aucun préjudice à l'accusé.

524. — 1ᵉʳ *Cas.* — Lorsque les outrages ou voies de fait ont eu lieu *après* les plaidoiries ; sur les réquisitions du ministère public, le conseil, par l'organe du président, ordonne que l'accusé soit reconduit à la prison et qu'il soit procédé en son absence comme s'il était présent.

L'accusé est emmené par l'escorte à la prison.

Le commissaire-rapporteur prend des réquisitions tendant à ce que le prévenu soit jugé séance tenante sur le crime ou délit d'audience et, qu'après avoir ordonné la jonction de cette cause à celle en instance, le conseil le déclare coupable d'avoir, à l'audience publique, outragé simultanément par paroles et gestes, les membres du conseil, et lui fasse application, de ce chef, des articles 119 et 224 du Code militaire.

Le défenseur est entendu et a la parole le dernier. Le président informe le ministère public et la défense qu'il va en être délibéré, et qu'il sera statué sur la demande de jonction préalablement au jugement sur le fond. Le président déclare les débats terminés. Le conseil se retire dans la chambre des délibérations.

525. Minute du jugement.

(Formule imprimée n° 16, jusqu'après les réquisitions.)

Et l'accusé dans ses moyens de défense tant par lui que par son défenseur.

Lorsque le président, avant de clore les débats, demandait à l'accusé s'il avait quelque chose à ajouter à sa défense, cet homme répondit par ces paroles injurieuses :

« Qu'on apporte une botte de foin pour cet âne qui me bêche depuis une heure. » Puis, jetant un morceau de tabac mâché sur la table du conseil, il ajouta : « voilà ma vieille chique pour le conseil. »

Aussitôt, sur les réquisitions du ministère public, sans opposition de la défense, le conseil a ordonné, par l'organe du président, que l'accusé soit reconduit à la prison et qu'il soit procédé en son absence comme s'il était présent.

L'accusé a été reconduit par l'escorte à la prison.

Ouï le commissaire-rapporteur en ses réquisitions sur l'incident, tendant à ce que l'accusé soit jugé séance tenante sur le fait d'audience et que, après avoir ordonné la jonction de cette cause à celle en instance, le conseil le déclare coupable d'avoir, à l'audience publique de ce jour, outragé simultanément par paroles et gestes, les membres du conseil de guerre.

Et qu'il lui soit fait application des articles 119 et 224 du Code militaire.

Ouï le défenseur en ses observations et plaidoirie et la parole lui ayant été laissée le dernier.

Le président, après avoir informé les parties qu'il allait en être délibéré et qu'il serait statué sur la demande de jonction préalablement au fond, a déclaré les débats terminés.

Le conseil s'est retiré dans la chambre des délibérations ou délibérant à huis-clos, statuant sur les réquisitions du ministère public tendant à la jonction de l'incident au fond, sans opposition de la défense.

Les voix recueillies conformément à l'article 131 du Code militaire ;

Attendu que la jonction des deux causes suivies contre le susnommé... est utile à la bonne et prompte administration de la justice.

Le conseil ordonne, à l'unanimité, la jonction des deux affaires et passe au fond.

Statuant au fond :

Le président a posé les questions, conformément à l'article 132 du Code militaire, ainsi qu'il suit :

1° (Toutes les questions résultant de l'ordre de mise en jugement).

2° *Question sur le délit d'audience.* Ledit... est-il coupable d'avoir, le..., à l'audience publique du conseil de guerre de..., outragé simultanément par paroles, les membres dudit conseil?

Les voix recueillies séparément, en commençant par le grade inférieur, le président ayant émis son opinion le dernier, le conseil déclare :

Sur la première question. A l'unanimité, oui l'accusé est coupable ;

Sur la deuxième question, etc. . . . .

Sur quoi, et attendu les conclusions prises par le commissaire du gouvernement en ses réquisitions, le président a lu le texte de la loi et a recueilli de nouveau les voix dans la forme indiquée ci-dessus, pour l'application de la peine.

Le conseil est rentré en séance publique;

Le président a lu le jugement incident ainsi que les motifs ci-dessus et le dispositif ci-après :

En conséquence, le conseil condamne le nommé..., sus-qualifié, à l'unanimité, à la peine de... Aux frais envers l'État et fixe, à l'unanimité, au minimum la durée de la contrainte par corps. Conformément aux articles 119, 224..., 135, 139 du Code militaire; 9 de la loi du 22 juillet 1867, dont le président a publiquement donné lecture et qui sont ainsi conçus : . . . .

Enjoint au greffier d'audience de donner immédiatement lecture du présent jugement au condamné, à la prison militaire, et de l'avertir que la loi lui accorde un délai de vingt-quatre heures pour se pourvoir en révision.

(Biffer la mention relative à la lecture du jugement devant la garde et porter au-dessous le procès-verbal de lecture placé en fin de ce chapitre.)

526. — *2° Cas*. — Lorsque les outrages ont eu lieu pendant les débats, *avant* les plaidoiries, sur les réquisitions du commissaire-rapporteur le conseil, par l'organe du président, ordonne que l'accusé soit reconduit à la prison et qu'il soit procédé en son absence comme s'il était présent, tant sur le fait primitif d'accusation que sur le nouveau chef. L'accusé est reconduit à la prison.

Le commissaire-rapporteur prend des réquisitions tendant à ce que la procédure relative au délit d'audience soit jointe à l'affaire en instance et qu'il soit statué par un seul et même jugement.

La parole est donnée au défenseur qui est invité à s'expliquer sur la demande de jonction. Le président déclare qu'il va en être délibéré. Le conseil se retire.

527. Jugement.

Le conseil délibérant à huis-clos, statuant sur les réquisitions du commissaire-rapporteur tendant à ce que l'incident soit joint au fond;

Ouï le défenseur de l'accusé, lequel a déclaré s'en rapporter à la sagesse du conseil;

Les voix recueillies conformément à l'article 131 du Code militaire;

Attendu que les débats sont de nature à éclairer la religion des juges et les mettre à même de se prononcer en toute connaissance;

Que, dès lors, la jonction est utile à la bonne et prompte administration de la justice;

Le conseil ordonne, à l'unanimité, la jonction des deux affaires sur lesquelles il sera statué par un seul et même jugement, et passe outre aux débats; conformément à l'article 123 du Code militaire, ainsi conçu :

528. — Après que ce jugement a été lu par le président, le conseil étant rentré en audience publique, les débats sont repris à partir du moment où l'interruption s'est produite, et ils sont continués comme dans tout autre jugement.

529. Minute du jugement.

(Formule imprimée nº 16, au renvoi 2 :)

Lorsque après l'audition du témoin..., le président demandait à l'accusé s'il avait des observations à présenter, il a injurié le conseil en ces termes : « (*rapporter fidèlement les propos*).

Immédiatement, sur les réquisitions du ministère public et sans aucune opposition de la défense, le conseil a ordonné, par l'organe du président, que l'accusé soit reconduit à la prison et qu'il soit statué en son absence comme s'il était présent, tant sur l'accusation primitive que sur l'incident.

L'accusé a été reconduit à la prison.

Le commissaire-rapporteur a aussitôt requis que la procédure relative au délit d'audience commis par l'accusé soit jointe à l'affaire en instance, et qu'il soit statué sur les deux causes par un seul et même jugement ;

Ouï le défenseur en ses observations ;

Le président a informé qu'il allait en être délibéré ; le conseil s'est retiré dans la chambre des délibérations où, délibérant à huis-clos, statuant sur les réquisitions sus-énoncées du commissaire-rapporteur ;

Le défenseur entendu ;

(En entier le jugement incident qui précède, au n° 527.)

Le conseil étant rentré en séance publique, le président a lu à haute voix le jugement ci-dessus et les débats, repris au moment précis de leur interruption, ont été continués par l'audition des témoins restant à entendre ; lesdits témoins, ainsi que ceux précédemment entendus, ayant au préalable prêté serment de parler sans haine et sans crainte, juré de dire toute la vérité et rien que la vérité, et le président ayant, en outre, rempli à leur égard les formalités prescrites par les articles 317 et 319 du Code d'instruction criminelle.

Ouï le commissaire-rapporteur en ses réquisitions tendant à ce que le sus-nommé..., soit reconnu coupable :

(Toute l'accusation portée par l'ordre de mise en jugement.)

° D'avoir à l'audience de ce jour, outragé simultanément par paroles et gestes, les membres du conseil ;

Et qu'il lui soit fait application des articles....

Et le défenseur en ses moyens de défense, tant sur l'accusation relevée par l'ordre de mise en jugement que sur les faits délictueux commis à l'audience, lequel a eu la parole le dernier.

Le président a déclaré les débats terminés. Le conseil s'est retiré dans la chambre des délibérations.

Le conseil, délibérant à huis-clos, le président a posé les questions, conformément à l'article 132 du Code militaire, ainsi qu'il suit :

(Suite, comme dans le jugement sur le 1er cas, n° 525.)

530. — Régulièrement, le dispositif de tout jugement doit citer exactement les différents articles sur lesquels il repose, mais la jurisprudence a admis que les seuls articles qui doivent être visés et transcrits, sous peine de nullité, sont ceux qui répriment le crime ou délit reconnu à la charge du condamné. Ce principe a été rappelé par le conseil de révision, notamment dans une décision en date du 14 juin 1884, qui s'exprime ainsi : L'omission de mentionner dans le jugement les articles 115, 116 ou 119, suivant le cas, du Code militaire, ne constitue qu'une irrégularité n'entraînant pas l'annulation du jugement; l'article 140 du Code précité n'attache la nullité qu'à la non-inscription du texte de la loi appliquée c'est-à-dire du texte de l'article qui détermine la nature et la durée de la peine.

531. — Les voies de fait et les outrages exercés par l'accusé vis-à-vis d'un témoin gradé, son supérieur, tombent sous le coup des articles 223 et 224 du Code militaire. En effet, l'officier cité comme témoin devant un conseil de guerre ne dépouille pas sa qualité d'officier en entrant dans la salle d'audience; par suite, le prévenu qui le frappe ou l'insulte commet le crime ou le délit de voies de fait ou d'outrage en dehors du service, attendu qu'on ne saurait assimiler la citation d'un témoin à un ordre de service. Si, au contraire, une injure est adressée aux membres du conseil, elle constitue l'outrage pendant le service, attendu que c'est en vertu d'un ordre de service qu'ils ont été convoqués pour rendre la justice (*L. minist. 5 janvier* 1880).

532. — Une décision du conseil de révision, en date du 14 juin 1884, a appuyé cette doctrine dans les termes suivants : un des caractères fondamentaux de la hiérarchie et de la discipline militaires est qu'un militaire gradé conserve, en toutes circonstances, vis-à-vis des militaires d'un grade au-dessous du sien, son caractère de supérieur. La voie de fait exercée à l'audience d'un conseil de guerre par un accusé sur un témoin gradé ne peut, *en principe,* être considérée comme ayant eu lieu pendant le service ou à l'occasion du service. L'article 119, en effet, ne protège que les membres du conseil de guerre, qui sont considérés, en audience publique, comme étant dans le service. D'autre part, la citation d'un témoin ne peut être assimilée à un ordre relatif au service. Mais la circonstance aggravante d'occasion du service peut être relevée, si elle résulte de la constatation du fait dans le procès-verbal d'audience.

533. — Dans les cas prévus par les articles 115, 116 et 119, l'article 120 du Code militaire prescrit au greffier de donner lecture du jugement rendu au condamné, et de l'avertir du droit qu'il a de former un recours en révision dans les vingt-quatre heures. Il est dressé procès-verbal, le tout à peine de nullité.

534. — Aux termes de l'article 120 du Code militaire lorsqu'un accusé a été expulsé de l'audience en vertu de l'article 119, le greffier seul doit, à peine de nullité, dresser procès-verbal de la lecture du jugement et du droit de recours. Ce procès-verbal, signé du greffier instrumentaire et du condamné, doit mentionner que la notification a été faite en présence du directeur ou du greffier de la prison. Est donc nul le jugement de condamnation lorsque les formalités prescrites par l'article 120 n'ont pas été rigoureusement remplies (*Révision*, 11 *novembre* 1881).

535. — Le procès-verbal indiquera les jour, mois et an, ainsi que le lieu où la notification aura été faite, — la qualité du greffier ou commis greffier d'audience; il mentionnera que la lecture du jugement a été faite dans tout son texte et constatera que l'accusé a été averti du droit qu'il a de recourir en révision. Le procès-verbal doit être signé par le greffier et le condamné, on indiquera que ce dernier a déclaré ne le savoir ou s'y refuser. La lecture doit avoir lieu en présence de l'agent principal ou du greffier de la prison militaire, lequel signe le procès-verbal qui constate sa présence.

536. — Le procès-verbal est ainsi porté sur la minute du jugement, — formule imprimée n° 16, — immédiatement avant l'exécutoire et après avoir biffé le procès-verbal de lecture qui existe sur cet imprimé :

L'an mil huit cent..., le..., le présent jugement a été lu par nous, officier d'administration greffier soussigné, au condamné..., lequel a été averti que les articles 120 et 143 du Code militaire lui accordent un délai de vingt-quatre heures pour se pourvoir en révision; lesquelles commencent à courir à l'expiration du présent jour. Cette lecture faite à la prison militaire en présence de l'agent principal, qui a signé avec nous et le condamné.

L'agent principal,   Le condamné,   Le greffier,

SUSPENSION DES DÉBATS.

537. — Aux termes de l'article 129 du Code militaire, l'examen et les débats sont continués sans interruption, et le président ne peut les suspendre que pendant les intervalles nécessaires pour le repos des juges, des témoins et des accusés.

Les débats peuvent être encore suspendus si un témoin dont la déposition paraît essentielle ne s'est pas présenté, ou si, la déclaration d'un témoin ayant paru fausse, son arrestation a été ordonnée, ou lorsqu'un fait important reste à éclaircir.

Le conseil prononce sur la suspension des débats à la majorité des voix, et, dans le cas où la suspension dure plus de quarante-huit heures, les débats sont recommencés en entier.

538. — Dans le cas du premier paragraphe, le président ordonne la suspension en ces termes :

Attendu qu'il est nécessaire d'interrompre la séance pour le repos des membres du conseil, des témoins et accusé, nous déclarons les débats suspendus et en ordonnons la reprise et continuation à demain, à l'heure de midi, jour et heure auxquels nous invitons les membres du conseil à se réunir, et intimons aux témoins de comparaître, sous les peines de droit.

La reprise de l'audience est ainsi ordonnée :

La séance est reprise, qu'on amène l'accusé.

M. le greffier faites l'appel des témoins.

539. — Le greffier d'audience procède aussitôt à l'appel des témoins et, sur l'invitation du président, ceux qui ont été entendus dans les séances précédentes prennent place dans l'auditoire, alors que ceux dont la déposition n'a pas encore été reçue sont conduits dans le local réservé aux témoins. Cependant, est-il dit dans un arrêt du 3 juillet 1890, l'article 315 du Code d'instruction criminelle n'exige nullement qu'il soit donné lecture, à une audience ultérieure, des noms des témoins restant à entendre, quand la lecture de la totalité de la liste a été donnée à la première audience.

540. — L'ordre occupé la veille au moment de la suspension ayant été repris par toutes les parties, les débats sont continués et conduits comme s'il n'y avait pas eu d'interruption.

541. — De la jurisprudence de la Cour de cassation, il résulte que le président est investi d'un pouvoir discrétionnaire pour fixer le moment et la durée de l'intervalle pendant lequel les débats doivent être suspendus, pourvu, toutefois, qu'il n'excède pas quarante-huit heures, car

alors les débats devraient être recommencés en entier.
L'appréciation de la nécessité de suspendre les débats
pour le repos des personnes qui y prennent part, ainsi
que la détermination du temps nécessaire appartenant au
président, il peut valablement ordonner une suspension
à l'occasion d'une fête solennelle, ou renvoyer la séance,
par exemple du samedi soir au lundi suivant, quoique les
tribunaux puissent légalement siéger les dimanches et
jours fériés pour l'expédition des affaires criminelles, correctionnelles ou de simple police. La loi ne déterminant
et ne restreignant nullement les moments où les audiences
peuvent être suspendues, le président a la faculté d'ordonner cette suspension à quelque moment que ce soit.

542. — La suspension des débats doit être constatée
par procès-verbal signé du président et du greffier d'audience, et inséré dans le corps même de la minute du
jugement :

Et ce même jour, vingt-deux juin..., à 7 heures du
soir, le repos des membres du conseil, des témoins, de
l'accusé et de son défenseur étant nécessaire, le président, en vertu du pouvoir qui lui est conféré par l'article
129 du Code militaire, a déclaré les débats suspendus et
en a ordonné la reprise et continuation au surlendemain
lundi, à une heure du soir; jour, lieu et heure d'audience
auxquels il a invité les membres du conseil à se réunir et
intimé aux témoins de comparaître sous les peines de
droit.

Cette déclaration ayant été faite publiquement et en

présence des témoins réunis à cet effet dans la salle d'audience, le président a fait reconduire par l'escorte l'accusé à la prison.

Le greffier,   Le président,

Et cejourd'hui lundi, vingt-quatre juin, mil huit cent..., à une heure de relevée, le conseil de guerre, composé ainsi qu'il est dit plus haut, s'est réuni en audience publique au lieu ordinaire de ses séances pour la continuation des débats;

La séance ayant été ouverte, le président a fait apporter devant lui, sur le bureau, un exemplaire du Code militaire, du Code d'instruction criminelle et du Code pénal, et ordonné à la garde d'amener l'accusé, qui a été introduit libre et sans fers, devant le conseil, accompagné de son défenseur déjà nommé.

Le président a fait faire l'appel des témoins qui ont été conduits dans la salle à eux affectée, à l'exception des témoins entendus dans les séances précédentes, lesquels ont pris place dans la salle d'audience ouverte au public.

543. — Les divers incidents de la séance, — descente de lieux, — jonction de pièces à la procédure, lecture de pièces, — audition des témoins, — etc., sont ensuite portés sur la minute du jugement dans la forme indiquée ci-après, et chaque audience est clôturée et ouverte ainsi qu'il vient d'être dit.

... Après l'accomplissement des formalités rappelées plus haut, le président, d'un accord unanime entre le conseil, le ministère public et la défense, a rendu cette ordonnance qu'il a lue à haute voix : Attendu que le dossier de la procédure ne contient ni le plan, ni la description des lieux où les faits incriminés ont été accomplis ;

Attendu qu'il est nécessaire pour la découverte de la vérité d'examiner *de visu* lesdits lieux, afin d'apprécier en toute connaissance les circonstances se rattachant à la cause en instance.

Ordonnons que le conseil se transportera dans le bâtiment sis au n°... de la rue..., à..., pour, l'audience s'y continuer publiquement et conformément à la loi, et les constatations utiles y être faites ;

En conséquence, prescrivons à la garde d'y conduire l'accusé et invitons le commissaire-rapporteur, le greffier et le défenseur ainsi que les témoins déjà entendus à s'y rendre également, aux fins que de droit ;

En exécution de la susdite ordonnance, le président accompagné des juges, du commissaire-rapporteur, du greffier, des témoins entendus et de l'accusé assisté de son défenseur, se sont transportés dans le bâtiment indiqué, où, le public ayant été admis, la séance a été continuée d'abord par la visite... (détailler les locaux examinés) ;

Cet examen terminé, le président a demandé à l'accusé et au défenseur s'ils avaient des moyens de défense à faire valoir.

Le conseil est aussitôt revenu dans le lieu ordinaire de ses séances ; les juges, le commissaire-rapporteur, le greffier, les témoins, l'accusé et son défenseur ont repris la place qu'ils occupaient précédemment et les débats ont été continués publiquement;

Le président, en vertu de son pouvoir discrétionnaire, a ordonné d'office, sans opposition d'aucune part, la jonction au dossier de procédure d'une lettre écrite par l'accusé à un sieur... Cette pièce, après avoir été communiquée aux intéressés a été annexée à la procédure et inventoriée sous le numéro...

Après quoi, le président a fait entendre publiquement et séparément trois des témoins à charge; lesdits ayant au préalable prêté serment de parler sans haine et sans crainte, juré de dire toute la vérité et rien que la vérité, les formalités prescrites par les articles 317, 319 et 329 du Code d'instruction criminelle, objets d'une référence de l'article 128 du Code militaire, ayant été remplies à leur égard.

Au cours de sa déposition, le témoin X... a produit une bague en or qu'il a prétendu avoir achetée à un de ses camarades, ainsi qu'une lettre émanant de l'accusé. Le président, en vertu de son pouvoir discrétionnaire, a ordonné la saisie de ladite bague et de la lettre, pour être, la bague, déposée comme pièce de conviction, et la lettre, annexée à la procédure. Aucune opposition n'ayant été soulevée, la lettre a été lue publiquement par le greffier d'audience et classée au dossier sous le numéro...

Le président a ensuite fait donner lecture de la déposition reçue à l'information, du témoin..., actuellement décédé et a invité l'accusé à présenter ses observations sur son contenu.

Et ce même jour à 7 heures du soir..., etc...

544. — Conformément à l'article 372 du Code d'instruction criminelle, le greffier doit dresser un procès-verbal de la séance, à l'effet de constater que les formalités prescrites ont été observées. Suivant les enseignements de la jurisprudence, le procès-verbal doit être signé par le magistrat qui a présidé et par le greffier d'audience, à peine de nullité de ce procès-verbal et de l'arrêt de condamnation. Lorsque les débats d'une affaire ont occupé plusieurs séances et que le greffier a dressé pour chacune d'elles un procès-verbal distinct, il y a nullité de toute la procédure postérieure si l'un de ces procès-verbaux n'est pas signé du greffier. L'omission de la signature du président entraîne également cette nullité. Un arrêt du 8 mai 1891, porte en substance que la signature d'un greffier autre que celui qui a siégé, constitue de même une nullité substantielle.

545. — Dans une décision rendue le 27 mai 1881, le conseil de révision, adoptant pour les tribunaux militaires la doctrine de la Cour, s'est prononcé ainsi, relativement au procès-verbal de suspension d'audience : Lorsqu'une affaire a duré deux jours et que le greffier a rédigé deux procès-verbaux séparés et distincts pour les deux audiences, il y a nullité des débats et du jugement si le procès-verbal de la première audience n'est signé ni du président, ni du greffier. Cette omission ne peut être considérée comme réparée par les signatures des membres du conseil et du greffier régulièrement apposées au bas du procès-verbal de la dernière séance, bien que lesdits procès-verbaux aient été inscrits sur un même cahier à la suite l'un de l'autre; attendu que l'article 129 n'autorise le

président à suspendre les débats que pendant les intervalles nécessaires pour le repos des juges, des témoins
et de l'accusé; et que lorsqu'une pareille mesure a été
ordonnée, il est indispensable que la décision du président soit authentiquée par sa signature et celle du greffier,
ainsi qu'il est indiqué à l'article 372 du Code d'instruction
criminelle.

546. — Lorsque les débats ont duré plusieurs séances,
les mentions énoncées dans chacun des procès-verbaux
ne constatent l'accomplissement des formalités prescrites
que pour l'audience à laquelle ils se rapportent, et il est
nécessaire de répéter ces mentions dans chaque procès-
verbal (*Cass.*, 11 *décembre* 1824 — 5 *juillet* 1849). En
un mot, le procès-verbal doit énoncer distinctement ce
qui est fait dans chaque séance et pour chacune d'elles.
Par exemple, la mention que les témoins entendus dans
la première séance ont prêté serment, ne peut être sous-
entendue relativement aux témoins dont l'audition a eu
lieu dans la deuxième audience, et le procès-verbal doit
nécessairement constater que ceux-ci ont prêté serment;
l'indication qu'ils ont continué à être entendus serait
insuffisante (*Cass.*, 18 *avril* 1812).

547. — Quoique la Cour de cassation ait également
décidé que le procès-verbal d'une séance ultérieure peut
servir de supplément au procès-verbal d'une séance précédente, et constater l'observation d'une formalité antérieurement remplie, qu'on aurait omis de constater en
temps et lieu, nous ne saurions trop recommander au
greffier d'audience d'apporter tous ses soins à la rédaction

de ce procès-verbal et de relater d'une façon détaillée tous les incidents de la séance.

548. — Le procès-verbal doit constater, à peine de nullité, la publicité de la séance ou le huis-clos ordonné par le tribunal, — la présence du défenseur, de l'interprète s'il y a lieu, ainsi que celle du ministère public et du greffier, à tous les débats, — la prestation du serment par les témoins, dont l'accomplissement peut, à la rigueur, être désigné en termes généraux; il doit énoncer, sous la même peine de nullité, l'observation des formalités légales imposées aux divers actes de procédure accomplis.

549. — Lorsqu'une affaire a occupé plusieurs audiences et que le procès-verbal fait mention de la publicité de la première et de la dernière, sans qu'il soit constaté que l'audience intermédiaire ait été publique, il y a nullité (*Cass.*, 13 *juillet* 1889). Lorsqu'une affaire a comporté plusieurs audiences, il y a nullité si la publicité n'est mentionnée que pour une seule d'entre elles (*Cass.*, 13 *et* 26 *juillet* 1889). Mais lorsque le tribunal a tenu, le même jour, une seule audience, interrompue par une suspension de plusieurs heures, ou moins, la mention de la publicité figurant à la fin de la deuxième séance, couvre l'audience dans son ensemble. Cependant, si le procès-verbal constatant qu'il y a eu pour l'examen de l'affaire plusieurs séances distinctes, dans le même jour, il y aurait nullité de l'arrêt, si la publicité n'était mentionnée que pour la première et la dernière séance, laissant ainsi l'audience intermédiaire entachée du vice de clandestinité (*Cass.*, 10 *avril* 1891).

550. — Le fait constaté de la *reprise* d'une audience dont la publicité est rétablie, après une suspension, prouve suffisamment que cette reprise a été publique, comme l'audience dont elle n'était que la continuation, mais il est préférable d'indiquer que la salle des séances a été ouverte au public. Pour tous les jugements incidents rendus pendant le huis-clos, le procès-verbal doit faire connaître que la lecture en a été faite publiquement, mais il n'en est pas de même des ordonnances rendues en vertu du pouvoir discrétionnaire du président, qui peuvent être prononcées sans que l'audience redevienne publique.

551. — D'après la Cour de cassation, le président, en signant le procès-verbal, doit examiner s'il contient le narré clair, fidèle et complet des formalités qui ont été observées. Il doit relever les irrégularités, les omissions, les inexactitudes; s'il y avait dissidence entre le président et le greffier sur les faits relatés dans le procès-verbal des débats, le témoignage du président prévaudrait sur celui du greffier, sous cette restriction que le président ne peut imposer une constatation inexacte, ou faire effacer une exacte mention.

552. — Lorsque les débats sont suspendus pendant un temps déterminé, dans une même journée, soit pour permettre aux membres du conseil de prendre un peu de repos, soit pour toute autre cause, il n'est pas nécessaire que le président rende une ordonnance; il dit seulement : Les débats sont suspendus pendant une heure. Il est alors inutile de mentionner l'interruption dans la minute du jugement, qui ne doit contenir les procès-verbaux de renvoi et de réouverture que dans le cas où l'audience est remise au lendemain ou au surlendemain.

553. — Dans les cas prévus au deuxième paragraphe de l'article 129, c'est-à-dire lorsque la suspension est motivée par l'absence d'un témoin essentiel, — la production d'un faux témoignage ou l'éclaircissement d'un fait important, c'est au conseil à prononcer, car il y a en jeu des intérêts d'un ordre plus élevé que ceux qui se rattachent à la simple conduite des débats. — Ces intérêts touchant directement le fond de l'affaire, le pouvoir discrétionnaire devient insuffisant pour permettre au président d'apprécier la nature et la gravité de l'incident, et l'autoriser à prendre valablement la mesure nécessaire. Il y a, du reste, dans ces divers cas, incident contentieux résultant des réquisitions et conclusions des parties, sur lequel le conseil de guerre seul a qualité pour prononcer.

554. — De l'ensemble dudit article 129, il résulte que le président est seul juge de l'opportunité de la suspension des débats, lorsqu'elle est motivée sur le repos des membres du conseil, des témoins et des accusés, et que dans tous les autres cas, spécifiés au deuxième paragraphe, une décision du conseil, rendue après délibération et à la majorité absolue des voix, est indispensable pour permettre cette suspension. Le conseil est toujours souverain pour apprécier et décider si les débats doivent être suspendus ou suivre leur cours.

555. — Jugements prononçant suspension des débats :
Absence d'un témoin, formules n° 243, 244, 250.
Faux témoignage, formules n° 358, 359.
Fait important à éclaircir, formule n° 31, du formulaire.

EXÉCUTION DES PEINES.

OBSERVATIONS GÉNÉRALES.

---

556. — Le commissaire-rapporteur rend compte au général commandant, suivant le cas, soit du jugement de confirmation du conseil de révision, soit du jugement du conseil de guerre, s'il n'y a pas eu de recours. Il requiert l'exécution du jugement.

557.   Mon général,

Conformément aux prescriptions de l'article 149 du Code militaire, j'ai l'honneur de vous rendre compte qu'aucun recours n'a été formé contre les jugements ci-après, rendus par le conseil de guerre de la division, le... :

1° (*nom, prénoms, grade, corps*), 5 années d'emprisonnement, pour outrage à un supérieur (exécutoire dudit jour);

2° (*nom, etc...*), 10 années de travaux publics, pour outrage à un supérieur à l'occasion du service;

3° (*nom, etc...*), 5 années de réclusion et dégradation militaire, pour vol de deniers appartenant à un militaire.

En conséquence, j'ai l'honneur de vous prier de vouloir bien ordonner la parade d'exécution, pour les condamnés à la réclusion et aux travaux publics.

558. — Le pourvoi en cassation est interdit par l'article 80 à tous les militaires et assimilés en général, aux individus employés, à quelque titre que ce soit, à la suite des armées; à ceux qui, en dehors de l'armée, sont soumis par les lois à la juridiction des conseils de guerre, tels que les transportés dans les colonies; à tous les individus nationaux et étrangers qui, lorsque l'armée est sur le territoire ennemi ou sur le territoire français, en présence de l'ennemi, sont justiciables des conseils de guerre. Enfin, à tous les individus enfermés dans une place de guerre en état de siège.

559. — Conformément à la règle prohibitive de l'article 80, la Cour de cassation a déclaré non-recevables dans leur pourvoi :

L'individu qui figure sur les contrôles de l'armée et accomplit un service militaire au moment où il commet un crime ou délit.

Les habitants d'un pays ennemi occupé par les troupes françaises, condamnés pour crime ou délit portant atteinte à la sûreté de l'armée, en vertu de l'article 63.

Les justiciables des conseils de guerre aux armées, même au cours d'une occupation consentie ; — dans les divisions territoriales en état de guerre et sur le territoire français en présence de l'ennemi, — articles 62, 63 et 64 du Code militaire.

560. — Des dispositions de l'article 80, combinées avec celles des articles 145 et 146, il résulte que le pourvoi en cassation étant formellement interdit contre les jugements rendus par les conseils de guerre aux armées, le général commandant doit, s'il s'en produit un, passer outre à l'exécution, tout en transmettant au ministre, par la voie hiérarchique, car le condamné ne peut être admis, par un pourvoi abusif et non-recevable, à suspendre ou retarder le cours de la justice. C'est presque toujours, — aux armées en campagne, — une obligation qui s'impose avec force, dans l'intérêt bien entendu de la discipline.

561. — L'article 80 interdit le pourvoi devant la Cour de cassation contre les jugements des conseils de guerre et de révision, aux individus que la loi a déclaré formellement justiciables de ces tribunaux, ou à ceux qui, sur le territoire ennemi, sont auteurs ou complices de crimes prévus par le Code militaire; ou encore à ceux qui, en France, mais en présence de l'ennemi, sont étrangers ou prévenus de crimes qui touchent à la sûreté de l'armée. Dans ces divers cas, le jugement est exécutoire dans les vingt-quatre heures à partir de l'expiration du délai fixé pour le recours en révision ou de la réception du jugement qui a rejeté le recours (*I. minist.*, 28 *juillet* 1857).

562. — Aux armées, est-il dit dans l'exposé des motifs, un pourvoi devant la Cour de cassation ne saurait être admis, car il est nécessaire de frapper les esprits par des punitions rapides et exemplaires. S'il en était autrement les militaires condamnés se feraient un jeu de ces pourvois, qui, devenant bientôt la règle commune, paralyseraient toute répression. Et qu'on le remarque bien, l'esprit de l'article 80 est que ce pourvoi ne puisse exister, *ni en droit, ni en fait* et que, s'il venait à se formuler, *il soit passé outre* sans en tenir compte. Tel est le texte précis de l'article 145 qui sert de commentaire à celui-ci et qui prescrit l'exécution dans les vingt-quatre heures, si le recours en révision est rejeté.

563. — Dans un arrêt du 4 août 1859, la Cour de cassation, qui ne voulait ni ne pouvait changer un texte aussi précis, tout en déclarant que le pourvoi, même abusif, doit être transmis à la Cour suprême, qui a seule qualité pour statuer sur sa recevabilité, a reconnu, dans ces termes, le droit absolu conféré à l'autorité militaire par les articles 145 et 146 : mais le général commandant peut, nonobstant le pourvoi en cassation, faire passer outre à l'exécution des jugements dans les cas prévus par l'article 80.

564. — Cet arrêt fut notifié aux tribunaux militaires par une circulaire ministérielle, disant en substance : Un arrêt de la Cour de cassation décide en principe que lorsqu'il existe une déclaration de pourvoi, la Cour est seule compétente pour statuer souverainement sur la question de recevabilité, mais dispose, en même temps que, lorsqu'il s'agit d'un des cas déterminés par l'article 80, et qui serait expressément constaté dans le jugement, la déclaration de pourvoi n'est point suspensive de l'exécution. Cet arrêt doit servir de règle à l'avenir.

565. — L'article 417 du Code d'instruction criminelle prescrit d'inscrire la déclaration de pourvoi sur un registre à ce destiné; elle doit être signée du condamné et du greffier, devant les conseils de guerre, dans les formes prescrites par l'article 147 du Code militaire. D'après la Cour de cassation, — arrêt du 9 janvier 1880, — les dispositions de l'article 417 sont applicables aux tribunaux militaires. — La déclaration peut être rédigée dans la forme adoptée pour le recours en révision. — Une copie certifiée conforme est jointe au dossier de procédure (*Registre n° 15 du formulaire*).

566. — Conformément aux dispositions de l'article 151, les jugements sont exécutés sur les ordres du général commandant la division et à la diligence du commissaire du gouvernement, en présence du greffier qui dresse procès-verbal. La minute de ce procès-verbal est annexée à la minute du jugement, en marge de laquelle il est fait mention de l'exécution.

DIVISION de.....

e Bureau.

Justice militaire.

Exécution des articles 190 et 193 du Code militaire, 28 du décret du 4 octobre 1891.

567.   Ordre de parade.

Le conseil de guerre de la division a, dans sa séance du..., condamné les militaires dénommé ci-après :

1° (*Nom, prénoms, grade, corps*), à la peine de 5 années de travaux publics, pour voie de fait envers un supérieur en dehors du service;

2° (*nom, etc...*), à la peine de 5 années de réclusion

et à la dégradation militaire, pour vols de deniers et d'effets appartenant à des militaires.

En conséquence et pour l'exécution de ces jugements, ces militaires seront conduits à la parade le..., à... heures du matin, à..., par un piquet d'infanterie commandé par un officier, à l'effet d'y entendre la lecture de leur sentence, en présence des gardes assemblées des régiments en garnison à... et d'un détachement de chacun des corps de la garnison, et ensuite défiler devant le front des troupes.

Immédiatement après la parade, le condamné N... sera conduit à la prison militaire de... et, de là, dirigé sur celle de..., pour y être mis à la disposition de..., chargé de le diriger sur l'établissement de travaux publics où il doit subir sa peine.

Le nommé M... subira la dégradation militaire avant de défiler et sera, aussitôt après la parade, remis à l'autorité civile chargée de le diriger sur sa destination pénale.

Le piquet devra prêter main forte à la gendarmerie.

Aussitôt après la parade, le greffier du conseil de guerre chargé de faire la lecture des sentences, remettra à la gendarmerie les extraits des jugements des condamnés, extraits qui doivent toujours accompagner les condamnés dans leur transfèrement.

Au quartier général, à..., le...

P. O. *Le chef d'État-major,*

(Modèle nº 20 de la circulaire ministérielle du 26 juillet 1880.)

568. — L'article 122 du règlement sur le service des places dispose que la gendarmerie ne peut être commandée, pour l'exécution des jugements rendus par les tribunaux militaires, qu'en vue d'assurer le maintien de l'ordre; elle reste étrangère aux détails de l'exécution.

569. — Un extrait, formule imprimée n° 17, de tout jugement prononcé par les conseils de guerre, est adressé mensuellement au ministre de la guerre, avec l'état des jugements rendus pendant le mois, imprimé n° 21.

570. — Dans les trois jours de l'exécution, le commissaire-rapporteur est tenu d'envoyer une expédition du jugement, — formule 18, — mentionnant la date d'exécution, au chef de corps dont faisait partie le condamné (*art.* 151, *C. M.*).

571. — Suivant les prescriptions du règlement sur les prisons, un extrait — formule imprimée 18, — destiné à accompagner le condamné, doit être remis à l'agent principal de la prison militaire.

572. — Lorsqu'un homme appartenant au département de la marine, aura été l'objet d'une condamnation prononcée par un conseil de guerre de l'armée de terre, un extrait de ce jugement (imprimé n° 18) sera aussitôt établi et envoyé directement, par les soins du parquet militaire, à M. le ministre de la marine (*L. minist.*, 10 *juin* 1886).

573. — Si le condamné est membre de la Légion d'honneur, décoré de la médaille militaire ou d'un ordre étranger, une expédition, — imprimé 18, — est transmise au grand chancelier (art. 151). Il en est de même à l'égard du titulaire d'une médaille commémorative de campagne (*L. minist.*, 20 *janvier* 1857).

574. — Une décision ministérielle du 26 avril 1858, prescrit au commissaire du gouvernement d'adresser au grand chancelier, par la voie hiérarchique, les pièces de la procédure, accompagnées d'un extrait du jugement, pour les militaires décorés de ia médaille militaire ou d'une médaille commémorative, ou membres de la Légion d'honneur, qui ont été condamnés à une peine correctionnelle. Pour les militaires décorés ou médaillés qui ont été condamnés à une peine afflictive et infamante, l'envoi d'un simple extrait du jugement suffit, le conseil de l'ordre n'ayant point besoin des pièces de la procédure pour statuer. L'envoi de l'extrait, et des autres pièces s'il y a lieu, ne doit être fait que lorsque la sentence a commencé à recevoir son exécution.

575. — Lorsque la peine prononcée est celle des travaux forcés, de la déportation, de la détention, de la réclusion, du bannissement ou de la dégradation militaire, il y a lieu de joindre à l'extrait du jugement remis à l'agent principal immédiatement après le défilé, un relevé des punitions, ainsi qu'une notice individuelle.

576. — *C. minist. du* 30 *mars* 1893. — Par suite de l'application de la loi sur la libération conditionnelle du 14 août 1885 et de celle du 15 juillet 1889, sur le recrutement de l'armée, ainsi que sur la demande de M. le ministre de l'intérieur, j'ai décidé qu'il serait établi des notices individuelles, conformes au modèle ci-joint, destinées à accompagner, dans les lieux de détention, les individus condamnés par des conseils de guerre et qui doivent être remis à l'autorité civile, à l'effet de subir leur peine, c'est-à-dire :

1° Ceux qui ont été condamnés à une peine afflictive et infamante ou à une peine infamante dans le cas prévu par l'article 177 du Code pénal ;

2° Ceux qui, ayant été condamnés à une peine correctionnelle de deux ans d'emprisonnement et au-dessus, ont été, en outre, par application de l'article 42 du Code pénal, frappés de l'interdiction de tout ou partie de l'exercice des droits civiques, civils ou de famille ;

3° Les indigènes non militaires de l'Algérie, justiciables des conseils de guerre, contre lesquels aura été prononcée une peine d'emprisonnement supérieure à quatre mois.

Ces documents ont pour but de renseigner les directeurs des établissements pénitentiaires civils sur le degré de moralité des détenus, et de fournir à l'administration d'utiles indications pour la guider dans la préparation des propositions de grâce ou de libération conditionnelle.

Les renseignements à consigner dans ces notices sont de deux sortes : les premiers embrassent tout ce qui se rattache aux antécédents des condamnés, à leur état civil, à leur profession, à leurs moyens d'existence, à leur instruction, leur conduite, leur moralité. Les seconds comprennent l'exposé sommaire des faits qui ont motivé la condamnation et doivent résumer succinctement l'affaire, en mettant en relief ce qui constitue l'importance de l'infraction et ce qui aggrave ou atténue la culpabilité. A ce dernier titre, il est nécessaire d'énoncer si le condamné,

avant ou depuis les poursuites, a réparé le préjudice par lui
causé et si, à l'instruction ou pendant les débats, il a fait
des aveux ou manifesté des regrets; ou si, au contraire,
par une attitude audacieuse et par des réponses violentes
et mensongères, il s'est signalé comme étant un malfai-
teur endurci et indigne d'intérêt.

J'ai l'honneur de vous prier de vouloir bien inviter les
commissaires du gouvernement près les conseils de guerre
à établir ces notices et les joindre à chaque extrait de jugement. C'est à M. le ministre de l'intérieur (Direction de
l'administration pénitentiaire, 1er bureau) qu'ils devront
adresser directement la demande des formules qui leur
seront nécessaires.

Les circulaires ministérielles des 14 août 1875 et 30
juin 1882, insérées au *Journal militaire officiel*, partie
réglementaire, sont abrogées.

577.   Notice individuelle.

(*Nom, prénoms*), né à..., le..., domicilié à..., condamné par..., le..., à..., pour...

Condamnations antérieures.

(Leur nombre seulement. Indication
de la peine la plus grave encourue et du
lieu où a été subie la dernière peine
corporelle, ainsi que la date de la libération.)

État civil.

Le condamné était-il enfant légitime,
naturel ou trouvé? . . . .

Etait-il célibataire, veuf ou marié. . .
Nom du conjoint. . . . .
Nombre d'enfants (légitimes ou naturels). . . . .

Profession.

Quelle est sa profession? . . . .
Travaillait-il pour son compte ou pour autrui? . . . .
Exerçait-il réellement sa profession?
Vivait-il dans l'oisiveté? . . . .
Etait-il apte au travail? . . . .
Appartenait-il à la population urbaine ou rurale (plus ou moins de 2,000 habitants). . . . .

Moyens d'existence.

Quels sont ses moyens d'existence?
Contribuait-il à l'entretien de sa famille? . . . .
Sa famille peut-elle se passer de son aide? . . . .

Degré d'instruction et religion.

Quel est son degré d'instruction? . .
Quelle est sa religion? . . . .

Conduite et moralité.

Comment était-il noté dans sa commune? . . . .
Etait-il adonné à l'ivrognerie? . . . .
Se livrait-il au libertinage et à la débauche?. . . . .
Vivait-il en concubinage? . . . . . .

Autres particularités pouvant permettre d'apprécier la moralité du condamné et le degré d'indulgence dont il peut être l'objet.

Exposé sommaire

DES FAITS QUI ONT MOTIVÉ LA CONDAMNATION A SUBIR.

(Il importe de signaler dans cet exposé, spécialement les circonstances qui attestent le degré d'audace ou de perversité du condamné et de faire connaître son attitude soit pendant l'instruction, soit à l'audience.)

Fait au parquet du conseil, le...

Le Commissaire-rapporteur,

578. — A ce document doit être joint un avis motivé du président du conseil de guerre, sur le lieu de transportation à affecter au condamné aux travaux forcés, ainsi que le prescrit la circulaire du 17 juillet 1890, ci-après transcrite : J'ai l'honneur de vous transmettre, ci-jointe, copie d'une circulaire que M. le garde des sceaux a adressée aux procureurs généraux, au sujet des condamnés contre lesquels est prononcée la peine des travaux forcés.

Je vous prie de donner les ordres nécessaires pour qu'à l'avenir, les parquets militaires et les présidents des conseils de guerre se conforment aux prescriptions contenues dans cette circulaire, résumée ci-après :

Un décret en date du 16 novembre 1889, a confié à M. le sous-secrétaire d'État des colonies le soin de désigner désormais, après avis de la commission permanente du régime pénitentiaire, la colonie dans laquelle seront internés les condamnés aux travaux forcés.

Dans cette situation, M. le sous-secrétaire d'État des

colonies exprime le désir que l'extrait d'arrêt à remettre au ministère de l'intérieur concernant chaque condamné, soit toujours accompagné d'une notice individuelle contenant des indications précises et détaillées sur les antécédents du détenu, ainsi que sur les faits qui ont motivé sa condamnation.

Il sera également utile de joindre à ce document un avis motivé du président de la cour d'assises qui aura prononcé la condamnation, sur le lieu de transportation auquel le condamné devra être affecté.

Paris, le 16 novembre 1889.

579. Rapport au président de la République française.

La désignation de la colonie pénale sur laquelle doivent être dirigés les condamnés aux travaux forcés s'effectue, à l'heure actuelle, en vertu d'une décision ministérielle du 15 avril 1887, d'après la seule constatation de la durée de la peine prononcée contre ces individus; ceux qui ont encouru une condamnation à plus de 7 années sont transférés à la Guyane, ceux dont la peine est moindre sont envoyés à la Nouvelle-Calédonie.

Je suis fondé à croire que cette méthode de classification, qui a pu sembler de prime abord équitable et rationnelle, présente, dans la pratique, de sérieux inconvénients. En effet, la culpabilité effective, les instincts, le niveau moral des condamnés qui composent la population de la transportation varient à l'infini et il est, dès lors, bien difficile, sinon impossible, d'opérer avec certitude et justice le groupement de ces détenus en prenant comme base d'appréciation, comme critérium unique, la durée de la peine.

J'ai été amené à reconnaître, par suite, qu'il y aurait des avantages à appliquer dorénavant aux condamnés aux travaux forcés le système de sélection adopté pour la désignation du lieu d'internement des relégués, en partant de ce principe que les criminels dangereux, ceux qui ont déjà encouru plusieurs condamnations, ceux enfin qui ne présentent aucune chance d'amendement seront dirigés sur la Guyane, tandis que la Nouvelle-Calédonie sera plus particulièrement réservée aux condamnés primaires dont on peut espérer encore le relèvement.

580.   Décret du 16 novembre 1889.

Art. 1er. — La désignation de la colonie pénitentiaire dans laquelle sera envoyé chaque condamné aux travaux forcés sera faite par décision du sous-secrétaire d'État des colonies, après avis de la commission permanente du régime pénitentiaire.

Art. 2. — Un arrêté du sous-secrétaire d'État aux colonies déterminera les conditions dans lesquelles la commission du régime pénitentiaire sera appelée à émettre un avis sur la destination à donner à chaque condamné.

581.   Avis motivé du président.

Sur le nommé (*nom, prénoms, grade, corps*), condamné le..., à la peine de... ans de travaux forcés, par le conseil de guerre de..., pour...

(Exécution de la circulaire ministérielle du 17 juillet 1890.)

Le nommé... n'avait pas d'antécédents judiciaires lorsqu'il a été condamné à la peine des travaux forcés ; son passé n'avait, jusque-là, donné lieu à aucune remarque âcheuse ; sa conduite au régiment, où il était depuis deux fans, avait été exempte de reproches.

En conséquence, notre avis est que le susdit... pourrait être classé dans la catégorie des condamnés primaires dont on peut espérer le relèvement et qui, aux termes du rapport précédant le décret du 16 novembre 1889, doivent être dirigés sur la Nouvelle-Calédonie.

Fait à..., le...

Le président du conseil de guerre,

582. — La circulaire ministérielle du 30 juin 1882, prescrivant l'établissement de notices individuelles pour les indigènes non militaires de l'Algérie, condamnés à plus d'une année d'emprisonnement, ainsi que pour les militaires frappés d'une peine correctionnelle de deux ans de prison, avec surveillance et interdiction des droits, a été abrogée par la circulaire du 30 mars 1893, transcrite plus haut sous le numéro 576.

583. — La mesure relative à la production d'une notice individuelle concernant les indigènes non militaires de l'Algérie, doit être étendue aux individus de l'ordre civil condamnés à plus de quatre mois d'emprisonnement par les conseils de guerre aux armées.

584. — Mensuellement et seulement quand tous les jugements contradictoires auront commencé à recevoir leur exécution, il sera adressé au ministre de la guerre, par la voie hiérarchique :

1° Etat des jugements rendus pendant le mois écoulé, — formule imprimée n° 21 ;

2° Un extrait du jugement — imprimé 17 — pour chacun des individus jugés ; cet extrait est collectif lorsque plusieurs individus sont compris dans une même poursuite ;

3° Un extrait du jugement portant l'exécutoire — imprimé 20 — destiné au domaine, pour chacun des condamnés. D'après une circulaire du 24 février 1821, lorsque des militaires auront été condamnés solidairement aux frais de la procédure, il devra être établi un extrait distinct pour chacun des condamnés ;

4° Un bulletin n° 1, destiné au casier judiciaire, pour chacun des condamnés ;

5° Un duplicata du bulletin n° 1, destiné à la préfecture de la Seine pour chacun des condamnés (*C. minist.*, 5 *décembre* 1885).

585. — S'il y a demande de grâce ou de commutation de peine, l'envoi mensuel ne doit pas être retardé, mais alors il est fait mention de cette circonstance sur l'état 21, dans la colonne d'observations.

586. — Le chef de l'État, dont la prérogative n'est pas restreinte dans les mêmes limites que le pouvoir des juges, a toujours le droit d'attribuer aux peines, par voie de commutation, une durée plus longue que celle déterminée par la loi (*Dép. minist.*, 12 *septembre* 1871).

587. — Lorsqu'un condamné aura été l'objet d'une mesure gracieuse, mention en sera faite en marge ou à la suite de la minute du jugement. Elle sera signée du greffier, seul dépositaire des archives (*Décret du 14 juin 1813*). La décision doit également être mentionnée en marge des extraits délivrés.

Par décision présidentielle en date du..., la peine prononcée contre le nommé... a été commuée en celle de..., qui comptera du jour du jugement.

Ou par décision présidentielle en date du..., il a été accordé au nommé... une réduction de peine de...

588. — Si le transfèrement n'a pas encore été effectué au moment où la décision gracieuse parvient au parquet, le condamné est conduit à la plus prochaine audience publique du conseil de guerre et il y reçoit lecture, pour entérinement, de la lettre de grâce ou de commutation de peine. Les membres du conseil, les avocats, le condamné ainsi que les assistants se tiennent debout et la garde présente les armes pendant cette lecture.

Réquisitions du commissaire-rapporteur.

Vu le décret en date du..., portant commutation de la peine prononcée contre le nommé N...;

Requérons, en vertu des dispositions de l'article 3 du décret du 14 juin 1813, que lecture de la décision précitée soit donnée en audience publique, pour entérinement.

589. Procès-verbal de lecture d'une décision gracieuse.

L'an mil huit cent..., le...;

Le conseil de guerre de... étant réuni en audience publique sur l'ordre du général commandant, le président a fait amener le nommé..., auquel il a été donné lecture de la décision de M. le Président de la République, datée du..., qui commue en..., la peine de..., prononcée contre lui le..., par le susdit conseil; après quoi le condamné a été reconduit par l'escorte à la prison;

En foi de quoi il a été donné acte au commissaire-rapporteur de l'accomplissement de cette formalité; conformément à l'article 2 du décret du 14 juin 1813.

Le greffier,   *Les juges,*   *Le président,*

590. — Les grâces, commutations ou réductions de peine concernant les individus condamnés par les conseils de guerre, sont notifiées par le commissaire du gouvernement, si la décision gracieuse intervient avant l'exécution du jugement, et, dans le cas contraire, par le commandant de l'établissement pénitentiaire où les hommes auront été écroués :

1° Au Procureur de la République près le tribunal de

l'arrondissement dans lequel ils sont nés, pour les condamnés originaires de France, de Corse ou d'Algérie;

2° A M. le ministre de la justice (Bureau de la statistique et des casiers judiciaires) pour les individus nés à l'étranger ou dans nos colonies transatlantiques.

Les notifications devront être faites à l'aide de l'imprimé ci-joint dont je vous adresserai des exemplaires en nombre suffisant, au fur et à mesure des besoins du service (*C. minist.*, 12 *novembre* 1881) (*V. n° 17 du formulaire*).

591. — Aux termes de la circulaire ministérielle du 12 novembre 1881, les commandants des établissements pénitentiaires militaires et les agents principaux des prisons militaires sont chargés de porter à la connaissance des parquets civils les décisions gracieuses concernant les hommes détenus, afin qu'elles soient mentionnées aux casiers judiciaires.

Par analogie avec ces dispositions, le ministre de la guerre a décidé que cette notification devra également être faite, directement, au parquet du conseil de guerre qui a prononcé la condamnation en vertu de laquelle l'homme a été écroué, dans le but d'assurer, conformément à l'article 2 du décret du 14 juin 1813, l'inscription de la décision gracieuse en marge du jugement de l'impétrant (*C. minist.*, 10 *février* 1892).

592. — D'après le principe posé dans l'article 64 de la loi du 27 juillet 1872 (disposition que n'a pas rappelée la loi du 15 juillet 1889) il n'y a lieu de déduire des années de service que le temps pendant lequel un militaire a subi une peine correctionnelle (travaux publics ou emprisonnement) en vertu d'un jugement. Dès lors, le service d'un condamné doit recommencer à courir à partir du jour de l'expiration de sa peine ou de la date de la grâce qui a pu lui être accordée (*D. minist.*, 11 *août* 1883).

593. — Suivant les prescriptions de l'article 25 du Code pénal, aucune condamnation ne pourra être exécutée les jours de fêtes nationales ou religieuses, ni les dimanches.

PEINE DE MORT.

594. — Aucune exécution à mort, par quelque juridiction qu'elle ait été ordonnée, ne pourra avoir lieu, dans toute l'étendue des possessions françaises en Algérie, qu'autant qu'il nous en aura été rendu compte, et que nous aurons décidé de laisser libre cours à la justice. Toutefois, dans le cas d'urgence extrême, le gouverneur général pourra ordonner l'exécution, à la charge de faire immédiatement connaître les motifs de sa décision à notre ministre secrétaire d'État de la Guerre qui nous en rendra compte. Ce pouvoir attribué au gouverneur général ne pourra, dans aucun cas, être délégué (*Ordonnance du 1ᵉʳ avril 1842, art. 1ᵉʳ*).

595. — Lorsqu'une condamnation à mort est prononcée par un conseil de guerre, le commissaire du gouvernement rapporteur adresse au général commandant la division, aussitôt après l'expiration des délais de recours, ou de la décision confirmative du conseil de révision, s'il y a eu pourvoi, le dossier de la procédure accompagné d'une expédition du jugement — formule imprimée 16 *bis*. — Il joint à cet envoi un rapport circonstancié sur les faits qui ont motivé la condamnation. Le général transmet ces pièces au ministre de la guerre, par la voie hiérarchique, après avoir émis son avis sur l'opportunité de l'exécution. Ce rapport est également revêtu de l'avis du général commandant le corps d'armée, s'il y a lieu, et de celui du général en chef.

596. — Une expédition du jugement — formule 16 *bis* — doit être jointe au dossier de procédure envoyé au ministre pour les condamnés à mort (*LL. minist.*, 19 *novembre* 1875, *mai* 1883).

597. — Les dossiers relatifs à des condamnations à mort doivent être accompagnés d'un rapport spécial du commissaire du gouvernement, rédigé principalement au point de vue des faits de la cause et terminé par l'avis de ce magistrat. Le général commandant la division et le général en chef, s'il y a lieu, émettront également leur avis dans un résumé des diverses considérations de nature à éclairer l'appréciation de l'autorité supérieure (*CC. minist.*, 9 *et* 15 *janvier* 1859).

598. — Les rapports établis par les commissaires du gouvernement au sujet des condamnations capitales doivent, suivant une dépêche du 4 mai 1862, émanant du gouverneur général de l'Algérie, renfermer l'exposé complet des faits criminels qui ont amené ces condamnations et le détail des circonstances qui se sont produites à l'audience, et par suite desquelles s'est formée leur conviction et celle des juges. Il est indispensable que ces rapports soient aussi explicites que possible et que les appréciations auxquelles les magistrats doivent se livrer, soient toujours appuyées sur des faits révélés pendant l'instruction et aux débats.

599.   Rapport.

J'ai l'honneur de vous adresser le rapport prescrit par la circulaire ministérielle du 7 septembre 1831, sur le nommé (*nom, prénoms, grade, corps*), condamné le..., par le conseil de guerre de..., à la peine de mort, pour...

Le jeudi 1ᵉʳ janvier 18..., au camp de..., N..., puni de prison, s'enivra avec de l'eau-de-vie qu'il put se procurer, par suite du défaut de surveillance de la garde de police, et à 9 heures du matin, au moment où le sergent de garde... se présentait avec un homme de corvée apportant les vivres des hommes punis, N..., qui se tenait à grand peine debout devant la porte de la tente servant de prison, se mit à injurier grossièrement et sans aucun motif le sous-officier et, comme celui-ci l'invitait à se taire et à rentrer sous la tente, N... se saisit d'un bâton et s'avança sur le sergent en lui disant : « tu es trop bleu pour me faire taire ! si tu ne me f... pas la paix je vais te casser la gueule. » Afin d'empêcher ce forcené de mettre ses menaces à exécution, le sergent lui prit les mains, mais N..., au paroxysme de la fureur, se dégageant violemment, lui lança un coup de poing en plein visage. Des hommes de garde, accourus, garrottèrent l'accusé pour le mettre hors d'état de nuire. N... vomit alors de nouvelles injures contre le sergent, le traitant de lâche, canaille, etc...; le scandale et le tapage devinrent tels que tout le camp fut bientôt en émoi.

A l'audience, l'accusé, tout en manifestant un certain repentir, s'est retranché derrière son état d'ivresse et a prétendu ne se rappeler absolument rien de ce qui s'était passé; les témoignages produits aux débats ont largement suppléé à ce défaut de mémoire et, par leur netteté et leur concordance, ont permis aux juges d'asseoir leur conviction avec la plus entière certitude. Reconnu coupable, à l'unanimité des voix :

1° De voies de fait envers un supérieur pendant le service ;

2° D'outrages par paroles, gestes et menaces envers le même supérieur pendant le service ;

N... a été condamné à la peine de mort.

Le condamné a **23** ans, il sert en qualité d'appelé; les punitions nombreuses qu'il a encourues depuis son entrée au corps ne militent pas en sa faveur. Dans son rapport, joint au dossier, le capitaine commandant la compagnie le désigne comme un homme indiscipliné et d'un exemple dangereux pour ses camarades. Il n'a pas d'antécédents judiciaires et les renseignements obtenus sur son compte avant son incorporation ne lui sont pas défavorables.

La nature violente et irritable de cet homme; l'état de surexcitation alcoolique dans lequel il se trouvait, expliquent, sans toutefois la justifier, la scène regrettable rapportée plus haut. Après avoir ajouté que le sous-officier, à peine touché, n'a reçu aucune blessure; que la loi et la discipline ont eu satisfaction par la sentence terrible rendue contre N..., nous terminerons en disant qu'il y a lieu, à notre avis, à commutation de peine.

Le commissaire-rapporteur,

Avis du général commandant la division.

. . . .

Avis du général commandant en chef.

. . . .

600. — Tout individu condamné à la peine de mort par un conseil de guerre est fusillé. Si la condamnation à la peine de mort est prononcée contre un militaire en vertu des lois pénales ordinaires, elle entraîne de plein droit la dégradation militaire (*Art.* 187 *et* 188, *C. M.*).

601. — La peine de mort a donc des effets différents selon qu'elle entraîne ou non la dégradation militaire. Elle est afflictive ou infamante dans le premier cas, et afflictive, mais non infamante, dans le second. Elle est infamante toutes les fois qu'elle est empruntée aux lois pénales de droit commun et toutes les fois qu'elle est prononcée pour crime militaire cumulativement avec la dégradation, et alors l'article 190, transcrit plus loin, précise ses effets légaux et ses conséquences. Au contraire, quand la peine de mort est prononcée en réparation d'un crime purement militaire et sans être accompagnée de la dégradation, l'homme meurt sans encourir aucune incapacité.

602. — L'application de la peine de mort a, par suite, lieu de deux façons différentes, selon la nature du crime, et voici comment cette distinction a été expliquée dans l'exposé des motifs : La peine de mort toujours infamante dans l'ordre civil, ne pouvait conserver ce caractère dans toutes les circonstances où elle est appliquée aux militaires. Si le maintien de la discipline exige parfois des peines qui semblent disproportionnées à l'offense, et si des infractions graves dans le service et des actes d'insubordination suffisent pour attirer sur les coupables militaires la peine de mort, la raison se révolterait contre une mesure qui tendrait à les mettre, quant à l'infamie, sur la même ligne que les assassins et les plus grands coupables.

603. — Du texte de l'article 190, il ressort que lorsque la dégradation militaire est prononcée comme accessoire de la peine de mort, le condamné n'en subit pas matériellement l'exécution ; elle est seulement mentionnée dans le dispositif du jugement, comme un premier châtiment moral. L'appareil de la dégradation militaire, transporté sur le lieu du supplice et précédant l'exécution de la peine de mort, ne serait en effet qu'une aggravation cruelle et inutile.

604. — L'appareil matériel de la dégradation militaire ne devant pas être subi par le militaire condamné à mort, l'autorité militaire devra veiller à ce que tous ses insignes militaires lui soient enlevés avant son arrivée sur le lieu de l'exécution. C'est, du reste, ce que prescrit l'article 127 du règlement du 4 octobre 1891, sur le service des places :

605. — Si le condamné doit subir la peine capitale, l'exécution a lieu en présence des troupes de la garnison en armes. Le corps auquel appartient le condamné tient la droite; le plus ancien chef de corps prend le commandement.

Le major de la garnison fait commander pour l'exécution un adjudant, quatre sergents, quatre caporaux et quatre soldats pris à tour de rôle en commençant par les plus anciens, dans le corps auquel appartient le condamné; lorsque le condamné n'appartient pas à un des corps de la garnison, ou lorsqu'il fait partie d'un corps qui n'est armé ni du fusil, ni du mousqueton, le piquet d'exécution est fourni à tour de rôle par les corps qui se trouvent dans la place, en commençant par le numéro le plus faible, et en suivant l'ordre de bataille.

Il est commandé, en outre, un cinquième soldat et un cinquième sergent, pris également parmi les plus anciens après ceux qui font partie du peloton d'exécution, le premier désigné pour bander les yeux du condamné et le faire mettre à genoux, et le second pour lui donner le coup de grâce.

L'adjudant, auquel un adjudant de la garnison a fait connaître le moment de l'exécution, fait charger les armes avant l'arrivée du condamné.

L'un des juges du conseil devant lequel a comparu le condamné doit être présent à l'exécution.

Il est assisté par le greffier, qui en dresse procès-verbal.

Le condamné est amené sur le terrain par un détachement de cinquante hommes, il n'est pas porteur de ses insignes. Lorsqu'il arrive devant les troupes, elles portent les armes, les tambours ou les clairons battent ou sonnent aux champs.

Le condamné est placé au lieu de l'exécution : pendant la lecture de l'extrait du jugement par le greffier, on lui bande les yeux et on le fait mettre à genoux.

Le piquet formé sur deux rangs s'approche à six mètres du condamné et, celui-ci étant laissé seul, l'adjudant, placé à quatre pas sur la droite et à deux pas en avant du piquet, lève son épée. A ce signal, les douze hommes mettent en joue, visant le milieu de la poitrine; l'adjudant restant l'épée haute, laisse au piquet le temps d'assurer son tir, puis il commande : *Feu*. Commandement instantanément suivi d'exécution. Le cinquième sous-officier donne ensuite le coup de grâce.

Les exécutions multiples sont toujours simultanées; les condamnés sont placés sur une même ligne et séparés par un intervalle de dix mètres. Un seul adjudant commande le feu à tous les piquets.

L'exécution terminée, les troupes défilent devant le mort et sont reconduites dans leurs quartiers. Le commandant d'armes prend les mesures nécessaires pour l'inhumation.

606.   Décret du 25 octobre 1874, concernant les exécutions militaires.

Les articles 1, 2, 3, 5, 6 et 9 ont été abrogés par l'article 127 sus-rappelé.

Art. 4. — Un poteau muni d'un crochet, sera planté au lieu fixé pour l'exécution; un sillon tracé à six mètres en avant de ce poteau indiquera la distance à laquelle le peloton composé de douze hommes devra se ranger devant le condamné.

Art. 7. — Un médecin militaire, choisi soit dans le corps de troupe qui aura fourni les tireurs, soit à tour de rôle parmi les plus anciens de la garnison, devra assister à l'exécution. Aussitôt après le feu du peloton, il s'approchera du corps du condamné pour décider s'il faut ou non donner le coup de grâce.

Art. 8. — S'il y a nécessité de donner le coup de grâce, le sous-officier commandé en même temps que le peloton d'exécution, dont l'arme sera chargée d'avance et qui se tiendra à côté du médecin militaire, placera l'extrémité du canon à cinq centimètres de l'oreille du supplicié et fera ainsi feu à bout portant.

Art. 10. — Le médecin militaire qui a assisté à l'exécution examinera le cadavre du supplicié; il indiquera dans un rapport médico-légal le nombre et le siège des blessures, et appréciera, s'il y a lieu, les circonstances majeures qui auraient, en faisant varier le procédé d'exécution, rendu le coup de grâce nécessaire. Ce rapport, indépendant de celui par lequel le décès est médicalement constaté, sera immédiatement remis à l'autorité militaire supérieure qui a ordonné l'exécution du jugement.

607. — Le commissaire du gouvernement rapporteur n'est pas tenu d'assister à l'exécution des jugements entraînant la peine de mort (*Dép. minist.*, 12 *décembre* 1865).

608. — Dans tous les cas d'exécution à mort, le greffier du conseil transmettra à l'officier de l'état civil du lieu où le condamné aura été exécuté, les prénoms, nom, profession et domicile du décédé; les prénoms et nom de l'épouse, s'il était marié ou veuf; les prénoms, nom, profession et domicile des déclarants, et, autant que possible, son lieu de naissance, ainsi que les prénoms, nom, profession et domicile des père et mère du décédé. Ces renseignements devront être envoyés dans les vingt-quatre heures de l'exécution, conformément aux prescriptions des articles 79 et 83 du Code civil. La remise d'un extrait du jugement, — formule 18, — sur lequel tous ces renseignements se trouvent consignés, satisfera pleinement aux exigences de la loi. On ajoutera, au pied dudit extrait, le procès-verbal d'exécution :

« L'an mil huit cent..., le..., à 6 heures du matin ;

« Le présent jugement, prononçant la peine de mort contre le nommé..., prénommé et qualifié d'autre part, a reçu son exécution en présence des troupes de la garnison en armes, sur les glacis de la casbah, à Tunis.

« *L'officier d'administration, greffier du conseil,* »

609. — Conformément aux prescriptions de la loi du 8 juin 1893, les fonctions d'officier de l'état civil sont exercées :

1° Dans les formations de guerre mobilisées, par le trésorier ou l'officier qui en remplit les fonctions, quand l'organisation comporte cet emploi, et, dans le cas contraire, par l'officier commandant ;

2° Dans les quartiers généraux ou états-majors, par les fonctionnaires de l'intendance ou, à défaut, par les officiers désignés pour les suppléer;

3° Pour les personnes non militaires, employées à la suite des armées, par le prévôt ou l'officier qui en remplit les fonctions;

4° Dans les formations ou établissements sanitaires dépendant des armées, par les officiers d'administration gestionnaires de ces établissements;

5° Dans les hôpitaux maritimes et coloniaux, sédentaires ou ambulants, par le médecin directeur ou son suppléant;

6° Dans les colonies et les pays de protectorat et lors des expéditions d'outre-mer, par les officiers du commissariat ou les fonctionnaires de l'intendance, ou, à leur défaut, par les chefs d'expédition, de poste ou de détachement.

En France, les actes de l'état civil pourront également être reçus, en cas de mobilisation ou de siège, par les officiers énumérés aux cinq premiers numéros du paragraphe précédent. La compétence de ces officiers s'étendra, s'il est nécessaire, aux personnes non militaires qui se trouveront dans les forts et places fortes assiégés.

610. Procès-verbal d'exécution à mort.

L'an mil huit cent..., le..., à... heures du matin;

Nous..., officier d'administration de 1re classe, greffier près le conseil de guerre de..., agissant en vertu des ordres de M. le général commandant la division, en date du...;

Nous sommes transporté à..., pour assister à l'exécution de la peine de mort, prononcée le..., en réparation du crime de..., contre le nommé (*nom, prénoms, grade, corps*), immatriculé sous le n°..., né le..., à..., arrondissement de..., département de..., fils de..., et de..., profession de..., domicilié avant son entrée au service à...

Arrivé sur le lieu de l'exécution, nous greffier soussigné, avons donné lecture au condamné, en présence de M..., capitaine au..., juge audit conseil et désigné, en cette qualité, par M. le président pour assister à l'exécution, — et devant les troupes assemblées en armes, du jugement précité, ainsi que de la décision de M. le président de la République française, datée du..., prescrivant de laisser libre cours à la justice.

Aussitôt après cette lecture, un piquet d'infanterie, composé conformément aux prescriptions réglementaires, s'est approché et a fait feu sur le condamné qui est tombé mort, ainsi que l'a constaté M. le médecin major commis à cet effet.

En foi de quoi, nous avons dressé le présent procès-verbal, prescrit par les articles 151 du Code militaire et 127 du décret du 4 octobre 1891, portant règlement sur le service des places.

Fait à..., les jour, mois et an que dessus.

L'officier d'administration greffier,

611. — Conformément à l'article 378 du Code d'instruction criminelle, le procès-verbal d'exécution dressé par le greffier devra être transcrit, dans les vingt-quatre heures, au pied de la minute de l'arrêt. La transcription sera signée par le greffier, et il sera fait mention du tout en marge du procès-verbal. Cette mention sera également signée du greffier et la transcription fera preuve comme le procès-verbal même.

612. Mention en marge du procès-verbal.

Le présent procès-verbal a été transcrit au pied de la minute du jugement; conformément aux prescriptions de l'article 378 du Code d'instruction criminelle.

L'officier d'administration greffier,

613. Sur la minute du jugement.

L'an mil huit cent..., le..., à... heures du matin;

Le présent jugement prononçant la peine de mort contre le nommé..., prénommé et qualifié d'autre part, a reçu son exécution conformément à la loi, ainsi que le constate le procès-verbal ci-annexé.

En foi de quoi nous avons porté la présente inscription sur la minute de l'arrêt, en exécution des prescriptions de l'article 378 du Code d'instruction criminelle.

L'officier d'administration greffier,

PEINES AFFLICTIVES ET INFAMANTES.

614. — L'article 7 du Code pénal déclare afflictives et infamantes : 1° la mort; — 2° les travaux forcés à perpétuité ; — 3° la déportation ; — 4° les travaux forcés à temps; — 5° la détention; — 6° la réclusion.

615. — Sont réputés infamantes sans être afflictives, article 8 du même Code : 1° le bannissement; — 2° la dégradation civique; — art. 185 du Code militaire, la dégradation militaire.

616. — La peine des travaux forcés est subie conformément à la loi du 30 mai 1854, dans des établissements créés sur le territoire des possessions françaises autres que l'Algérie. La Nouvelle-Calédonie a été désignée, par décret du 2 septembre 1863, pour recevoir ces établissements. La Guyane est destinée à recevoir les condamnés aux travaux forcés qui ne présentent aucune chance d'amendement.

617. — La peine des travaux forcés à temps ne peut être prononcée que pour une durée de 5 à 20 années , — art. 19 du Code pénal, — sauf dans le cas de récidive où elle peut être portée jusqu'au double.

618. — La peine de la déportation consiste à être transporté dans un lieu déterminé, hors du territoire continental de la France, et à y demeurer à perpétuité. Suivant le décret du 23 mars 1872, la presqu'île Ducos, à la Nouvelle-Calédonie, est déclarée lieu de déportation dans une enceinte fortifiée; — l'île des Pins et, en cas d'insuffisance, l'île Maré, dépendances de cette même colonie, sont déclarées lieux de déportation simple. La condition des déportés à la Nouvelle-Calédonie est réglée par le décret du 25 mars 1873.

619. — La détention, qui ne peut être infligée pour moins de 5 ans ni pour plus de 20 ans, sauf le cas de récidive, est subie dans une forteresse, aux termes de l'article 20 du Code pénal. La citadelle de Corte (Corse) reçoit tous les condamnés de cette catégorie.

620. — Les condamnés à la réclusion sont enfermés dans une maison de force. Cette peine ne peut être prononcée pour moins de 5 ans, ni pour plus de 10 ans. Les réclusionnaires subissent leur peine dans les maisons centrales, réparties sur tout le territoire et qui sont actuellement au nombre de 25.

621. — Le bannissement consiste dans la transportation hors du territoire français, pendant 5 ans au moins et 10 ans au plus. Le banni est conduit à la frontière, au lieu indiqué par lui, et y est laissé libre.

622. — *Art.* 189, *C. M.* Les peines des travaux forcés, de la déportation, de la détention, de la réclusion et du bannissement sont appliquées conformément aux dispositions du Code pénal ordinaire. Elles ont les effets déterminés par ce Code et emportent, en outre, la dégradation militaire.

623. — Dans tous les cas de condamnation à l'une des peines indiquées en l'article 189, l'article du Code pénal qui en détermine les effets et la durée doit être visé dans le dispositif du jugement, et le texte transcrit sur la minute, le tout sous peine de nullité.

624. — *Art.* 190, *C. M.* Tout militaire qui doit subir la dégradation militaire, soit comme peine principale, soit comme accessoire d'une peine autre que la mort, est conduit devant la troupe sous les armes. Après la lecture du jugement, le commandant prononce ces mots à haute voix : N..., vous êtes indigne de porter les armes, de par la loi nous vous dégradons. Aussitôt après, tous les insignes militaires et les décorations dont le condamné est revêtu sont enlevés ; et, s'il est officier, son épée est brisée et jetée à terre devant lui.

La dégradation militaire entraîne :

1° La privation du grade et du droit d'en porter les insignes et l'uniforme ; 2° l'incapacité absolue de servir dans l'armée, à quelque titre que ce soit, et les autres incapacités prononcées par les articles 28 et 34 du Code pénal ordinaire ; 3° la privation de porter aucune décoration et la déchéance de tout droit à pension et à récompense pour les services antérieurs.

625. — **Décret du 4 octobre 1891 portant règlement sur le service des places.** — *Art.* 128. Si le jugement porte condamnation aux travaux forcés, à la déportation, à la détention, à la réclusion, au bannissement ou aux travaux publics, l'exécution a lieu, ainsi qu'il est dit à l'article 127, devant un détachement de chacun des corps de la garnison et devant les recrues ayant moins de trois mois de service.

Le corps auquel appartient le condamné s'y trouve en entier, il occupe la droite. La composition des détachements des autres corps est déterminée par le commandant d'armes. Toutes ces troupes sont dans la tenue fixée pour la garde, sauf les recrues qui sont en tenue du jour.

La garde montante et le piquet n'y assistent pas.

Le condamné est amené par un détachement.

S'il doit subir la dégradation, soit comme peine principale, soit comme accessoire d'une peine autre que la mort, il est dégradé après que la lecture de son jugement a été faite par le greffier. Le commandant des troupes réunies prononce à haute voix la formule de dégradation.

Le plus ancien sous-officier du détachement qui a conduit le condamné lui enlève les insignes de grade et les décorations, s'il y a lieu, les épaulettes et tous les accessoires de l'uniforme qui sont des marques distinctives. Le condamné, conduit par un caporal ou brigadier et quatre soldats, passe ensuite devant le front des troupes, qui sont au port d'armes.

Les condamnés sont remis à la gendarmerie immédiatement après l'exécution des dispositions ci-dessus.

Les troupes ne défilent que si le commandant d'armes est officier général et préside à l'exécution du jugement.

Dans tous les autres cas elles rentrent directement dans leurs quartiers.

626. — Pour les militaires, les peines des travaux forcés, de la déportation, de la détention, de la réclusion et du bannissement commencent à courir du jour où la sentence est devenue irrévocable, — quant à la durée il y a lieu de se conformer aux dispositions de l'article 200 du Code militaire.

627. — En ce qui concerne les individus de l'ordre civil, condamnés par les conseils de guerre, le point de départ et la durée de la peine à subir sont également réglés par ledit article 200.

628. — Tout condamné à une peine afflictive et infamante, ou seulement infamante sans être afflictive, doit être remis à l'autorité civile chargée de lui faire subir sa peine : s'il est militaire, immédiatement après qu'il a subi la dégradation ; s'il appartient à l'ordre civil, aussitôt que le jugement est devenu irrévocable.

629. — Le militaire condamné à une peine afflictive et infamante n'en reste pas moins soumis à la loi militaire, tant que les formalités relatives à la dégradation n'ont pas été exécutées. — Jusqu'à ce que ces formalités légales aient été accomplies, le condamné, en dépôt dans une prison militaire, sous la dépendance et la surveillance de l'autorité militaire, demeure soumis à la compétence de la juridiction militaire, pour tous les crimes et délits qu'il peut commettre dans cette situation transitoire.

630. — Le procès-verbal d'exécution peut être inscrit

sur la minute du jugement, au verso de la deuxième feuille :

631. Procès-verbal de dégradation militaire.

L'an mil huit cent..., le...;

Le présent jugement a commencé à recevoir son exécution par l'accomplissement des formalités prescrites par l'article 190 du Code militaire.

Dont procès-verbal dressé en exécution des prescriptions de l'article 151 du même Code.

L'officier d'administration greffier,

TRAVAUX PUBLICS.

632. — Le condamné à la peine des travaux publics est conduit à la parade revêtu de l'habillement déterminé par les règlements. Il y entend devant les troupes la lecture de son jugement. Il est employé aux travaux d'utilité publique. Il ne peut, en aucun cas, être placé dans les mêmes ateliers que les condamnés aux travaux forcés. La durée de la peine est de 2 ans au moins et de 10 ans au plus (*art.* 193, *C. M.*).

633. — **Décret du 4 octobre 1891, portant règlement sur le service des places.** — *Art.* 128. Tout militaire condamné aux travaux publics est amené revêtu de l'habillement des condamnés; il lui est donné, par le greffier, lecture du jugement, puis il passe devant le front des troupes, qui sont au port d'armes.

Les condamnés sont remis à la gendarmerie immédiatement après l'exécution des dispositions ci-dessus.

Les troupes ne défilent que si le commandant d'armes est officier général et préside à l'exécution du jugement. Dans tous les autres cas elles rentrent directement dans leurs quartiers.

(Se reporter pour les autres dispositions, aux quatre premiers paragraphes de l'article 128, transcrits dans le chapitre précédent, n° 265.)

634. — La peine des travaux publics, qui est subie dans des ateliers spéciaux en Algérie, est la seule peine correctionnelle qui soit accompagnée d'un appareil militaire. La peine des travaux publics, lisons-nous dans le rapport, offre cet avantage précieux qu'elle n'expose pas les militaires, chez qui le sentiment de l'honneur est vivant, au contact d'hommes déjà pervertis. Le coupable garde, dans ces ateliers, ses habitudes d'activité, au lieu de languir dans le repos honteux et stérile de la prison : on l'y emploie à des travaux qui, sans dégrader l'âme, fatiguent le corps et domptent la volonté.

635. — La peine des travaux publics commence à courir du jour où le jugement de condamnation est devenu irrévocable. La durée de la peine à subir effectivement est déterminée d'après les prescriptions de l'article 200 du Code militaire.

636. — L'extrait fourni à la prison, en conformité de l'article 111 du règlement sur les prisons militaires, doit être accompagné de l'état signalétique et du relevé des punitions du condamné. Ces pièces sont remises au gendarme chargé de la conduite de l'homme, immédiatement après l'exécution.

637. — On peut inscrire le procès-verbal d'exécution sur la minute même du jugement, au verso de la deuxième feuille.

638.   Procès-verbal d'exécution.

L'an mil huit cent..., le...;

Le présent jugement a commencé à recevoir son exécution par l'accomplissement des formalités prescrites par l'article 193 du Code militaire.

Dont procès-verbal dressé en exécution des prescriptions de l'article 151 du Code précité.

L'officier d'administration greffier,

EMPRISONNEMENT.

639. — La durée de l'emprisonnement est de six jours au moins et de cinq ans au plus (*art.* 194, *C. M.*). Cependant, lorsque la peine est empruntée au Code pénal ordinaire, les conseils de guerre peuvent réduire l'emprisonnement jusqu'à 24 heures, et même le remplacer par l'amende, en vertu de l'article 463 de ce Code.

640. — Ainsi que l'a décidé la Cour de cassation, dans un arrêt du 12 janvier 1881, lorsque la peine de l'emprisonnement est prononcée pour un mois, elle est de trente jours. Mais lorsqu'elle est infligée pour plusieurs mois, le décompte doit être fait en prenant pour base les dates correspondantes, et non pas trente jours pour chacun des mois.

641. — La peine de l'emprisonnement est subie dans les pénitenciers et les prisons militaires répartis sur tout le territoire de la France et de l'Algérie, suivant les catégories dans lesquelles les condamnés sont placés, en raison de la durée de la peine qu'ils ont à faire. — Les détenus sont soumis au travail.

642. — De même que pour les autres peines, l'emprisonnement compte du jour où la condamnation est devenue irrévocable. Toutefois, si le condamné à l'emprisonnement n'est pas détenu, la peine court du jour où il est écroué. Pour les militaires détenus au moment du jugement, l'article 200 du Code militaire règle la durée de la peine à subir effectivement.

643. — La jurisprudence s'est prononcée ainsi à cet égard : Lorsqu'il n'a pas été formé de pourvoi, le jour même du verdict sert de point de départ à la peine. S'il y a eu recours la peine commence à courir du jour de la décision confirmative rendue par le conseil de révision. Enfin, s'il y a eu recours en révision et désistement, la peine compte du jour de la décision par laquelle le tribunal d'appel accepte et donne acte du désistement que le condamné est en droit de présenter jusqu'au moment de la réunion du conseil de révision; alors que le ministère public, dont le recours a été formé au nom de la loi, n'a pas le droit de se désister.

644. — En cas de recours en révision, il y a lieu de porter la mention ci-après sur la minute du jugement : Le présent jugement a commencé à recevoir son exécution le..., jour de sa confirmation par le conseil de révision.

L'officier d'administration greffier,

FRANCHISE POSTALE.

645. — Les commissaires du gouvernement rapporteurs ont le droit de correspondre en franchise, sous enveloppe ou sous bande, valablement contresignée et empreinte du timbre du conseil, avec les diverses autorités indiquées ci-après :

Chefs d'États-majors des corps d'armée et des régions militaires.	Dans la région militaire.
Commandant de la Légion de la garde républicaine de Paris.	Id.
— des brigades de gendarmerie.	Toute la République.
— des bureaux de recrutement et de mobilisation.	Id.
— des corps d'armée et des régions militaires. . . .	Id.
— des subdivisions de régions.	Subdivision de Région.
Commissaires de police.	Toute la République.
— du gouvernement près les conseils de guerre et de révision.	Id.
— Généraux de la marine.	Arrond. maritime.

Directeurs de l'administration des domaines.	Toute la République.
Fonctionnaires de l'Intendance militaire.	Région militaire.
Inspecteurs généraux d'armes. . . .	Toute la République.
Juges de paix.	Id.
Juges d'instruction.	Id.
Maires.	Id.
Officiers de gendarmerie	Id.
Préfets.	Id.
Premiers présidents de Cour d'appel.	Cour d'appel.
Présidents des conseils d'administration des corps, — des pénitenciers, des ateliers de travaux publics, des prisons militaires de Paris et de Lyon.	Toute la République.
Présidents des conseils d'administration des établissements militaires. . . .	Id.
Procureurs généraux et procureurs de la République.	Id.
Receveurs de l'administration des domaines.	Id.
Trésoriers payeurs généraux.	Id.
Rapporteurs près les conseils de guerre.	Id.
Directeur des domaines de l'Algérie.	

646. — La franchise télégraphique n'est pas accordée aux membres des parquets militaires. Lorsqu'il est nécessaire d'employer le télégraphe, le commissaire-rapporteur rédige la dépêche et la soumet au visa du chef d'état-major de la division, qui la fait expédier.

FORMULAIRE.

ARMÉE DE ....

DIVISION de .....

Art. 10, décr. du 13 novembre 1857, instr. minist. du 18 juillet 1870.

1.

CONSEIL DE GUERRE de .....

État pour servir au paiement des frais de bureau pendant le mois d..... 18...

NOM ET PRÉNOMS de LA PARTIE PRENANTE.	GRADE et CORPS.	EMPLOI.	OBJET DE LA DÉPENSE.	MONTANT.	OBSERVATIONS.
....	....	Greffier.	Frais de bureau du mois de ...	....	

Vu, vérifié et arrêté le présent état, s'élevant à la somme de....., laquelle a été ordonnancée ce jour en un mandat n°...

A....., le.....

Le Sous-Intendant militaire,

Certifié par nous soussigné, greffier du conseil, le présent état montant à la somme de.....

A....., le.....

Cet état est fourni mensuellement à la sous-intendance, en double expédition.

2.

ARMÉE DE .....   **CONSEIL DE GUERRE de .....**

DIVISION .....

État des dépenses faites pendant le mois de....., en vertu de la lettre collective, n° 26, du 28 juin 1882, pour l'obtention des extraits du cas.er judiciaire.

DATES.	NOMS.	NOMBRE D'EXTRAITS.	COUT.	TOTAL.	OBSERVATIONS.

Certifié par nous, greffier du conseil, le présent mémoire s'élevant à la somme de.....

A....., le.....

Toute demande d'extrait du casier judiciaire doit être accompagnée de l'envoi d'une somme de 25 centimes. Cette somme, avancée par le greffier du conseil, est remboursée chaque mois, sur mémoire, par les soins de l'intendance. La dépense de 25 centimes ci-dessus spécifiée est considérée comme frais de justice criminelle et doit être comprise dans l'exécution du jugement (*L. collective du* 28 *juin* 1882).

Cet état est fourni en double expédition à la sous-intendance.

3.

ARMÉE DE.....

DIVISION de.....

Circ. minist. du 16 février 1878.

CONSEIL DE GUERRE de.....

Bordereau récapitulatif des extraits des jugements, avec leurs exécutoires, délivrés pendant le mois de .....

DATE des JUGEMENTS.	NOMS des CONDAMNÉS.	MONTANT des EXÉCUTOIRES.	OBSERVATIONS.

Vu :   A....., le.....

Le Commissaire-rapporteur,   *Le Greffier,*

Ce bordereau est envoyé mensuellement au ministre avec les extraits (formule 20), lorsque toutes les sentences rendues pendant le mois sont devenues exécutoires.

4.

ARMÉE DE.....

DIVISION.....

Inst. min. du 18 juillet 1870.

État nominatif des individus en faveur desquels un refus d'informer a été prononcé pendant le mois de.....

NOMS et PRÉNOMS.	GRADES et CORPS.	MOTIFS de la PLAINTE.	DATE DU REFUS d'informer.	MOTIFS.	OBSERVA-TIONS.

A ....., le .....

Le Général commandant la division,

Cet état est fourni mensuellement *par la division*, alors même qu'il serait négatif.

5.

<table>
<tr><td>ARMÉE DE.....

DIVISION.....

Inst. min. du 18 juillet 1870.</td><td>État nominatif des individus en faveur desquels une ordonnance de non-lieu a été prononcée pendant le mois de.....</td></tr>
</table>

NOMS et PRÉNOMS.	GRADES et CORPS.	MOTIFS de la PLAINTE.	DATE du NON-LIEU.	OBSERVATIONS et MOTIFS.

A....., le.....

Le Général commandant la division,

Cet état est fourni mensuellement *par la division*, alors même qu'il serait négatif.

6.

ARMÉE DE.....

DIVISION.....

Inst. minist. du 18
juillet 1890.

CONSEIL DE GUERRE de.....

État nominatif des membres du parquet et du greffe, à la date du.....

NOMS et PRÉNOMS.	GRADES.	CORPS.	EMPLOI.	OBSERVATIONS et MUTATIONS.

A....., le.....

Le Commissaire-rapporteur,

Cet état est fourni en simple expédition, le premier jour de chaque mois.

7.

ARMÉE DE.....

DIVISION.....

Règlement
du 6 février 1865,
art. 7.

CONSEIL DE GUERRE de.....

Rapport mensuel du commissaire-rapporteur sur la visite de la prison militaire.

DÉTENUS PRÉVENTIVEMENT.

OBSERVATIONS GÉNÉRALES.

A....., le.....

Le Commissaire-rapporteur,

Cet état doit se borner à mentionner les observations faites par les membres
des parquets au sujet des militaires en prévention et des réclamations des détenus, en ce qui concerne l'exécution de leur jugement (*Loi minist., 7 juin* 1881).

8.

ARMÉE DE.....

DIVISION.....

C. C. minist. des 21 juin 1870 et 16 décembre 1871.

CONSEIL DE GUERRE de.....

État des mutations survenues dans le personnel du parquet et du greffe, pendant le ° trimestre 18...

NOMS et PRÉNOMS.	GRADES et EMPLOIS.	DÉCORA- TIONS.	MUTATIONS et POSITIONS.	INDIQUER PAR LA LETTRE P ou A la présence ou l'absence.

A....., le.....

Le Commissaire-rapporteur,

Il y a lieu d'adresser, dans les cinq premiers jours de chaque trimestre, l'état nominatif du personnel des parquets. — Cet état, signé par le commissaire du gouvernement, doit faire mention des mutations et des vacances. Les noms des substituts et des commis greffiers titulaires et auxiliaires y seront portés (*C. C. minist. des* 21 *juin* 1870 *et* 16 *décembre* 1871).

9.

CONSEIL DE GUERRE de.....

Registre

D'INSCRIPTION DES PLAINTES.

NUMÉRO de la PLAINTE.	DATES		NOMS et PRÉNOMS.	GRADES et CORPS.	CRIME ou DÉLIT.	DATE du JUGEMENT.	VER-DICT.	NON-LIEU.
	De la RÉCEPTION	De L'ÉCROU.						

10.

CONSEIL DE GUERRE de.....

Répertoire

DES JUGEMENTS RENDUS

(C. minist. du 20 février 1829).

Le tracé intérieur de ce registre doit être identique au tableau de l'état des jugements rendus, formule imprimée n° 21, fournie par le ministère.

Indépendamment du répertoire, il est nécessaire de tenir un répertoire alphabétique indiquant les noms et prénoms des individus jugés, ainsi que le numéro du jugement, afin de faciliter les recherches.

11.

CONSEIL DE GUERRE de.....

Registre d'Inscription
DES PIECES DE CONVICTION.

Il doit être tenu au greffe de chaque conseil de guerre un registre destiné a constater l'entrée et la sortie des objets de toute nature, saisis et servant de pièces de conviction. Ce registre pourra être fait à la main (*Circ. minist. du 25 août 1860*).

DATE DU DÉPÔT AU GREFFE. ——— Indication de l'affaire à laquelle les objets appartiennent.	NATURE DES OBJETS SAISIS et des pièces de conviction.	DATE de la REMISE AUX PROPRIÉTAIRES et signature de la partie prenante.	DATE de LA RESTITUTION A L'ETAT ou de la remise au domaine.	DATE DU VISA et SIGNATURE du commissaire-rapporteur.

Lorsque les circonstances le permettent, les effets et objets déposés au greffe comme pièces de conviction, qui n'ont pu être remis à leurs propriétaires, sont versés semestriellement à l'administration du domaine (Trésorier payeur aux armées) pour être vendus au profit de l'État, après accomplissement des formalités prescrites par les ordonnances des 22 février 1829 et 9 juin 1831.

12.

CONSEIL DE GUERRE de . . . . .

Catalogue des Archives.

Un inventaire exact et détaillé des lois, règlements, circulaires relatifs à l'administration de la justice militaire, sera dressé par le greffier de chaque conseil de guerre et de révision. Chacune des pièces portées sur cet inventaire devra être timbrée du cachet particulier à chaque tribunal militaire (*Circ. minist. du 24 janvier* 1832).

Le catalogue est destiné à recevoir l'inscription et l'analyse des documents officiels envoyés au conseil. Quant aux effets et objets, meubles, livres, etc., ils sont portés en entrée au registre-journal (imprimés 356 et 356 A de la nomenclature fournis par le service de l'intendance) et figurent au compte de gestion prescrit par le règlement sur la comptabilité et les catalogues indiqués dans la circulaire ministérielle du 2 janvier 1890.

1° *Documents officiels.*

NUMÉRO D'ORDRE.	DATE du DOCUMENT.	NATURE du DOCUMENT.	ANALYSE.
102.	18... 26 septembre	Lettre ministérielle collective.	Dans les corps ou établissements assimilés, commandés par un simple capitaine, ce dernier a la faculté de déléguer ses pouvoirs d'officier de police judiciaire à un lieutenant ou même à un sous-lieutenant placé sous ses ordres.

2° *Dossiers de procédures.*

EXERCICES.	NOMBRE de LIASSES OU REGISTRES.	NATURE DES PIÈCES.

Trois autres tracés identiques sont destinés à enregistrer :

1° Les minutes de jugements réunies par semestre ou exercice ;

2° Les répertoires des jugements rendus ;

3° Les registres d'inscription des plaintes.

13.

CONSEIL DE GUERRE de . . . . .

Contrôle du Personnel.

(Tracé intérieur.)

NOMS et PRÉNOMS.	GRADES et CORPS.	EMPLOI.	DATE de la NOMINATION.	DÉCORA-TIONS.	MUTATIONS.

14.

CONSEIL DE GUERRE de . . . . .

Registre

des Dossiers de Procédures sortis du Greffe.

(Tracé intérieur.)

NOMS et PRÉNOMS.	NUMÉRO du JUGEMENT.	GRADES et CORPS.	PEINE PRONON- CÉE.	AUTORITÉ à laquelle LES PIÈCES ont été envoyées.	DATES		OBSERVATIONS et MOTIFS de l'envoi.
					De la SORTIE.	De la RENTRÉE.	

15.

Registre d'inscription
DES POURVOIS EN CASSATION.

L'an mil huit cent..., le...;

Nous..., officier d'administration greffier du conseil de guerre de..., à la requête du nommé (nom, prénoms, grade, corps *ou* qualité), condamné le..., par ledit conseil, à la peine de..., pour...

Constatons, par ces présentes, sa déclaration qu'il entend se pourvoir en cassation contre le jugement susmentionné;

Dont acte fait au greffe du susdit conseil les jour, mois et an que dessus, le déclarant ayant signé avec nous, *ou* n'ayant pu *ou* voulu signer.

Art. 417, I. C. — La déclaration du recours sera faite au greffier par la partie condamnée et signée d'elle et du greffier; et si le déclarant ne peut ou ne veut signer, le greffier en fera mention. Cette déclaration pourra être faite..., etc...

Elle sera inscrite sur un registre à ce destiné; ce registre sera public, et toute personne aura le droit de s'en faire délivrer des extraits.

Arrêt du 9 janvier 1880. — Les dispositions de l'article 417 du Code d'instruction criminelle sont applicables aux tribunaux militaires.

16.

e CORPS D'ARMÉE.

e DIVISION.

e Bureau.

N° .....

OBJET :
Notification de grâces et réductions de peines.

A....., le.....

Le général N....., commandant la division, au commandant de la prison militaire.

Par décision présidentielle, en date du ....., il a été accordé des grâces totales ou partielles, aux condamnés dénommés ci-après :

NOM ET PRÉNOMS. Corps d'où proviennent les condamnés.	CONSEILS DE GUERRE qui ont rendu LES JUGEMENTS. Date des jugements.	NATURE ET DURÉE de la peine.	NATURE de LA GRACE accordée.	OBSERVATIONS.

Prière d'assurer l'exécution de cette décision présidentielle et de rendre compte.

P. O. *Le Chef d'état-major,*

Modèle n° 22 de la Circ. minist. du 26 juillet 1880.

17.

Avis d'une décision gracieuse à mentionner sur les bulletins n° 1 classés aux casiers judiciaires, délivré à **M.** le procureur de la République près le tribunal de...

Le nommé (*nom*, *prénoms*), né le..., à..., département..., condamné le..., par le conseil de guerre séant à..., à la peine de..., pour..., détenu à..., a été, par décret du..., l'objet de la mesure d'indulgence suivante :

. . . .

Délivré, le...

Cet imprimé est fourni par le ministère,

18.

DIVISION de...

Art. 99 et 154 du
Code militaire.

Déclaration qu'il
n'y a pas lieu
d'informer.

Le général commandant la division ;

Vu l'article 154 du Code militaire ;

Attendu que le nommé (*nom*, *prénoms*, *grade*, *corps*) est inculpé de...;

Attendu que le fait imputé audit ne renferme pas tous les éléments constitutifs exigés par la loi ;

Ou que les circonstances dans lesquelles le fait s'est produit lui donnent un caractère de gravité insuffisant pour le déférer au conseil de guerre.

Déclare que, dans l'état, il n'y a pas lieu à information.

Fait au quartier général à..., le..

Les refus d'informer ne doivent pas être inscrits sur les livrets individuels, ni sur les feuillets et livrets matricules, sauf en ce qui concerne les déserteurs et les insoumis. (*N. minist. du 5 avril* 1873. — *Arrêté du* 30 *mars* 1887.)

19.

DIVISION de...

Art. 2, I. C.

Ordre de cessa-
tion de pour-
suites.

Mort du prévenu.

Le général commandant la division ;

Vu l'ordre d'informer décerné le..., contre le nommé (*nom, prénoms, grade, corps*), sous prévention de...;

Vu le certificat joint au dossier constatant le décès du sus-nommé, survenu par mort violente le..., dont acte mortuaire dressé le même jour par l'officier d'administration comptable de l'hôpital militaire de...;

Vu l'article 2 du Code d'instruction criminelle ;

Déclare l'action publique éteinte et ordonne la cessation des poursuites exercées contre le sus-nommé, en vertu de l'ordre d'informer précité.

Charge le commissaire-rapporteur d'assurer l'exécution du présent ordre.

Fait au quartier général à..., le...

20.

DIVISION de...

Art. 155 du Code
militaire.

ORDRE
de convocation.

Le général commandant la division ;

Vu l'ordre de mise en jugement décerné le..., contre le nommé (*nom, prénoms, grade, corps*), sous prévention de... ;

Vu le jugement avant faire droit en date du..., ensemble l'information complémentaire qui en a été la suite ;

Vu l'article 155 du Code militaire ;

Ordonne que le conseil de guerre appelé à statuer sur les faits imputés audit..., sera convoqué pour le..., à... heures du...

Fait au quartier général, à..., le...

21.

Le général commandant la division;

Vu la décision du conseil de révision en date du..., qui a annulé le jugement rendu le..., par le conseil de guerre de..., contre le nommé (*nom*, *prénoms*, *grade*, *corps*), et renvoyé l'accusé, avec toutes les pièces de la procédure, devant le conseil de guerre de la division, pour les débats être recommencés en entier;

Ou pour l'application de la peine seulement;

Vu l'article 155 du Code militaire;

Ordonne que le conseil de guerre appelé à statuer sur les faits imputés audit..., sera convoqué pour le..., à... heures du...

Fait au quartier général, à..., le...

22.

DIVISION de...

ÉTAT-MAJOR.

Bureau de la Jus-
tice militaire.

Nomination du commissaire-rapporteur.

ORDRE.

Le général commandant la division ;

Vu les articles 33, 34, 35 et 37 du Code militaire ;

A nommé commissaire du gouvernement rapporteur près le conseil de guerre de la division ;

M... (*nom, prénoms, grade, corps*).

Fait au quartier général, à..., le...

Cet ordre est établi en deux expéditions, l'une destinée à l'intéressé et envoyée à son corps, l'autre adressée au conseil de guerre.

L'ordre de nomination des substituts et des commis greffiers est semblable à celui ci-dessus.

23.

DIVISION de.....

Ordonnance
de
dessaisissement.

Le général N..., commandant la division;

Vu l'ordre d'informer n°..., en date du..., décerné contre le nommé..., inculpé de...;

Attendu que . . . .

Et qu'il y a, dès lors, intérêt à saisir le conseil de guerre du ᵉ corps d'armée de l'affaire dont il s'agit;

Vu l'article 61 du Code militaire;

Déclare le   ᵉ conseil de guerre de la   ᵉ division du ᵉ corps d'armée dessaisi;

Ordonne que la procédure concernant le nommé... sera transmise à M. le général commandant le   ᵉ corps d'armée aux fins de droit.

Fait au quartier général, à..., le...

Modèle donné par la circ. minist. du 26 juillet 1880.

24.

ᵉ CORPS D'ARMÉE.

ᵉ DIVISION.

Ordre de convocation du conseil pour procéder à un jugement par contumace.

Le général N..., commandant la division ;

Vu l'ordre en date du..., prescrivant la mise en jugement du nommé (*nom, prénoms, grade, corps*), en fuite et contumax ;

Vu l'ordonnance du président du conseil de guerre de la division, en date du..., établi en exécution des prescriptions de l'article 175 du Code militaire, indiquant le crime pour lequel l'accusé est poursuivi, et portant que le nommé... est tenu de se présenter dans un délai de dix jours ; laquelle ordonnance a été mise le..., à l'ordre du jour ;

Attendu que le délai spécifié en les articles 175 et 176 du Code militaire est expiré sans que l'accusé se soit présenté ;

Ordonne, en exécution de l'article 176 du Code militaire que le ᵉ conseil de guerre, appelé à statuer sur les faits imputés audit... procédera au jugement par contumace, et sera à cet effet convoqué pour le..., à... heures du...

Fait au quartier général, à..., le...

Modèle donné par la circ. minist. du 26 juillet 1880.

25.

Le général N..., commandant la division ;

Vu la procédure instruite par M. le rapporteur près le ᵉ conseil de guerre, contre le nommé (*nom, prénoms, grade, corps*), en vertu de l'ordre d'informer en date du... ;

Vu le jugement en date du..., par lequel le conseil de guerre a condamné par contumace ledit... à la peine de... ;

Attendu qu'il importe, dès lors, de rechercher s'il y a identité entre ce dernier et l'individu condamné sous le même nom par le ᵉ conseil de guerre ;

Vu l'article 180 du Code militaire ;

Ordonne que le conseil de guerre sera appelé à statuer en audience publique sur l'identité du sus-nommé, et sera convoqué, le..., pour ensuite statuer sur le fond de l'affaire dans la forme ordinaire, si l'identité n'est pas contestée.

Fait au quartier général, à..., le...

Modèle donné par la circ. minist. du 26 juillet 1880.

26.

CONSEIL DE GUERRE
de . . . . .

———

PARQUET.
———

Art. 126, déc. du 4 oc-
tobre 1891.

Demande de piquet.

A..., le...

Le capitaine..., commissaire-rapporteur, à Monsieur le lieutenant-colonel
major de la garnison, à...

Mon Colonel,

J'ai l'honneur de vous informer que le
général commandant la division a ordonné
la réunion du conseil de guerre pour le...,
à... heures du...

En conséquence, je vous prie de vouloir bien donner les ordres nécessaires
pour qu'un piquet de 12 hommes, commandé par un sergent, soit rendu au conseil aux jour et heure sus-indiqués.

27.

Ordonnance de disjonction de procédures.

Nous N..., colonel président du conseil de guerre de...

Vu l'ordre de mise en jugement en date du..., décerné contre les nommés :

1° A. (*nom, prénoms, grade, corps*), accusé d'outrage envers un supérieur, pendant le service ;

2° B. (*nom, prénoms, grade, corps*), prévenu de rébellion envers la force armée ;

Attendu que l'un des accusés, le nommé..., est actuellement en fuite ; — *ou* en traitement à l'hôpital ;

Ou attendu que tous les témoins appelés à déposer sur les faits imputés audit..., sont absents.

Vu l'article 308 du Code d'instruction criminelle ;

Ordonnons la disjonction des procédures, sur lesquelles il sera statué par jugements distincts et séparés.

Fait et rendu à..., le...

28.

Ordonnance de jonction de procédures.

Nous N..., colonel président du conseil de guerre de...;

Vu les ordres d'informer décernés les..., contre les nommés (*nom, prénoms, grade, corps*), sous prévention de...;

Vu les ordres de mise en jugement délivrés les..., contre les sus-nommés;

Vu l'article 307 du Code d'instruction criminelle;

Attendu qu'il importe à la manifestation de la vérité et à la bonne administration de la justice, de réunir les procédures;

Ordonnons la jonction des deux affaires, pour être statué sur icelles par un seul et même jugement.

Fait et rendu à..., le...

29.

Jugement ordonnant la jonction.

Cejourd'hui..., le conseil de guerre de..., délibérant à huis-clos, statuant sur les réquisitions du ministère public tendant à ce que la procédure suivie contre le nommé (*nom, prénoms*) pour désertion à l'intérieur en temps de guerre, soit jointe à l'affaire en instance et qu'il soit statué sur les deux causes par un seul et même jugement;

Ouï le ministère public en ses réquisitions;

Et l'accusé et son défenseur en leurs observations;

Vu les ordres de mise en jugement décernés par le général commandant la division, les..., portant convocation du conseil pour le même jour..., à l'effet de statuer sur les faits imputés audit..., dans les deux ordres sus énoncés;

Attendu qu'il importe à l'entière et saine application de la loi que la jonction demandée soit prononcée;

Que cette jonction de procédures est utile et nécessaire à la bonne et prompte administration de la justice.

Par ces motifs :

Le conseil ordonne, à l'unanimité des voix, la jonction des deux affaires sur lesquelles il sera statué par un seul et même jugement et passe outre aux débats.

La minute du jugement portera, immédiatement avant le dispositif :

Le conseil est rentré en séance publique; le président a lu les motifs ci-dessus et le dispositif ci-après :

30.

Jugement ordonnant le huis-clos.

Le conseil de guerre délibérant à huis-clos, statuant sur les réquisitions prises en audience publique par le commissaire-rapporteur, tendant à ce que les débats ne soient pas publics,

Ouï le ministère public et la défense en leurs réquisitions et observations;

Attendu que la publicité des débats serait dangereuse pour l'ordre — *ou* les mœurs;

Déclare, à l'unanimité des voix, qu'il y a lieu de prononcer le huis-clos; conformément à l'article 113 du Code militaire, ainsi conçu :

En conséquence, le président ordonne aux assistants d'évacuer la salle d'audience.

La minute du jugement portera, après l'attendu :

Le conseil est rentré en séance publique ; le président a lu les motifs ci-dessus et le dispositif ci-après.

31.

Jugement de plus ample informé.

Le conseil délibérant à huis-clos, statuant sur les réquisitions du ministère public — *ou* conclusions de la défense — tendant à ce qu'un supplément d'information soit ordonné pour entendre les témoins..., dont la déposition semble être essentielle — *ou* pour éclaircir *tel* point resté obscur;

Ouï le ministère public et la défense en leurs réquisitions et observations;

Attendu que les témoignages signalés sont de nature à jeter une plus vive clarté sur les faits de la cause;

Ou attendu qu'il est nécessaire à la manifestation de la vérité de porter les investigations de la justice sur le point signalé;

Par ces motifs :

Le conseil, jugeant avant faire droit, ordonne, à l'unanimité, qu'il sera plus amplement informé au fond par le commissaire-rapporteur du conseil; conformément à l'article 129 du Code militaire, ainsi conçu :

L'instruction supplémentaire terminée, la procédure est envoyée au général, qui ordonne la convocation du conseil (*n° 20 du formulaire*).

La minute du jugement indiquera, immédiatement avant le dispositif :

Le conseil est rentré en séance publique; le président a lu les motifs ci-dessus et le dispositif ci-après.

32.

Jugement d'acquittement.

(Formule imprimée n° 16, jusqu'à la réponse négative sur la question de culpabilité.)

Sur quoi, et contrairement aux conclusions prises par le commissaire-rapporteur en ses réquisitions ;

Le conseil acquitte le nommé (*nom*, *prénoms*), susqualifié, de la prévention dirigée contre lui et le président ordonne qu'il soit mis en liberté s'il n'est retenu pour autre cause. Conformément à l'article 136 du Code militaire, ainsi conçu :

La minute portera, immédiatement avant le dispositif :

Le conseil est rentré en séance publique ; le président a lu les motifs ci-dessus et le dispositif ci-après :

Les mentions de la dernière page seront modifiées en conséquence de l'acquittement et l'exécutoire biffé ; les frais n'étant indiqués que pour mémoire.

Les jugements d'acquittement ne doivent être inscrits ni sur les livrets individuels, ni sur les feuillets et livrets matricules (*arrêté minist. du* 30 *mars* 1887).

33.
Jugement d'absolution.

(Formule imprimée n° 16, jusqu'à la réponse affirmative sur la question de culpabilité.)

Sur quoi, et attendu les conclusions prises par le commissaire-rapporteur en ses réquisitions ;

Attendu, que le fait dont ledit..., est reconnu coupable, ne tombe sous l'application d'aucun texte de la loi pénale ;

Le conseil absout le nommé (*nom, prénoms*), sus-qualifié, de l'accusation portée contre lui et le président ordonne qu'il soit mis en liberté après l'expiration du délai fixé pour le recours en révision, s'il n'est détenu pour autre cause ; conformément à l'article 136 du Code militaire, ainsi conçu :

. . . .

Attendu, en outre, que le susdit..., a été reconnu coupable du fait répréhensible qui lui était imputé ;

Que, dès lors, il a provoqué les poursuites qui ont été dirigées contre lui ;

Le conseil le condamne aux frais envers l'État et fixe au minimum la durée de la contrainte par corps. Conformément aux articles 368 du Code d'instruction criminelle; 9 de la loi du 22 juillet 1867, ainsi conçus :

La minute du jugement, portera immédiatement avant le dispositif : Le conseil est rentré en séance publique; le président a lu les motifs ci-dessus et le ispositif ci-après.

D'après la jurisprudence, dans tous les cas où l'accusé, fût-il absous, est convaincu par la déclaration du jury d'un fait préjudiciable qui a motivé des poursuites, il doit être condamné aux frais du procès. C'est au conseil a apprécier si les frais ont été occasionnés par le fait de l'accusé et le jugement doit le déclarer. Lorsque le verdict est muet à l'égard des frais, il y a présomption que le tribunal a entendu ne pas les mettre à la charge de l'absous.

34.

Partie civile devant le conseil de guerre.

Le conseil délibérant à huis-clos, statuant sur les conclusions écrites de Maître..., avocat du barreau de..., demandant à intervenir aux débats ès-nom de la famille...

Ouï le commissaire-rapporteur en ses réquisitions tendant au rejet des susdites conclusions ;

Ouï M⁰..., en ses développements ;

Et le défenseur de l'accusé, lequel a déclaré s'en rapporter à la sagesse du conseil ;

Attendu qu'il résulte des articles 53 et 54 du Code militaire, que les conseils de guerre ne statuent que sur l'action publique et que l'action civile ne peut être poursuivie que devant les tribunaux civils, après qu'il a été prononcé définitivement sur l'action publique ;

Attendu que le conseil ne pourrait, sans violer des prescriptions aussi formelles, autoriser l'intervention d'une tierce personne à fin de revendications civiles quelles qu'elles soient, ou même l'autoriser à suivre légalement les débats et à intervenir d'une façon quelconque vis-à-vis des témoins, de l'accusé ou de l'accusation.

Par ces motifs :

Le conseil, à l'unanimité des voix, rejette les conclusions de Maître..., lequel est débouté de ses prétentions ;
— lui donne acte desdites conclusions et passe outre aux débats. Conformément aux articles 53, 54 et 123 du Code militaire, ainsi conçus :

La minute portera, immédiatement avant : Par ces motifs : Le conseil est rentré en séance publique ; le président a lu les motifs ci-dessus et le dispositif ci-après.

Les conclusions doivent être déposées aussitôt après la reconnaissance d'identité.

35.

Jugement préparatoire lu en séance par le président.

Au nom du Peuple français.

JUGEMENT.

Cejourd'hui....., le conseil de guerre de....., délibérant à huis-clos, le président a posé les questions suivantes :

(Toutes les questions résultant de l'ordre de mise en jugement.)

NOMBRE DES VOIX.	
OUI.	NON.

Les voix recueillies séparément, en commençant par le grade inférieur, le président ayant émis son opinion le dernier, le conseil déclare :

Sur la première question : A l'unanimité, le prévenu est coupable ;

Sur la deuxième question : A la majorité de trois voix contre deux, le prévenu est coupable.

(*S'il y a lieu*) à la majorité il existe des circonstances atténuantes.

Sur quoi, et attendu les conclusions prises par le commissaire-rapporteur en ses réquisitions, le président à lu le texte de la loi et a recueilli de nouveau les voix dans la forme indiquée ci-dessus, pour l'application de la peine ;

En conséquence, le conseil condamne le nommé (*nom, prénoms*), sus-qualifié, à (*nombre des voix*) à la peine de

. . . .

En vertu des articles. lesquels sont ainsi conçus :

Le condamne, en outre, aux frais envers l'État et ordonne la restitution des objets saisis et produits comme pièces de conviction, à leurs légitimes propriétaires ; conformément à l'article 139 du Code militaire, ainsi conçu :

. . . .

Fixe au minimum la durée de la contrainte par corps édictée par l'article 9 de la loi du 22 juillet 1867.

Enjoint au commissaire-rapporteur de faire immédiatement donner lecture du présent jugement au condamné devant la garde rassemblée sous les armes et de l'avertir que la loi lui accorde un délai de vingt-quatre heures pour recourir en révision.

36.

Signification

D'UN JUGEMENT RENDU CONTRE UN TÉMOIN DÉFAILLANT.

L'an mil huit cent..., le...;

Nous soussigné (*nom, prénoms, grade*), commandant la brigade de gendarmerie de...;

Agissant à la requête du commissaire-rapporteur près le conseil de guerre de..., et conformément aux prescriptions de l'article 183 du Code militaire;

Avons signifié le jugement ci-dessus au nommé (*nom, prénoms*), qualifié d'autre part, en son domicile légal à..., parlant à sa personne ainsi déclaré et, à ce qu'il n'en ignore, lui avons laissé copie du présent jugement.

En foi de quoi, nous avons signé le présent avec le condamné, dont acte à..., les jour, mois et an que dessus.

(*L'agent instrumentaire*),　　　　　(*Le condamné*),

La signification ci-dessus est portée au pied du jugement; au verso de l'extrait retourné au conseil de guerre.

TABLE ALPHABÉTIQUE DES MATIÈRES.

Les nombres qui ne sont pas précédés de la lettre **p**, — pour page, — ou suivis d'une indication spéciale, se réfèrent aux numéros des paragraphes.

A

Absolution. — Jugement, 33 du Formulaire.

Accusé. — V. *Trouble à l'audience; — Outrage* et *Voies de fait.*

Acquittement. — Jugement, 32 du Formulaire.

Archives. — Catalogue', 12 du Formulaire.

Assistants. — V. *Trouble et tumulte; — Outrage et Voies de fait; — Crimes et délits.*

Audience. — Crimes et délits commis par des assistants, 71 à 73, 478-s. — V. *Trouble; — Outrage; — Voies de fait.* — Demande de piquet, 26 du Formulaire. — Suspension, 537-s.

B

Bannissement. — Exécution, 614-s. — V. *Exécution.*

Billet d'écrou. — Joint au récépissé de plainte, 85.

Bordereau. — Des exécutoires destinés au domaine, 3 du Formulaire.

C

F

Feuille de questions. — 35 du Formulaire.

Fonctions. — Du commissaire-rapporteur, 155-s.

Formulaire. — Paiement des frais de bureau, 1. — Remboursement des avances pour le casier judiciaire, 2. — Bordereau des extraits du domaine, 3. — Etat des refus d'informer, 4. — Etat des ordonnances de non-lieu, 5. — Etat des membres du parquet et du greffe, 6. — Rapport sur la visite de la prison, 7. — Etat trimestriel des mutations, 8. — Registre des plaintes, 9. — Répertoire des juge-. ments rendus, 10. — Registre des pièces de conviction, 11. — Cata logue des archives, 12. — Contrôle du personnel, 13. — Inscription des dossiers sortis, 14. — Registre des pourvois en cassation, 15. — Avis des grâces ou réductions, 16. — Avis d'une décision gracieuse, 17. — Refus d'informer, 18. — Cessation de poursuites, 19. — Ordres de convocation, 20, 21. — Nomination du commissaire-rapporteur, 22. — Ordonnance de dessaisissement, 23. — Convocation pour jugement par contumace, 24. — Convocation pour reconnaissance d'identité, 25. — Demande de piquet, 26. — Ordonnances de disjonction et jonction de procédures, 27, 28. — Jugement ordonnant la jonction, 29. — Jugement ordonnant le huis-clos, 30. — Jugement de plus ample informé, 31. — Jugement d'acquittement, 32. — Jugement d'absolution, 33. — Partie civile devant le conseil de guerre, 34. — Feuille de questions, 35. — Signification d'un jugement par défaut, 36.

Formules. — Nomination de juges, 14. — Remplacement, 16. — Jugement sur la compétence, 44. — Ordre d'informer, 79. — Récépissé de plainte, 85, 86. — Ordre d'écrou, 85. — Ordre de mise en liberté provisoire, 87. — Rapport en référé, 100, 102. — Rapport du commissaire-rapporteur, 107. — Conclusions, 109 à 113. — Ordre de mise en jugement, 117. — Ordonnance de non-lieu, 124. — Citation à comparaître, 150. — Signification, 151. — Condamnation d'un témoin défaillant à l'instruction, 182. — Ordonnance de transport, 186. — Ordonnance d'interdiction de communiquer, 190. — Demande de huis-clos, 193. — Interdiction de rendre compte des débats, 194. — Réquisitions contre témoin défaillant, 205, 207, 208. — Réquisitions pour questions subsidiaires et d'excuse, 212, 221. — Jugement rejetant des conclusions tendant à la position de questions subsidiaires, 223. — Réquisitions pour jonction et disjonction de procédures, 225. — Jugements motivés par l'absence de témoins, 243, 244, 250. — Condamnation d'un témoin défaillant, 253, 255.

G

H

I

J

L

M

N

O

P

Q

R

S

T

V

BAR-LE-DUC, IMPRIMERIE CONTANT-LAGUERRE.